Stanley Stewart wurde in Irland geboren, wuchs in Kanada auf und lebt nun in Dorset, England. Er hat an Irlands Küste als Fischer, in der Türkei und im Iran als Kameramann gearbeitet und eine Zeit lang Zirkuszelte aufgestellt. Heute ist er ein bekannter Reisejournalist, dessen Reportagen unter anderem in der *Times* und dem *Daily Telegraph* erscheinen; bereits dreimal wurde er als »Travel Writer of the Year« ausgezeichnet, zweimal hat er den renommierten »Thomas Cook Travel Book Award« erhalten. 2005 erschien bei Frederking & Thaler sein erfolgreiches Taschenbuch *Auf den Spuren von Dschingis Khan. Zu Pferd durch die Mongolei*.

Bibliografische Information Der Deutschen Bibliothek
Die Deutsche Bibliothek verzeichnet diese Publikation in der
Deutschen Nationalbibliografie; detaillierte bibliografische Daten
sind im Internet über http://dnb.ddb.de abrufbar.

NATIONAL GEOGRAPHIC ADVENTURE PRESS
Reisen · Menschen · Abenteuer
Die Taschenbuch-Reihe von
National Geographic und Frederking & Thaler

1. Auflage November 2006

Titel der Originalausgabe: Frontiers of Heaven
erschienen bei John Murray (Publishers) Ltd., London

Aus dem Englischen von Susanne Meyerhöfer
Text und Fotos: Stanley Stewart
Lektorat: Gudrun Honke, Bochum
Karten: Eckehard Radehose, München
Umschlaggestaltung: Dorkenwald Grafik-Design, München
Herstellung: Büro Sieveking, München
Druck und Bindung: Clausen & Bosse, Leck
Printed in Germany

ISBN 10: 3-89405-288-0
ISBN 13: 978-3-89405-288-1
www.frederking-thaler.de

Das Papier wurde aus chlorfrei gebleichtem Zellstoff hergestellt.

STANLEY STEWART

DURCH DAS REICH DER MITTE ZUM LAND DER HIMMELSBERGE

Mit Schiff, Zug und Eselskarren durch China

Aus dem Englischen von
Susanne Meyerhöfer

NATIONAL GEOGRAPHIC
FREDERKING & THALER

Für meine Eltern in Liebe und Bewunderung

Inhalt

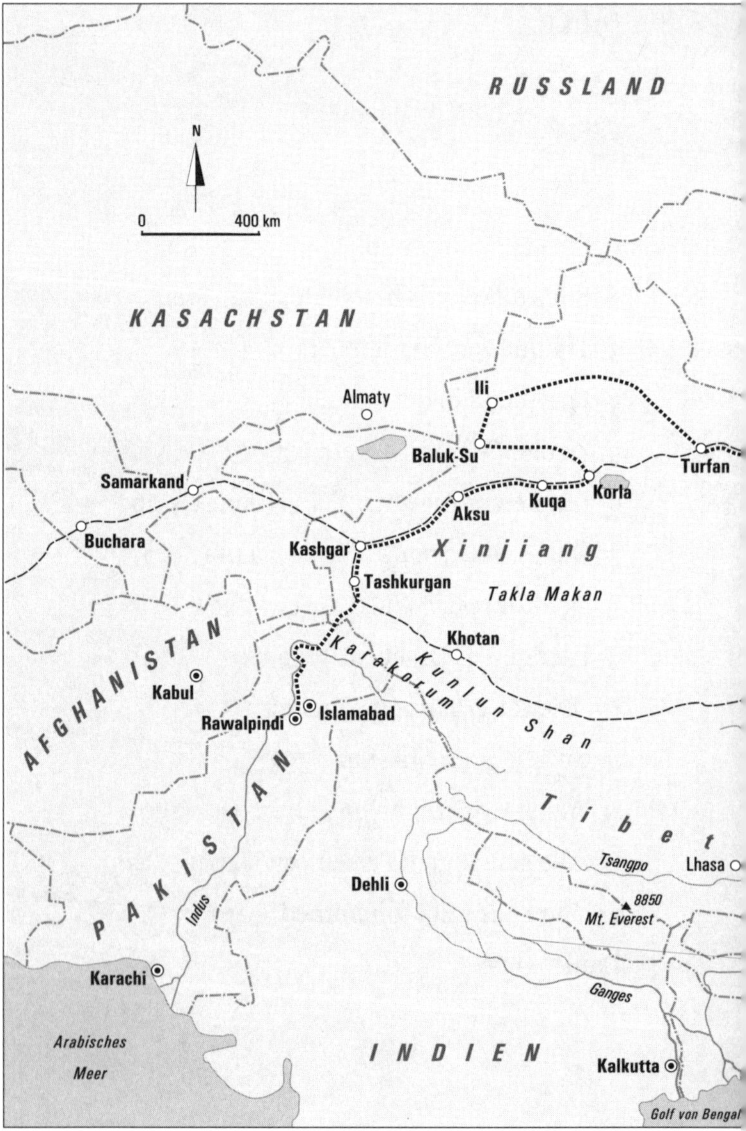
RUSSLAND
N
0
400 km
KASACHSTAN
Almaty
Ili
Baluk-Su
Turfan
Samarkand
Korla
Kuqa
Aksu
Buchara
Kashgar
Xinjiang
Tashkurgan
Takla Makan
AFGHANISTAN
Khotan
Karakorum
Kunlun Shan
Kabul
Islamabad
Rawalpindi
PAKISTAN
Tibet
Tsangpo
Lhasa
Dehli
8850
Mt. Everest
Indus
Karachi
Ganges
Arabisches
Meer
INDIEN
Kalkutta
Golf von Bengal

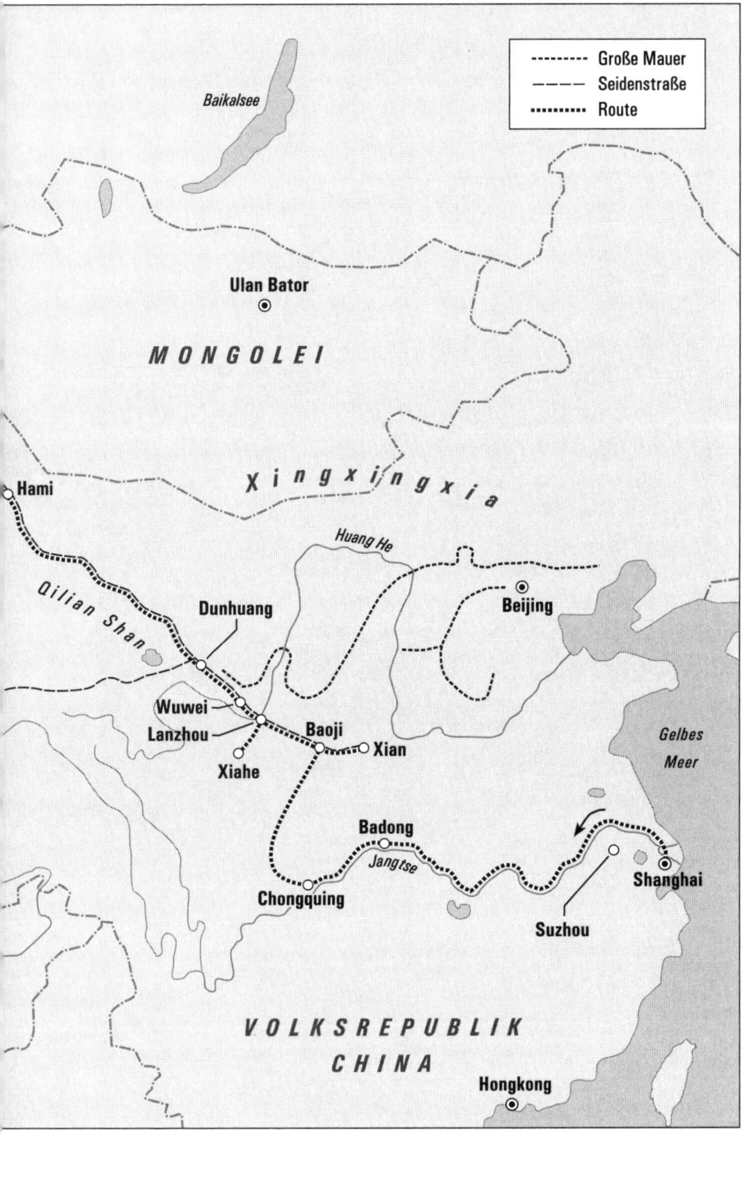

Große Mauer
Seidenstraße
Route
Baikalsee
Ulan Bator
MONGOLEI
Xingxingxia
Hami
Huang He
Qilian Shan
Dunhuang
Beijing
Wuwei
Lanzhou
Baoji
Xian
Xiahe
Gelbes Meer
Badong
Jangtse
Chongquing
Shanghai
Suzhou
VOLKSREPUBLIK CHINA
Hongkong

1

TANZ AUF DEM BUND

Das erste Mal sah ich ihn auf der Uferpromenade in Schanghai. Er tanzte in einem langen Streifen Sonnenlicht und umfasste mit dem Arm eine imaginäre Tanzpartnerin.

Er war ein alter Mann, der zwischen den gesetzten Paaren herumhuschte, den Kopf leicht geneigt, als flüstere ihm seine unsichtbare Partnerin etwas ins Ohr. Er tanzte den Twostep. Elegant glitten seine Füße über den Boden. Erst eine Sekunde später bemerkte ich, dass er nur einen Arm hatte. Der linke Ärmel seiner Jacke war leer und mit einer Sicherheitsnadel an der Jackentasche festgemacht.

Der Alte war einer derjenigen, die sich jeden Morgen in den Anlagen an der Uferpromenade versammelten, um zu den Melodien einer vergangenen Zeit zu tanzen, die aus einem Kassettenrekorder erklangen. Aus ganz Schanghai kamen sie auf ihren Fahrrädern her. Um diese frühe Stunde war die Promenade voller Menschen, die sich für den Tag fit machten. Der Gesellschaftstanz teilte sich den Morgen mit *tai chi*, Gymnastik und einer merkwürdigen Übung, die drei alte Frauen in einem Blumenbeet vollführten, wobei sie ihre Rücken an den Stümpfen von Kampferbäumen rieben.

Unter den Tänzern waren viele Männer so alt, dass sie sich noch an die Glanzzeiten des Gesellschaftstanzes erinnern konnten. *Begin the Beguine* und *Sentimental Journey* waren die Songs ihrer Jugend gewesen. Ihre Partnerinnen, die sie beim feierlichen Foxtrott führten, waren eher jünger und hingen mehr ihrer Fantasie als der Erinnerung nach. Das Morgenlicht warf ihre umschlungenen Schatten bis weit auf die Straße hinaus, wo sie durch den brodelnden Verkehr zuckten. Über ihnen waren die großen alten Gebäude des Bund, erbaut in der Ära dieser Tanzmusik, am Ufer festgemacht wie Überseedampfer, die ihren Bug nach dem Fluss und der Morgensonne ausrichten.

Unerwartet brach der Tanz ab und drohte zu einer Schlägerei wie in einem üblen Nachtclub auszuarten. Eine Gruppe ältlicher Frauen, die mit langen zeremoniellen Schwertern ihre *tai-chi*-Übungen vollführten, machte den Tänzern ihren Platz streitig, weil ihre Teilnehmerzahl immer größer wurde. Es entspann sich ein Kampf um Gebietsansprüche, wobei die Gruppen einander immer enger umkreisten. Als schließlich eine Achtzigjährige beinahe ein tanzendes Paar enthauptete, erhitzten sich die Gemüter so sehr, dass Passanten Mühe hatten, die alten Streithähne auseinander zu halten.

Mit dem Spektakel nahm das morgendliche Ritual ein Ende. Die Tänzer machten sich langsam davon zu ihren Fahrrädern und an ihre Arbeit. Als ich mich umsah, stand der Einarmige neben mir. Er lächelte mich an, als ob wir uns kennen würden. Sein Gesicht war vom Alter zerknittert. Er stellte sich vor.

»Mein Name ist Wang«, sagte er, »und ich bin 99 Jahre alt.«

Ich war mit der Transsibirischen Eisenbahn nach China gereist. Um Mitternacht hatte sie die Station Yaroslawl in Moskau verlassen, und in mein Abteil ergossen sich Ströme von Mondlicht und Champagner, die Flasche zu einem Dollar. Eine Woche lang war ich durch Landschaften mit Birken, kalten Seen und schmutzigen Dörfern zwischen Kohlfeldern gerumpelt. Die Ausdehnung Sibiriens war atemberaubend. Hunderte Kilometer Straßen zogen sich hin ohne eine Spur von Verkehr. Der Horizont schien ganze Länder weit entfernt. Wolken, so groß wie die Grafschaft Kent, schwebten zwischen Gebirgen in der Ferne.

Vom Ufer des Baikalsees führte die Strecke südwärts quer durch das endlose wellige Weideland der Mongolei. Hie und da unterbrachen Lager mit weißen Jurten und Reitergruppen den leeren Horizont. Die Mongolei kam mir vor wie ein unbebautes Grundstück am Rande der Welt, das man dem Gras und dem Unkraut überlassen hat.

Aber diese Steppen liegen im Zentrum der Geschichte Asiens. Es ist das große, grasige Herz des Kontinents, dessen Nomadenbewohner allen angrenzenden Zivilisationen das Leben schwer gemacht haben, von China bis Indien, vom Mittelmeerraum bis Russland. Diese Leere und die unbekümmerten, ungezähmten Menschen, die dort lebten, waren seit seinen frühesten Tagen der große Schrecken Chinas. Die Große Mauer, das einzige aus dem Weltraum sichtbare menschliche Bauwerk, wurde errichtet, um sich diese Plage vom Leibe zu halten.

Eines Morgens, vor dem Frühstück, war China plötzlich da. Ich ließ die Rollos hoch und blickte auf eine intensiv bewirtschaftete Landschaft, das absolute Gegenteil zur Mongolei. Bauern mit lampenschirmartigen Hüten standen knöcheltief in den Reisfeldern. Ein alter Mann trieb einen Ochsenkarren über einen staubigen, von Pappelreihen eingerahmten Feldweg zu einem Dorf, das inmitten von Getreidefeldern lag. Eine Gartenlandschaft, in der jeder Baum angepflanzt und jeder Zentimeter Land urbar gemacht und kultiviert war. Die Berge in der Ferne entsprachen den Bergen auf chinesischen Gemälden, an deren Flanken zart die Farbe herabläuft. Zwischen den Bäumen hingen Nebelschwaden.

Bei Qinglongqiao fuhr der Zug unter der Großen Mauer hindurch. Eine Stunde später war ich in Peking. Eine Woche später nahm ich den Zug nach Schanghai an Chinas östlichster Küste. Von dort aus wollte ich meine Reise beginnen. Es sollte eine Reise aus China hinaus werden. Ich wollte das Land bis zum Ende der Großen Mauer durchqueren, beinahe 3200 Kilometer weit. Dort wollte ich, wie die Chinesen sagen »über den Mund hinaus« treten. Mein Ziel war Xinjiang im Nordwesten, eine gefürchtete Gebirgs- und Wüstenregion mit unberechenbaren Bewohnern, die äußerste Düsternis jenseits des Himmlischen Königreichs, in der die Barbaren der chinesischen Legende wohnen.

Die Straße in den Nordwesten war die Seidenstraße. Sie ist die Mutter aller Handelsstraßen und hat die Karawanen auf der Suche nach Luxus und Exotik nach China gebracht. Für die Händler aus dem Westen war sie der Weg zum Reichtum. Für die Chinesen birgt die Straße vielschichtigere Assoziationen. Die Gebiete jenseits der Mauer üben eine zwiespältige Faszination aus. Sie kennen die Seidenstraße als die Reise nach Westen, eine Odyssee, die zum moralischen Mythos geworden ist.

Für die Chinesen begann die Straße als ein Versprechen und versprach am Ende nur Verbannung.

Ich hatte mich zwei Tage später mit Wang zum Mittagessen im Gästespeisesaal des Jadebuddhatempels verabredet. In den Höfen schwebten die Mönche wie schwere braune Vögel durch Wolken von Weihrauch. Ich hatte einen großen Teil des Vormittags damit zugebracht, mich in den Hallen mit ihren schwerblütigen Wächtern und schmucken Buddhas umzusehen. Der größte Schatz des Tempels ist ein zwei Meter großer Buddha, aus einem einzigen Block weißer Jade geschnitten. Er residiert in einer Bibliothek im Obergeschoss, wo in Reihen hölzerner Schreine die Sutras aufbewahrt werden, die vor einem Jahrtausend über die Seidenstraße aus Indien hergebracht wurden. Unter dem missbilligenden Blick eines ältlichen Mönchs näherte man sich ihm auf Strümpfen. Der Buddha war ein ernstes, weibisches Geschöpf mit einem Lächeln, das die Mona Lisa linkisch aussehen ließ. Kühl distanziert erschien er und teilnahmslos, als ob das Unglück der Welt eine Belanglosigkeit wäre. Hierin zeigt sich der große Unterschied in der Wesensart der Religionen. Christus ist eine Figur des Leidens, er macht uns klar, dass er uns versteht, und dieses Verstehen macht ihn sympathisch. Der Buddha ist eine Figur der Transzendenz. Er lässt unser Leiden albern aussehen; er macht uns klar, dass es unnötig ist. Er verwöhnt uns nicht mit Sympathie, der Währung einer freundlicheren und weniger ausgereiften Gesellschaft.

Sein eleganter, zurückhaltender Gesichtsausdruck prägte meinen ersten Eindruck von den Chinesen: Gleichgültigkeit. Dass sie mir gegenüber gleichgültig sein würden, war verständlich, aber sie schienen auch gegeneinander gleichgültig zu sein. Ein falscher Eindruck, der Unwissenheit der ersten verwirrenden Wochen zuzuschreiben, aber auch Monate später ließ er mich noch nicht los.

Wang wartete schon im Speisesaal. Es war wie im Restaurant eines chinesischen Hotels: weiße Leinentischtücher, ein Schwarm gelangweilter Kellnerinnen und Aquarien mit unglücklichen Fischen.

»Sind Sie Buddhist?«, fragte Wang, als wir unsere Plätze einnahmen.

»Nein«, antwortete ich, »ich sehe mich nur um.«

»Ich bin auch kein Buddhist«, sagte er, »Aber das Essen hier ist sehr gut. Sehen Sie.« Er hob die Speisekarte auf. »Natürlich kein Fleisch. Aber zum Essen gibt es eine Auswahl an Whisky und Cognac. Die Mönche sind so ...« – er zögerte eine Moment – »... bemüht darum, es allen recht zu machen.«

Der alte Mann war wunderbar gealtert. Seine Haut war zart wie Reispapier. Er bewegte sich langsam, aber mit Leichtigkeit, als hätte das Leben ihn Umsicht gelehrt. Einen Moment lang betrachtete ich ihn, wie man ein Kunstwerk bestaunt: ein 100 Jahre alter Mann.

Ich fragte ihn, was er arbeite. Bei unserer Verabredung zum Mittagessen war er mit der Uhrzeit so peinlich genau gewesen, als hätte er sehr viel zu tun.

»Ich bin Geldwechsler und Fremdenführer. Vielleicht kann ich Ihnen behilflich sein. Haben Sie amerikanische Dollars?« Die Stadt war voll von Geldwechslern. Der Kurs war gut; Schanghais Hunger auf ausländische Währung schien unersättlich.

»Ein oder zwei Hotels kennen mich«, fuhr der alte Mann fort. »Manchmal arbeite ich als Fremdenführer für Ausländer, die das alte Schanghai suchen. Die Häuser, in denen sie aufgewachsen sind. Die Häuser ihrer Eltern und Großeltern.«

»Sie müssen Schanghai aber sehr gut kennen.«

»Ich bin hier zu Hause. Ich kenne viele Schanghais.«

»Und welches ist das beste?«

Er zuckte die Achseln. »Das erste Schanghai, die ersten Erinnerungen. Wie das erste Mädchen. Es ist immer das Beste.«

Sein Leben war ziemlich atemberaubend. Der Vater war ein *comprador* gewesen, ein chinesischer Agent für eine der großen ausländischen Firmen, die schon Ende des 19. Jahrhunderts in Schanghai dominierten. Seine Familie war wohlhabend, und zwischen den beiden Weltkriegen gehörte Wang den kosmopolitischen Kreisen der Stadt an, zu denen nur wenige Chinesen Zugang hatten. Er sprach Englisch und Französisch, war regelmäßiger Besucher der Pferderennen und frequentierte die Tanzlokale der französischen Konzession. Er lebte vom Geld seines Vaters, beschäftigte sich ein wenig mit Antiquitäten, hatte einen Einsatz als Kleindarsteller im Film und führte ein Tanzstudio. Das war sein »erstes« Schanghai, die Stadt in den Zwanzigerjahren, als sein Leben noch sorglos war.

Eine Kellnerin brachte das Essen. Einen ganzen Arm voller Speisen. Die Hände des alten Mannes, mit denen er auf die Spezialitäten deutete, waren mit Altersflecken gesprenkelt.

»Ich war ein Salonlöwe.« Sein Englisch klang wie aus einer anderen Zeit. »Schanghai war damals bezaubernd. Alles schien neu. Überall aufregende Zerstreuung.«

1928 hatte Wang Ivana geheiratet, eine der vielen tausend Weißrussen, die nach der Russischen Revolution nach Schanghai geflohen waren. Er hatte sie im Cabaret Maxim's kennen gelernt. Eine Ehe, die in der Hölle geschlossen worden war.

»Sie war wunderschön«, erzählte Wang. Er verdrehte seine geschlossenen Augen, um ein junges Gesicht von vor mehr als 60 Jahren heraufzubeschwören. »Ich glaube, ich war am Anfang sehr in sie verliebt. Aber ich hatte auch Mitleid mit ihr. Sie war so weit von zu Hause fort, wusste nicht, ob ihre Familie noch lebte. Sie war hier eine Verbannte. Verletzlichkeit macht sehr verführerisch.«

»Was ist denn passiert?«

»Sie hat jemanden gefunden, der sie besser beschützen konnte als ich. Frauen sind Überlebenskünstler. Die Männer sind die Romantiker. Sie ist mit einem Schiffsmakler nach Australien durchgebrannt.« Ich muss ein betroffenes Gesicht gemacht haben. »Die Zeit heilt alle Wunden. Das Leben hört auf, dir zu gehören, und wird einfach eine andere Geschichte.«

Während der Dreißigerjahre schmolz Wangs Vermögen dahin, denn er verschwendete, was von seinem Erbe noch übrig war. Ihm hatte ein Club in der Fuzhou Lu gehört, er musste ihn aufgeben, um Spielschulden zu begleichen. Er arbeitete für Sir Victor Sassoon und stand auf der Gehaltsliste des Gangsterbosses Big-Eared Du. Damals war Du der inoffizielle Bürgermeister von Schanghai. Die halbe Stadt schien für ihn zu arbeiten.

Als die Kommunisten an die Macht kamen, musste Wang sich politischer Umerziehung unterwerfen und arbeitete dann in den Fünfzigern als Nachtwächter. Das Leben hatte ihn nicht auf eine Welt ohne Geld und Einfluss vorbereitet. Aber er fand sich damit ab.

»Es war gar keine so schlechte Zeit«, meinte er. »Ich war kein junger Mann mehr. Die Jungen taten mir leid, ihnen fehlten die Aufregungen, die Möglichkeiten. Für mich war es so etwas wie Erleichterung. Schanghai war zu verrückt geworden. Der Kommunismus war das Asyl.«

Die Kulturrevolution, die im Jahr 1966 durch China fegte, war sein Verderben. Wang war für die Roten Garden ein gefundenes Fressen. Als sie seine Wohnung durchsuchten, fanden sie ausländische Bücher, Briefe von Ausländern, eine Sammlung alter Münzen, eine Heiratsurkunde mit einer russischen Frau, Gemälde, die seinem Großvater gehört hatten – eine wahre Schatzkammer umstürzlerischen Materials. Die Roten Garden, einige von ihnen gerade erst um die 16 Jahre alt, trieben ihn durch die Straßen mit einem Schild um den Hals, auf dem seine konterrevolutionären Verbrechen aufgezählt waren. In einer öffentlichen Kundgebung wurde er wegen des Mangels an Begeisterung zur Selbstkritik geprügelt. Schließlich wurde er in ein Arbeitslager nach Xinjiang verfrachtet, jenseits der Großen Mauer.

Wang war überzeugt, sein Verderben wäre weniger seine großbürgerliche Vergangenheit gewesen als seine Verbindung zu Jiang Qing, jener Filmschauspielerin aus Schanghai, die den Vorsitzenden Mao geheiratet hatte. Madame Mao nutzte die Kulturrevolution, um ihre eigene Vergangenheit zu verschleiern und alte Rechnungen zu begleichen. Jeder, der sie vor ihrer Heirat mit Mao gekannt hatte, war in Gefahr. Wang war nur ein Name auf einer sehr langen Liste früherer Bekanntschaften, die nun darunter zu leiden hatten.

»Erinnern Sie sich an sie?«, fragte ich ihn. »Aus ihrer Zeit als Filmschauspielerin? Wie war sie denn so?«

Er schüttelte den Kopf. »Ich kann mich nicht an sie erinnern. Das ist das Merkwürdige. Sie gehörte damals zu einer Gruppe von Leuten, die sich in den Studios herumtrieb. Ich muss ihr wohl begegnet sein, aber ich kann mich einfach nicht an sie erinnern. Wie oft hab ich in Xinjiang versucht, mich zu erinnern!«

Es war eine schreckliche Vorstellung: Der alte Mann, mit hunderten anderer in einen Lastwagen verladen, der seine Erinnerungen nach jener Frau durchsiebt, die ihm das angetan hat. Ob es für ihn einfacher gewesen wäre, wenn er sie gefunden hätte? Ein blasses Mondgesicht, das aus der Vergangenheit auftaucht, vielleicht eine lachende junge Frau, die ein Freund ihm auf einer Party vorgestellt und die ihm dann in die die Augen geschaut hat?

»Was haben Sie in Xinjiang getan?«

»Ich habe in einem Bergwerk in der Nähe von Tulufan gearbeitet. Zehn Jahre in der Wüste. Im Sommer war es ein Glutofen, im Winter hatten wir Erfrierungen. Es war die Hölle. Viele begingen Selbstmord.« Geistesabwesend stocherte er in seinem Essen. »Dort habe ich meinen Arm verloren. Bei einem Unfall mit einem der Förderbänder. Danach war das Leben leichter, denn ich durfte im Büro arbeiten.«

Ich bekam Schuldgefühle, dass ich ihn über diese schrecklichen Zeiten ausfragte. Meine Neugier hatte ihm das Essen verdorben.

»Aber ich rede zu viel von mir«, sagte er. »Das ist der Fehler alter Leute. Erzählen Sie mir von sich! Sie sind gerade erst nach China gekommen, nicht wahr? Aber wo wollen Sie hin?«

Ich erklärte ihm, dass ich unterwegs nach Xinjiang war. Er gluckste amüsiert über diese Ironie.

»Was gibt es denn dort schon zu sehen?«, rief er. »Ödland und unglückliche Menschen. Von Schanghai nach Xinjiang. Sie gehen in die falsche Richtung. Schanghai ist ein Reiseziel, nicht Xinjiang.«

Ich erzählte ihm, dass ich der Seidenstraße folgen wollte.

Er wischte sich das Kinn mit einer Serviette ab. »Ich möchte Ihnen etwas zeigen. Kommen Sie.«

Er verschwand eine Treppenflucht hinunter in den Hof, wo ich ihn in Weihrauch gehüllt wieder fand. Er zeigte auf das Dach.

Unter dem First eines der Tempel befand sich eine Schnitzarbeit in Stein. Ein Reiter trat aus einem Burgtor hinaus in eine märchenhafte Landschaft mit spitzen Hügeln und gekrümmten Kiefern. Ein Esel, ein Verrückter und ein Diener begleiteten ihn.

»Die Reise nach Westen«, sagte der alte Mann, »Ihre Reise.«

Die Schnitzereien zeigten die Pilgerfahrt von Xuan Zhang entlang der Seidenstraße zu den buddhistischen Schreinen Indiens. Genauer, sie stellten die Legende dar, die aus dieser Reise entstanden ist, mit ihren vier emblematischen Figuren im Kampf mit den Wechselfällen eines Schicksals in der Fremde. Es war eine Pilgerreise, eine Suche, ein Initiationsritus und eine Legende – hier umgesetzt in ein religiöses Bild: die Reise als Offenbarung und Rettung. Das klang viel versprechend.

Ich verliebte mich in Schanghai. Es war eine unmögliche Stadt, wuselig, schmutzig, habgierig. Die Hotels waren übervölkert und die Straßen voller Gauner. Schon im Juni war die Hitze unerträglich, und der Gestank des Suzhou Creek kroch die Straßenschluchten entlang, eine übel riechende Warnung an das öffentliche Gesundheitswesen.

In jeder Ecke waren die geschmacklosen Reminiszenzen an Schanghais extravagante Vergangenheit zu finden, und das gefiel mir. Durch die Stadt zu streichen war, als ob man die Habe einer alten Großtante durchwühlte, deren Leben seit langem als Familienskandal galt. Man hat es vielleicht nicht gutgeheißen, aber man war davon fasziniert und bezaubert. Sie war eine schillernde Figur in einer noch mehr schillernden Welt.

Schanghai ist eine Erfindung der Europäer. Mit dem Vertrag von Nanking, 1842 an Bord eines britischen Kriegsschiffes unterzeichnet, wurde die Stadt in Form eines konzessionierten Hafens gegründet, in dem ausländische Händler unabhängig von chinesischen Bräuchen und Gesetzen operieren konnten. Die langen Jahrzehnte der Extraterritorialität schufen eine koloniale, weltoffene Stadt, die den Anschein aufrecht hielt, gegen das Land, von dem sie ein Teil war, immun zu sein.

Im Treibhausklima des Orients war Schanghai ein Stückchen verzerrtes Europa. Eingekeilt zwischen dem Ostchinesischen Meer und Meilen von Reisfeldern, verdankt die glänzende Fassade des Bund mit seinen Gebäuden im Stil des Neoklassizismus und des Art déco, die immer noch die großen, den Huangpu hinauffahrenden Schiffe begrüßen, China nichts, ausgenommen die billige Arbeitskraft. In den glorreichen Tagen Schanghais, zwischen den beiden Weltkriegen, konnte man hier einen Maßanzug, ein französisches Abendessen, das neueste Auto oder einen Satz gravierter Golfschläger in Auftrag geben. Man konnte bei Pferderennen, Baseball- oder Footballspielen zusehen. Man konnte in die Oper gehen, sich eine Theatermatinee ansehen oder den Club besuchen und Billard, Kegel oder Bridge spielen. Man konnte über drei Kontinente hinweg Geschäfte betreiben und Klatsch in fünf Sprachen. In Schanghais Klima der Ausschweifungen fehlte es nie an Klatsch. »Man fragte nie danach, warum jemand nach Schanghai gekommen war«, hatte Lady Jellicoe erklärt. »Man ging davon aus, dass jeder etwas zu verbergen hatte.«

Die Missionare auf der Jagd nach chinesischen Seelen erklärten, dass Gott, wenn er Schanghai überleben ließ, bei Sodom und Gomorrah Abbitte leisten müsse. In einer Stadt, in der der Mammon die Gottheit war, konnte nur die Jagd nach Vergnügungen mit der Jagd nach dem Geld konkurrieren. Man nannte Schanghai die Hure des Ostens, und sie bot für jeden Geschmack etwas. Spielhöllen, Rennstrecken, Tanzpaläste, Opiumhöhlen, Kuriositätenshows und Varietés wetteiferten miteinander um Marktanteile. »Wenn du Mädchen willst oder auch Jungen, du bekommst sie in jeder Preislage«, schrieb Christopher Isherwood. »Wenn du Opium brauchst, kannst du es in bester Gesellschaft rauchen, ja man serviert es dir wie den Nachmittagstee auf dem Silbertablett.« Die Abende, die an der berühmten und ausgesprochen angesehenen Long Bar des Schanghai-Clubs begannen, nahmen gewöhnlich einen absteigenden Verlauf durch Nachtclubs und Bordelle bis hin zu den Ginläden, die man aus dem Film *Blood Alley* (*Der Gelbe Fluss*) kennt. Für etwaige reuige Sünder gab es schließlich auch Kapellen und Kirchen jeglicher Glaubensrichtung.

Diese Geschichte hat unvermeidlich auch eine zweite Seite. Der amerikanische Journalist Edgar Snow, der in den späten Zwanzigern nach Schanghai kam, beschrieb die schrecklichen Bedingungen der Kindersklaven. Noch bevor sie zehn Jahre alt waren, wurden sie an Fabriken verkauft, deren bewachtes ummauertes Gelände sie nicht ohne Erlaubnis verlassen durften. Die Armut in der Chinesenstadt war entsetzlich; auf jeden Chinesen, der wie Wang sein privilegiertes Leben genoss, kamen tausende, die dem Elend in den stinkenden Slums ausgeliefert waren. Wenn die letzten Nachtschwärmer in ihren derangierten Dinnerjacketts die Avenue Edward VII. nach Hause schwankten, kamen sie an den Lastwagen vorbei, die auf ihrer Morgenrunde die Leichen der Nacht aufsammelten.

Wie ein Bühnenbild, aus dem die Darsteller abgetreten sind, bleiben die großartigen Gebäude des alten Schanghai zurück und werden nun von den alle chinesischen Städte beherrschenden Menschenmassen überschwemmt; von Fluten von Radfahrern und Wellen von Füßen in Pantoffeln, die so gar nicht zu den klassischen Fassaden passen. Sie sind in Mietwohnungen aufgeteilt, und ihre mit Wäsche garnierten, reich verzierten Balkone quellen über von Blumentöpfen, Vogelkäfigen und auf den Kopf gestellten Fahrrädern. Ähnlich wie die umerzogenen Kapitalisten haben viele Gebäude neue Aufgaben zugewiesen bekommen. Das britische Konsulat, hinter Rasenflächen gelegen, die einst fürs Krocketspiel angelegt wurden, ist nun ein Institut für Internationale Studien. Das Jardine-Matheson-Gebäude fand Verwendung als staatliche Textilfirma. Die Hongkong und Schanghai Bank, vor der einst britische

Löwen Wache hielten, ist heute ein städtisches Amt, das von Soldaten in Baumwollpantoffeln bewacht wird.

Am Ende des Bund liegt der Schanghai-Club, einstmals so exklusiv, dass der Portier erst die Mitglieder befragen musste, bevor er Passanten, die bei einer Schießerei auf der Straße ins Kreuzfeuer geraten waren, einlassen durfte. Der Club ist heute eine Unterkunft für Seeleute. Malaysische Soldaten, breit wie Baumstämme, streiten sich jetzt hier über ihre zierlichen chinesischen Gespielinnen. In der Herrentoilette tragen die Porzellanbecken Schilder der Marke Doulton & Co, Lambeth, London. Das Billardzimmer auf der anderen Seite der Halle scheint in Vergessenheit geraten zu sein. Für einen Moment könnte man meinen, in St. James zu sein. Alles ist noch so, wie es vor 60 Jahren war, mit Ausnahme der Tischhöhe. Als die Japaner die Stadt besetzt hatten, ließen sie die Tischbeine absägen, damit sie besser mit dem Queue hantieren konnten.

Wang und ich wurden großartige Kumpel, und in den 14 Tagen, die ich in Schanghai verbrachte, haben wir uns gegenseitig ganz gut angefreundet. Er war die Verkörperung jener Stadt, die ich kennen lernen wollte, und ich wurde nie müde, mir seine Geschichten anzuhören.

Wir aßen zusammen zu Abend und gingen in die Oper. Er nahm mich ins Museum mit, um mir die Bronzen und die Pferde der Tang-Dynastie zu zeigen, und zum Tee ins Huxinting-Teehaus, wo das Opium mit dem Gebäck serviert wird. Mit dem Ausflugsschiff fuhren wir in die Jangtse-Mündung, wo das Meer unter einer hellen Dunstglocke glänzte. Der Horizont war im grellen Licht verschwunden. Es schien, als hätten wir das Ende der Welt erreicht, einen stillen, friedlichen Ort aus gleißendem Licht.

Bei unseren Streifzügen durch die Stadt bevölkerte er die Straßen mit Geistern aus der Vergangenheit. Auf dem Bund erzählte er mir von den Soldaten Tschiang Kai-sheks am Abend der kommunistischen Machtübernahme in der Stadt. Wie sie die Goldbarren aus den Banken heraustrugen und sie auf Schiffe verluden mit dem Ziel Taiwan. Im Renmin-Park beschwor er die alte Rennbahn herauf mit den Rassepferden, den Damen mit Sonnenschirmen und den Tippgebern in ihren schwarzen Pyjamas und braunen Filzhüten. In der Nanking Road beschrieb er die geschmückten Rikschas der Tingeltangel-Mädchen, die auf dem Weg von einer Dinner-Verabredung zur nächsten mit ihren Glöckchen bimmelten. Als wir eines Tages am Hotel Astor vorbeikamen, nahm er mich mit in den Ballsaal und zeigte mir die Ecke, in der er vor einem halben Jahrhundert gesessen hatte, als ihm der Page das Telegramm brachte mit der Nachricht, dass seine Frau nach Australien durchgebrannt war.

Eines Mittags traf ich mich mit ihm zum Essen in einer Seitenstraße des Bund, einer kühlen Schlucht zwischen steinernen Fassaden. Wir stiegen ein breites Treppenhaus in den zweiten Stock hinauf. Ein ältliches Paar betrieb dort im Korridor einen Imbiss mit drei an die Wand gestellten Tischen und einer Anordnung brodelnder Töpfe in einem Raum, der wohl die ehemalige Portierloge war. Die Alte begrüßte Wang mit mütterlichem Glucksen. Ihr Mann lächelte zahnlos aus einem Türrahmen.

Das Gebäude war einmal einer der prachtvolleren Wohnblocks und sein Zerfall beachtlich. Im Erdgeschoss befanden sich schäbige Büros, und die Wohnungen mit ihren hohen Zimmerdecken waren in Einzimmerwohnungen aufgeteilt. Die Korridore waren voll gestopft mit alten Schränken, Fahrrädern und Gerümpel. Stromzähler und Kabelknäuel hingen von den Deckenleisten. Über meinem Kopf verlief eine Rohrleitung durch ein Oberlicht. Die Mieter hatten Nägel als Kleiderhaken in die Wandpfeiler geschlagen. Am vergitterten Liftschacht wuchsen Spinnweben. Leute kamen und gingen, öffneten und schlossen Türen von solchen Ausmaßen, dass ein Reiter auf seinem Pferd hindurchgepasst hätte. Dahinter konnte man Balkontüren und schmiedeeiserne Balkone ausmachen, voll gestellt mit Vogelkäfigen und alten Bettgestellen. Die Girlanden aus steinernen Früchten, die die Giebel über den Türen zierten, waren mit Vogeldreck bekleckert.

Die alte Frau brachte einen Eintopf mit Stücken von Schweinefleisch, die wie platte Fußbälle aussahen, eine Schüssel mit durchnässtem Tofu und Schalen voll kaltem Reis. Es sah aus wie eine chinesische Schulspeisung. Wang hob die Augenbrauen und öffnete das Bier.

»Sie ist meine Nichte«, erklärte er. »Ihre Großmutter ist meine Mutter.« Diese abgewrackten schlurfenden alten Leute waren eine Generation jünger als Wang. Er fischte einen Fußball aus den dunklen Tiefen. »Köstlich! Das ist der Geschmack meiner Kindheit.«

Aus einem höheren Stockwerk drang der Lärm eines Streits durchs Treppenhaus herunter.

»Kennen Sie John McCormack?«, fragte Wang.

»Den Tenor?«

Er nickte.

»McCormack, das ist der Klang *meiner* Kindheit«, sagte ich.

Wang schüttelte den Kopf. »Sie sind zu jung.«

»Das stimmt aber«, protestierte ich. »Ich habe bei meinen Großeltern immer seine Schallplatten gehört. In Irland. Er war ja Ire.«

McCormack, ein Sänger der Generation, die auf Caruso folgte. Puristen haben ihm nie verziehen, dass er sein Talent an irische Volksmusik verschwendete. Aber ich war als Junge von ihm bezaubert, von seinen entfernt rauschenden Plattenaufnahmen, die vor dem Ersten Weltkrieg entstanden sind. Die traurigen irischen Melodien schienen aus einem tiefen Brunnen der Vergangenheit heraufzuschwappen. Sie waren der vollkommene Widerhall des irischen Exils. Ich könnte sie immer noch alle singen.

O Kathleen Mavourneen, meine traurigen Tränen fallen
Zu denken, dass ich dich und Erin verlassen muss.
Vielleicht für Jahre, vielleicht für immer –
O, warum schweigst du, Stimme meines Herzens?

»Bravo!« Wang lachte. Er legte seine Essstäbchen ab und applaudierte. Die Alte kam um den Tresen herum und glotzte. Dann nutzte sie die Gelegenheit, aus der guten Stimmung Kapital zu schlagen, und brachte eine neue Flasche Bier.

»Er war hier in Schanghai«, erzählte Wang. »1932 oder 33, glaube ich, eine Spielzeit lang am Grand Theatre.«

»John McCormack war in Schanghai?«

»Hier oben«, sagte Wang. »Er hat hier eine Treppe höher gewohnt. Der Produzent hatte ihm seine Wohnung überlassen.«

Ich versuchte, ihn mir in dem Korridor vorzustellen, eine stämmige Gestalt in einem Tweedanzug und mit Gamaschen, aber ich wurde dabei gestört von einem Mann, der in Bademantel und Plastikschlappen vorbeischlurfte.

»Das waren die Lieder der Heimat«, sagte ich.

Der alte Mann sah mich mit neu erwachter Neugier an. Wir hatten so viel über Schanghai gesprochen, dass er schon fast annahm, ich wäre ein Teil der alten Auswanderergemeinde. Er schien sich plötzlich darüber klar zu werden, dass ich ein Fremder war, dass er nichts von mir wusste.

»Wo ist diese Heimat?«, fragte er.

»Ich weiß nicht genau«, antwortete ich.

»Irland ist nicht Ihre Heimat?«

»Doch, ich glaube schon. Aber ich bin schon als Junge fortgegangen.«

Er war fasziniert, und für den Moment vergaß er die Fußbälle aus Schweinefleisch.

»Aber wohin gehören Sie?«, fragte er.

»Ich gehöre nirgendwohin.«

Diese Wurzellosigkeit schien ihn zu erschrecken. Sein eigenes Leben war so stark von einem Ort geprägt, von Schanghai.

»Ihr Leben ist ein Leben der Aufbrüche.« Er fuchtelte mit seinen Essstäbchen vor mir herum, als hätte er ein Rätsel gelöst. »Deswegen sind Sie nach Schanghai gekommen.«

2

EIN RHINOZEROS BETRACHTET DEN MOND

Für die Chinesen ist er *Chang Jiang*, der Große Fluss. Er fließt durch das Bewusstsein der Nation wie eine tiefe, wenn auch schwer fassbare Überzeugung. Dichter nannten ihn den Fluss des Himmels, und Maler verbrachten ihre ganze Schaffenszeit damit, sein Wesen einzufangen. In unzähligen Sagen ist er weniger ein Schauplatz als eine Persönlichkeit, geheimnisvoll, heimtückisch, göttlich. Wenn er über seine Ufer trat, hieß das, dass die Kaiser das Mandat des Himmels verloren hatten und die Dynastien untergingen. Als im achten Jahrhundert Chinas bekanntester Dichter, Li Bai, beim Versuch, das Spiegelbild des Mondes zu umarmen, im Fluss ertrank, schien er eine nationale Manie zu verkörpern.

Nach dem Amazonas und dem Nil ist der Jangtse der längste Fluss der Welt. Wie so viele der großen Flüsse Asiens entspringt er zwischen den Gletschern Tibets und legt fast 6400 Kilometer bis zum Meer zurück, durch zehn Provinzen, jede so groß wie ein ganzes Land. Mit 700 Nebenflüssen entwässert er ein Gebiet von mehr als 1,2 Millionen Quadratkilometern, das Zehnfache der Größe Englands. Die Chinesen sagen: Wenn du nicht auf dem Großen Fluss gewesen bist, bist du nirgends gewesen.

Passagierschiffe verkehren auf dem Jangtse regelmäßig bis Chongqing, 2400 Kilometer flussaufwärts. In einer Art, die ich noch kennen lernen sollte, sprachen die Leute in China von Fahrkarten in einem so resignativen Ton, als ginge es um Sitzplätze am Centre Court in Wimbledon. Tickets jeder Art waren Chinas Heiliger Gral. Alt-Schanghai war meine Rettung. Wang verschaffte mir durch eine vernünftige Mischung aus Beziehungen, Bestechungen und dem

Austausch von Gefälligkeiten eine Kabine auf einem Schiff nach Chongqing. Ich gebe zu, dass mir dieser Hauch von Korruption durchaus gefallen hat.

Das Hochgefühl des Reisens wird zur Sucht. Der vertraute Euphorieschub bei der Aussicht auf die Abreise nährt eine gewisse Lust auf Unbeschwertheit. Auf dem Bund, mit meinem Ticket in der Tasche, vor mir den Huangpu voller Boote im Sonnenlicht, fühlte ich mich, als wäre ich wieder zwölf Jahre alt. Das Freiheitsgefühl machte mich beschwingt. Ich schiffte mich ein zu einer Reise flussaufwärts als Vorspiel zu einer Reise, die mich quer durch halb Asien führen sollte, zur Wüste Gobi, den Oasen der Takla Makan und den hohen Pässen des Pamir-Gebirges. Ich kam mir vor wie der junge Maulwurf aus *Der Wind in den Weiden*, der aus seinem Bau schlüpft. Der Morgen roch nach wunderbaren Abenteuern, neuen Landschaften und unerwarteten Dingen. Alles konnte passieren, und manches würde passieren. Der Augenblick der Abreise ist einer, bei dem man der Wiederherstellung der köstlichen Erwartungen aus der Kindheit am nächsten kommt.

Die Reise flussaufwärts sollte eine Woche in Anspruch nehmen. Ich ging am Abend vor der Abreise an Bord. Schanghai ging schlafen, die erleuchteten Fenster erloschen eines nach dem anderen. Die traurigen alten Fassaden der Gebäude des Bund lagen in der Dunkelheit. In den Parks, wo in wenigen Stunden die Tänzer eintreffen würden, saßen die Paare, die keine andere Möglichkeit hatten, sich zu treffen, eng umschlungen auf den Steinbänken, während sich entlang der Uferböschung nicht sesshafte Uiguren, Männer aus Xinjiang, für die Nacht einrichteten.

Auf dem Schiff wanderte ich eine Weile über die leeren Gangways, bis ich einen Bediensteten fand, der mich zu meiner Kabine brachte. Es war alles da – eine hochwandige Schlafkoje, ein Waschbecken, eine kleine Frisierkommode, ein Stuhl, alles hübsch seemännisch. Durch die offene Tür sah ich hinunter auf den Kai: An Buden mit Gaslicht wurden Kekse, Nüsse und Wassermelonen verkauft, und eine Gruppe Matrosen spielte Billard. Ich schlief über den Landkarten ein. Das Klicken der Kugeln, das Gemurmel der Händler und das Klatschen des Flusses schlichen sich wie blinde Passagiere in meine Träume.

Am Morgen wachte ich durch ein Seufzen auf. Ich ging hinaus an Deck und sah an der Reling darunter ein Mädchen, das sich an einen Matrosen klammerte. Die aufgeregte Abreisetheatralik beherrschte nun den Kai. Ein Strom Kulis kletterte unter ungeheuren Säcken die Gangway hinauf. Familien rannten auf und ab und reichten Gepäck und Kinder weiter. Die Menschenmenge rund um den Matrosen und sein Mädchen nahm auf deren Herzschmerz keine Rücksicht. Das mollige halbwüchsige Mädchen schluchzte, die Augen von Wimperntusche verschmiert, an seiner Schulter. Wenn die unbeirrte Menge sich Zeit genommen hätte, genauer hinzusehen, wäre sie von dem unziemlichen Anblick schockiert gewesen: der schwarze Minirock, die hohen Absätze, das Make-up, die öffentlichen Tränen. Mit ihrem Kummer stand sie allein da. Der Matrose lümmelte an der Reling wie irgendein anderer unbeteiligter Zuschauer.

An der eigenen Ankerkette zogen wir uns vom Kai. In der Flussmitte sprangen die Maschinen an, und das Schiff erzitterte. Das Mädchen stand abseits des winkenden Pulks, traurig legte sich ihre Hand über ihren Mund. Aus der Entfernung, sah sie aus wie das Kind, das sie tatsächlich noch war. Ihr Matrose war schon im Schiffsgedränge verschwunden, er hatte es eilig auszupacken.

Dort, wo der Huangpu auf den Jangtse trifft, ist der Mutterfluss fast 20 Kilometer breit. Das Ostchinesische Meer ist schon in Sichtweite, aber der Große Fluss scheint überhaupt kein Interesse an seinem Ziel zu haben. Fett und schwerfällig, sowohl von Gezeiten wie auch von Strömungen bestimmt, macht der Fluss einen ziemlich finsteren, gelangweilten Eindruck, als ob er nach einer langen und ereignisreichen Reise keine Lust mehr hätte anzukommen.

Die letzten 1600 Kilometer, von Yichang bis zur Küste, behält der Jangtse seine träge Gleichgültigkeit bei. Er kreuzt die großen Reisebenen Ostchinas und hat nur ein Gefälle von kaum 20 Zentimetern pro Kilometer. Die Gelassenheit des breiten, langsamen Stroms täuscht über die Gewalt hinweg, die er regelmäßig in diesen verwundbaren Niederungen entfesselt. Es ist das Vorrecht der Flüsse, die entlang ihren Ufern Leben möglich gemacht haben, all das, was sie geschaffen haben, auch wieder zu bedrohen. Ein Vorrecht, von dem der Jangtse regelmäßig Gebrauch macht. Die Überschwemmungen in den östlichen Ebenen begleiten wie ein Grabgeläut die Geschichte Chinas.

Flüsse können für ihre eigenen Ufer merkwürdig unempfänglich sein. Wir fuhren drei Tage lang flussaufwärts auf einem silbernen Wasserpanorama, ohne uns des Ausmaßes der Überschwemmungen bewusst zu sein, die sich erst kürzlich ereignet hatten. Von Deck aus konnten wir sehen, dass der Fluss über die Ufer getreten war. Das Wasser schien landeinwärts bis zu einer Deichlinie geströmt zu sein. In überfluteten Obstplantagen ruderten Männer Boote durch Fahrspuren voller Wasser. Möwen kreisten über überfluteten Maisfeldern und hielten nach Fischen Ausschau, und einheimische Dampfer waren an Häusern festgemacht, bei denen der Fluss an die Fensterbänke leckte. Es waren malerische Bilder, frei von Elend.

Aber die Wahrheit, die wir erst bei der Ankunft in Chongqing erkannten, war, dass es sich hier nicht um eine örtliche kleine Überschwemmung handelte, sondern um eine nationale Katastrophe. Der Fluss hatte die Deiche gebrochen, und ein großes Gebiet im östlichen China stand unter Wasser. Zahllose Hektar Getreide waren vernichtet und Millionen Menschen obdachlos. Man hatte die Armee mobilisiert und internationale Hilfe angefordert. Die Zahl der Toten war auf 2500 angestiegen. Die Welt konnte zusehen, wie sich die Häuser der durchnässten Flüchtlinge auflösten wie Kekse im Tee. Auf dem Bauch des Übeltäters dahingleitend, sah ich nur die Bäume knietief in ihrem eigenen Spiegelbild stehen und Enten, die vergnügt zwischen den vom Wasser voll gesogenen Heuschobern herumpaddelten.

Zwischen diesen überfluteten Ufern verlief das Leben auf dem Fluss ungestört weiter. Frachter mit Rostbeulen waren auf dem Weg nach Nanking. Örtliche Fähren und Trampschiffe drängten sich durch die endlosen Schleppzüge voller Kies, Zement und Bambus. Unter den Sonnensegeln der Sampans, die unterhalb unseres Bugs dahinglitten, saßen ganze Familien in einem Durcheinander von Essstäbchen beim Mittagessen. Fischerboote warfen weite Netze aus, die wie riesige Spinnen in der Strömung standen. In diesem Verkehr sind die Passagierschiffe der Der-Osten-ist-rot-Linie die Aristokraten auf dem Fluss. Wenn sie aneinander vorbeikommen, tuten sie sich gegenseitig zu wie Züge und signalisieren sich ihre fernen Bestimmungsorte.

Im kommunistischen China wurde als Zugeständnis an die Einheitsgesellschaft die erste Klasse abgeschafft. Das tat der landestypischen Neigung zu hierarchischer Unterscheidung aber keinen Abbruch. Auf der Nr. 57 der Der-Osten-ist-rot-Linie gab es fünf Hauptklassen mit unzähligen weiteren Abstufungen. Ganz oben in der Rangordnung waren die Prunkgemächer der zweiten Klasse, wo ich in einer Außenkabine untergebracht war. Hinter Milchglastüren lag eine Welt für sich – mit Teppichen ausgelegt, unregelmäßig klimatisiert, mit Toiletten und Duschen nach westlichem Standard ausgestattet, und im Bug eine Glasveranda, die wie das Wartezimmer eines Zahnarztes eingerichtet war.

Mittschiffs war die dritte Klasse: Mehrfachkabinen, unterteilt in vier, sechs oder acht Schlafkojen. In den unteren Decks befand sich die vierte Klasse: Unterbringung in Schlafsälen mit Reihen von in der Wand verschraubten Eisenbetten. Eine inoffizielle fünfte Klasse nahm die Flure, Treppenschächte und Laufstege ein, wo die Leute wie Flüchtlinge auf dem blanken Metallboden lagerten, voneinander und von der zunehmenden Abfallflut auf dem Schiff durch kleine Mauern aus ihren bescheidenen Habseligkeiten getrennt.

Die zweite Klasse war der übliche Mix aus Parteikadern, Industriemanagern und Überseechinesen aus Singapur, Malaysia und Hongkong. Die anderen waren etwas undurchsichtiger. Einige Kabinen weiter waren zwei mutmaßliche Starlets untergebracht. Sie kamen gerade von einem 14-tägigen Vorsprechen in den Filmstudios von Schanghai und waren voller weltstädtischer Allüren nun auf dem Weg nach Hause.

Um die Ecke, an Steuerbord, war die Kabine Nummer vier von einer dieser wunderbaren alten Damen belegt, an denen China anscheinend so reich ist: heiter gelassen, engelhaft und gewieft, eine orientalische Ausgabe von Miss Marple. Morgens machte sie auf dem Bugdeck ihr *tai chi*, eine Figur in Zeitlupe vor einem grauen Nebelschleier. Sie hatte einen Verehrer, einen verschmitzten ältlichen Gentleman, der sie aufsuchte und ihr Orangen zum Geschenk machte. Sie setzten sich in ihre Kabine und kicherten zusammen wie die Kinder. Am Abend waren sie beim schwungvollen Walzer die Stars auf dem Tanzparkett.

Die Glasveranda im Bug hatte sich in eine Kreuzung aus Schlafsaal und Spielkasino verwandelt. Die Sessel waren zu gemeinschaftlichen Schlafcouches zusammengeschoben. In den Plastikpflanzen hatte man Wäsche aufgehängt. Der Fernsehtisch war als Getränkewagen zweckentfremdet, und an den Tischen überall im Raum kauerten Spieler über ihren Kartenspielen.

Das Glücksspiel war lange eine nationale Besessenheit der Chinesen. In alten Zeiten konnten die Hausfrauen kaum Gemüse kaufen, ohne mit dem Lebensmittelhändler zu würfeln, alles oder nichts. Die Kommunisten erklärten das Glücksspiel für illegal, es gelang ihnen aber nur kurz, es zu unterdrücken. Heute, da die offizielle Haltung weniger streng ist, treibt es wieder Blüten. Der Gesellschaftsraum der Der-Osten-ist-rot Nr. 57 hätte es mit jedem Mississippi-Dampfer aufnehmen können. Die Spannung war ungeheuer. Die Spieler knallten ihre Karten auf den Tisch und kläfften sich gegenseitig durch dicke Tabakwolken an. Ganze Familienvermögen standen anscheinend auf dem Spiel, und die Verlierer verließen immer tränenden Auges den Raum.

Ich hatte mich mit dem Matrosen angefreundet, dessen Abreise am Kai von Schanghai für so viel Kummer gesorgt hatte. Er kam oft aus der dritten Klasse herbei, um sich mit mir über Tang-Dichtung zu unterhalten. Er war Kadett der chinesischen Armee und auf dem Weg in den Heimaturlaub in Chongqing vor seiner ersten Stationierung. Ein schüchterner Junge, alles andere als der angeberische Herzensbrecher, für den man ihn gehalten haben könnte. In Zivilkleidung und auch in der weißen Uniform sah er aus, als spräche er für eine Rolle vor. Aus romantischen Gründen hatte er sich entschieden, mit dem Schiff statt mit dem Zug zu reisen. Er war ein leidenschaftlicher Anhänger des Dichters Li Bai. Die Reise auf dem Fluss war wie ein Besuch an dessen Grab.

»Er war betrunken«, sagte der Seemann und erklärte damit den Sturz in den Fluss. »Wenn er betrunken war, war er immer sehr einfallsreich. Er war ein Reisender wie Sie. Immer unterwegs, ohne Familie, ohne Zuhause.« Bei ihm hörte sich Reisen an, als wäre es Teil einer größeren Tragödie.

Li Bais bilderstürmerischer Ruf, bei westlichen Dichtern einigermaßen verbreitet, ist für China eher unüblich. Er verspottete konfuzianische Traditionen und schockierte die östliche Empfindlichkeit durch ein skandalöses Privatleben. Am meisten verstörte es seine Zeitgenossen, dass er sich nicht öffentlichen Prüfungen aussetzte, die ihm die Aufnahme in die Elite der Beamtenschaft ermöglicht hätten. Man hielt es für selbstsüchtig und naiv, dass ein begabter Mann nicht einen Teil seiner Laufbahn in den Dienst des Reiches und seiner Menschen stellte.

Dennoch wurde sein Talent nie in Frage gestellt. Schon zu seinen Lebzeiten regte die Arbeit von Li Bai zu Schmeichelei an. Er dichtete in atemberaubender Geschwindigkeit, vor allem, wenn er getrunken hatte. Diejenigen, die ihm begegnet waren, sprachen von seinen stechenden Augen und seiner betörenden Stimme. Charismatisch und voller Verachtung, zählte er zu den »abgestürzten Unsterblichen«. Seine Verse sind voller Traumreisen, erzählen von der Verlassenheit bei der Abreise und in der Fremde und von dem aufregenden Reiz neuer Welten. Sein Tod in den Wassern des Jangtse, der sich durch die chinesische Literatur zieht wie ein mondерfülltes Symbol für Vergänglichkeit und Erneuerung, scheint seiner eigenen Bilderwelt zu entspringen.

Der Matrose forderte regelmäßig dazu auf, Verse auf den Jangtse aus einem Gedichtband zu rezitieren. Mit der Gestik eines Laurence Olivier zweiter Klasse gab er Vorstellungen im Gang vor meiner Kabine.

Nach plötzlichem Regen, eine klare Herbstnacht ...
Der Himmelsfluss, weiß wie die Ewigkeit
Die klaren Fluten des Jangtse ...

Die Filmsternchen, die in der Tür ihrer Kabine herumlungerten, gingen nun den Gang hinauf. Ich hatte über eine treffende Bezeichnung für sie nachgegrübelt und mich für den Begriff Möchtegerndiven entschieden.

»Warum liest du dem Fremden vor?«, wollten sie wissen.

»Es interessiert ihn eben«, erklärte der Junge. »Er liest Li Bai und Du Fu auf Englisch.« Die zwei Sternchen warfen einen Blick zu mir herein. Ich lag in meiner Koje. Sie trugen modische Kunststoffblusen und Faltenröcke, hatten knallroten Lippenstift aufgelegt und geschwungene Wimpern. Eine hatte sich eine perfekte Schmachtlocke über die Stirn gekämmt. Sie waren gelackt, blasiert und beunruhigend erotisch.

»Woher kommt er denn?«, fragte eine und bestaunte meine Kabine, als wäre sie ein Ausstellungsstück, hob die Landkarten hoch, die Bücher und die im Ausguss eingeweichten Socken.

»Aus England«, erklärte der Matrose stolz, als ob er irgendetwas dafür könnte. »Er reist in den Westen.«

»Ist er allein?« Ihre Augen überprüften blitzartig die Kabine nach Hinweisen auf eine Begleitung.

»*Dandu*«, stimmte der Matrose an. Allein. Der leere, doppelte Blick der Starlets streifte durch meine Kabine und blieb dann auf mir ruhen. Unter ihren schamlos prüfenden Blicken fühlte ich mich als das, was sie in mir sahen: ein Fremder, merkwürdig aussehend, lächerlich groß, mit großer Nase und großen Füßen, eine Person mit undurchsichtigen Absichten, ohne persönliche Beziehungen oder Geschichte, eine aus dem Zusammenhang gegriffene Person. *Dandu*.

Oberhalb von Yichang ist der Jangtse ein ganz anderes Wesen. Der breite, träge Strom verwandelt sich plötzlich in einen stürmischen Fluss, der vom Hochland von Sichuan hinab das Hubei-Gebirge in einer Reihe abenteuerlicher Schluchten durchschneidet. Diese Schluchten haben den Jangtse berühmt gemacht. Sie gehören zu den spektakulärsten Flusslandschaften der Welt.

Im Laufe eines Morgens verwandelte sich der Fluss aus einer Welt der Waagerechten in eine der Senkrechten. Wir passierten Schluchten, deren Wände sich vom Wasser aus zu Gipfeln erhoben, die 600 Meter über uns in Wolken gehüllt waren. In den Schluchten sind die Strömungen heftig und unvorhersehbar. An manchen Punkten erreichen sie eine Geschwindigkeit von 20 Knoten. Die Flusskapitäne sprechen von diesem Abschnitt des Jangtse als von einem Feind und sehen seine Navigation als eine Kriegshandlung an.

Der Regen füllte die Schluchten und rann in Strömen über die Gangways des Schiffes. Der Himmel hatte sich in den Baumwipfeln eingenistet, und es kamen Berge himmlisch zwischen den Wolken ins Blickfeld und verschwanden. Männer mit schweren Körben auf dem Rücken kletterten glitschige Pfade hinauf, die sich zwischen Felsen und Feldern mit durchnässtem Mais wanden. Wo auch immer sich ein Stück Erdreich gesetzt hatte, hat sich auch ein Bauer niedergelassen. Schlecht zusammengezimmerte Hütten klebten oben an den Hängen. Die Äcker waren so steil, dass die Bauern sich in ihren Feldern wie Bergsteiger abseilen mussten. Kleinkinder waren sicherheitshalber an den hölzernen Vorbauten an Pflöcken festgebunden. Von den Feldern in der Höhe ergossen sich Wassermassen direkt in den Fluss darunter, wo kleine Boote unter den Klippen festgemacht waren. Die Wolken kräuselten sich die Schluchten hinauf und blieben in struppigen Baumgruppen hängen. Zwischen den Klippen öffnete sich eine Bucht, und eine vor Anker liegende Dschunke mit vom Regen schlaffer Takelage wurde sichtbar. Der Fluss selbst war ein Kessel aus unheimlichen Strudeln und schäumendem Wildwasser. An den ringsum aufragenden Felsen hallte dieses Getöse wider. In vom Wasser zerhackter und verzerrter Form stieg es plötzlich hinauf zu wuchtigen Landzungen, bizarren Zinnen und schiefergrauen Bergspitzen.

Das alles war beinahe zu viel für die unter Regenschirmen an der Reling versammelten Passagiere. Die Chinesen sind die größten Steinliebhaber der Welt. Sie pflanzen Steine, wo andere eine Staudenrabatte anlegen würden. In Landschaften gilt ihre Aufmerksamkeit nicht Bäumen oder entfernten Gestalten, sondern Granit und Kalkstein. Je bizarrer die Form, desto mehr gefällt sie dem chinesischen Auge. Die Schluchten des Jangtse sind für den Steinfreund das Höchste der Gefühle. Überall um mich herum rangen Chinesen nach Luft und fielen in Ohnmacht.

Auf dem Jangtse ist jede Schlucht, jeder Hohlweg und jeder Felsen liebevoll benannt worden. Ich befragte ein Mitglied der Besatzung, das mir bereitwillig die Felsen identifizierte, die ich ihm zeigte: Träne Nr. 1, Perle Nr. 7, die weinende Dame, der Wachsoldat des Kaisers. Wir passierten die Schlucht der gelben Katze, die Ochsenleber- und die Pferdelungen-Schlucht, die Schlucht der Kriegsbücher und des kostbaren Schwerts – jeder Name eine eigene Geschichte. In der Schlucht des Schattens der Laterne repräsentiert eine Reihe von vier eindrucksvollen Gipfeln mit langen Wolkenschleppen die Figuren der Reise nach Westen: der Pilger Xuang Zang steht am Rand eines Abgrunds, sein treuer Gefährte Monkey späht in die Ferne, Sandy trägt das Gepäck, und Pigsy reitet auf einem Pferd. Und so geht es immer weiter: Eisensarg-Felsen, Drachentür-Schlucht, Felsen des gehenkten Mönchs. Mein besonderer Liebling war das Rhinozeros, das den Mond anschaut, ein riesiger Stein, der unsicher auf der Spitze einer schwarzen Klippe schwankte und traurig den untergehenden Mond anstarrte. In diesen Geschichten wimmelte es nur so von Überschwemmungen, Erdbeben, Jadedrachen und heiligen Ochsen, alten Königen, bewaffneten Kriegern und tugendhaften Jungfrauen. Jeder kam und ging auf Wolken und war mit den Unsterblichen auf du und du. Dieser schreckliche Fluss untermauerte eine Welt besänftigender Dichtungen, in denen das Gute über das Böse triumphierte, die Ordnung über das Chaos.

Die Wirklichkeit des Flusses sah da schon düsterer aus. Ein unbedeutenderes Volk hätte die Schluchten des Jangtse für unschiffbar erklärt, es beweist den Willen und das Genie der Chinesen, dass sie es nicht taten. Die Schlacht war gewonnen, wenn auch um einen hohen Preis. Allein in den Stromschnellen von Kongling Tang sind zwischen 1900 und 1945 siebzehn Dampfschiffe untergegangen; der tödlichste ihrer Felsen, der heute allerdings gesprengt ist, war bekannt unter dem Namen »Komm zu mir«. Oberhalb der Xin-Tang-Stromschnellen stand die Weißknochen-Pagode, so genannt nach den Bergen menschlicher Knochen, die man an diesem fürchterlichen Ort aus dem Fluss gefischt hat.

Zu Zeiten der Segelschiffe konnte die Reise durch die Schluchten, die flussabwärts fünf Tage dauerte, gegen die Strömung schon einmal 50 Tage dauern. Schleppermannschaften, bis zu 400 Mann stark, zogen die Schiffe flussaufwärts. Sie kletterten abschüssige Pfade entlang, die im Sommer nass, im Winter vereist waren, und zogen die Schiffe an armdicken Trossen aus geflochtenem Bambus mit einer Länge von etwa 800 Metern. Auf dem Schiff sorgte ein Trommler dafür, dass sie im Takt blieben, Aufseher feuerten sie mit Peitschen an. Es kam nicht selten vor, dass ganze Mannschaften, an ein beladenes Schiff angekettet, sich gegen eine der wildesten Strömungen, die die Schifffahrt kennt, stemmten, um dann plötzlich von den Klippen und in den Tod gerissen zu werden.

Seit dem Morgen, an dem wir in die Schluchten eingefahren waren, hatte sich der Matrose nicht mehr blicken lassen, und ich machte mich nach dem Abendessen auf, um in den Kabinen der vierten Klasse nach ihm zu sehen. Dabei musste ich mir meinen Weg durch das Zwischendeck über die in den Gängen und Treppenschächten liegenden Passagiere bahnen. Ich fand ihn verzweifelt in seiner Koje im Heck. Er sah aschfahl und geschwächt aus. Er sei ein Seemann mit Seekrankheit, gestand er flüsternd. Er hatte Angst vor beruflichen Konsequenzen.

»Was soll nur werden?«, jammerte er.

Ich gab mir Mühe, die Bedeutung der Seekrankheit für eine seemännische Karriere herunterzuspielen. »Vielleicht gibt man Ihnen dann einen Schreibtischjob«, wagte ich mich schließlich vor.

Er missverstand mich und seufzte in sein Kissen. »Sie können das nicht verstehen«, klagte er.

Seine Stimmung hellte sich sichtlich auf, als die Starlets in einer Parfümwolke auftauchten. Sie waren auf dem Weg in den Speisesaal der zweiten Klasse zum Tanz. Sie machten sich über ihn lustig, dass er die Krankheit vortäusche, um nicht tanzen zu müssen. Als wollte er ihnen Recht geben, setzte er sich auf, bot Obst an und beschenkte uns mit Geschichten aus Schanghai; ein Bild strotzender Gesundheit. Doch als sich die Mädchen unter Rascheln von Nylon entfernten, schien ihm die Luft auszugehen.

»Sie müssen gehen«, meinte er aufgeregt. »Tanzen Sie mit den Filmgirls. Ich glaube, die mögen Sie.«

Das Restaurant der zweiten Klasse hatte sich in einen Tanzsaal mit zwei Blinklichtern und Walzerklängen von der Kassette verwandelt. Der Tanz erinnerte an den Bund in Schanghai, die gleichen Klänge aus einer anderen Zeit, die gleichen ernsten Gesichter, die gleichen vorsichtigen, leicht ruckartigen Schritte. Eine Szene, die mir überall quer durch China begegnen sollte. Es hatte immer etwas herzzerreißendes, das Tanzvergnügen so weitab von jedem Ballsaal.

Die Filmsternchen tanzen miteinander, ich sah ihnen aus dem hinteren Teil des Raumes zu. Der Matrose wäre enttäuscht gewesen.

Später ankerten wir über Nacht vor Badong. Die grauen Dächer trieften in die Straßen, während sich Wolken in den Orangenhainen ausbreiteten. Der Himmel senkte sich über die Stadt, und in der nassen Dunkelheit tauchte ein Gerippe von Lichtern auf. Irgendwo bellte ein Hund.

Die Lichter entlang der Gangways auf dem Schiff waren gelöscht worden, und es herrschte Stille. Selbst die Spieler hatten sich zurückgezogen. Das einzige Licht kam aus der Kabine der Filmsternchen. Mir war aufgefallen, dass sie es die ganze Nacht über brennen ließen, als hätten sie Angst vor der Dunkelheit. Als ich an ihrer offenen Tür vorbeikam, konnte ich sehen, wie sie ausgestreckt in ihren Kojen lagen, die Röcke über die Schenkel hochgeschoben und in billige Taschenbücher vertieft.

Ich stand an der Reling und lauschte, wie der Fluss gegen die Bordwand klatschte. Eines der Sternchen tauchte aus der Kabine auf, sah mich und kam die Gangway herauf. Ich war überrascht, dass sie mich auf Englisch mit breitem amerikanischem Akzent ansprach. Sie sprach fließend, aber bar jeder Grammatik, als hätte sie sich die Sprache selbst, ohne Anleitung, beigebracht.

Zögernd erkundigte sie sich nach Visa, ein in Chinas recht verbreitetes Interesse. Ob sie ein Visum für Amerika bekommen könnte? Ich antwortete höflich, wenn auch wenig hilfreich, und eine Flut von Fragen und Bedenken folgte. Sie betrafen einen Mann in Florida und seinen bevorstehenden Besuch. Ihre Hände spielten verlegen mit dem Geländer. »Ich weiß es nicht«, wiederholte sie immer wieder. »Ich weiß es nicht.« Ihr Kummer verbarg sich hinter einem nervösen Kichern.

Sie hatte ihn vor drei Jahren kennen gelernt. Damals arbeitete er sechs Monate lang als Berater für ein neues Abwassersystem in Chengdu. Es blieb unklar, in welcher Beziehung sie zueinander standen. Er schrieb ihr oft; sie hatte einen Schwung durchnässter Luftpostkuverts bei sich. Jetzt wollte er sie besuchen kommen. Sie sprach so, als käme er, um sie zu heiraten, und sie brauchte dringend meinen Rat. Nun war ich kein uninteressanter Fremder mehr, sondern der Dolmetscher für das andere Geschlecht, oder zumindest für einen Abwasseringenieur in den Fünfzigern.

Durch den Schleier der Sorgen und Widersprüche des Mädchens blieb das Bild des Amerikaners recht vage. Sie dachte, er wäre geschieden oder verwitwet. Er war 25 Jahre älter als sie und lebte in Orlando. Sein Zuhause in einem Vorort, von dem er Fotos geschickt haben musste, war deutlicher umrissen als dessen Bewohner, der sich irgendwo zwischen der Einbauküche und dem Wohnzimmer herumtrieb, eine unbekannte Größe.

Die Dunkelheit der Gangway, das schlafende Schiff, das schien sie von ihrer Vorsicht zu befreien, und sie plauderte die ganze Geschichte aus, wie eine Beichte. Er schickte ihr Geld. Die Reise nach Schanghai, die Kabine zweiter Klasse, die Garderobe, das Make-up, alles finanziert aus Orlando. Aber nun kam der Mann persönlich, und die bequeme Geborgenheit, für die das Geld gesorgt hatte, war dahin.

Sie hatte jede Menge protokollarische Fragen, die ich aufklären sollte. Wäre es besser, er wohnte in der Wohnung, die sie sich mit ihrer Mutter teilte, oder sollte sie sich eine andere Wohnung von einem Freund leihen. Die Wohnung des Freundes lag zwar nicht zentral, hatte aber fließend heißes Wasser. Andererseits war die Wohnung ihrer Mutter komfortabler und hatte Fernsehen. Sie bat dringend um Rat, und ich versuchte, sie vom Fernsehen mit Mutter abzubringen und in Richtung heißes Wasser ohne Mutter zu beeinflussen. Sie hatte auch schreckliche Angst vor dem Klatsch der Nachbarn und klassifizierte diese in einem komplizierten System nach dem Grad ihrer Neugierde.

In einem Punkt war sie unerbittlich. Er musste sofort im Krankenhaus einen Aids-Test machen lassen. Sie hatte eine Menge über das Problem Aids in der westlichen Welt gelesen. »Gibt es bei Ihnen immer noch Aids?«, fragte sie vorsichtig.

Hin und wieder machte sie eine Pause im atemlosen Sturm ihrer Fragen und blickte hinunter in das dunkle Wasser. Dann sah ihr

Gesicht plötzlich viel älter aus und viel vernünftiger, als ihre Fragen erwarten ließen. Liebe war nicht Gegenstand ihrer Befragung. Die kam nicht aus Orlando. Ihre Fragen waren praktischer Art, als läge das Glück in einem empfindlichen Gleichgewicht prosaischer Überlegungen.

»Wollen Sie ihn heiraten?«, fragte ich sie.

Sie zuckte die Achseln, als hätte die Frage keine Bedeutung. »Ich weiß es nicht.«

»Glauben Sie, sie werden es tun?«

Sie zog die Nase kraus. »Ich weiß es nicht. Fremde sind seltsam.« Im Moment schien sie vergessen zu haben, dass ich auch einer war.

»Sie meinen, sie sehen seltsam aus?«

Sie nickte. »Und sie riechen«, sagte sie.

Dass für Chinesen die Menschen aus dem Westen unangenehm riechen, ist ein Gemeinplatz.

»Wonach riechen sie denn?«, erkundigte ich mich.

Sie fing an zu kichern. »Nach Schwein«, platzte sie heraus. »Sie riechen nach Schwein.« Sie beugte sich vor und kicherte unbeherrscht. Ihre Hand umklammerte ihren Mund und unterdrückte das Geräusch mit verzweifeltem Japsen. Die Geste erinnerte an das Mädchen auf dem Kai in Schanghai.

Jenseits der Schluchten erhebt sich Chongqing über dem Fluss wie eine weitere Stein gewordene Legende, bizarr, unförmig und glühend. Die Stadt erstreckt sich über einen steilen Hang zwischen dem Jangtse und seinem Zufluss Jialing. In dieser unnatürlichen Begrenzung ist die Stadt wie ein Spiel aus Schlangen und Leitern, mit Treppen, die in höher gelegene Stadtteile führen, und mit steilen, wieder abwärts schlitternden Straßen. Seilbahnkabinen rattern zwischen senkrechten Umgebungen, Alleen enden plötzlich am Abgrund und bieten einen flüchtigen Blick auf 60 Meter tiefer liegende Straßen. Die Hintertüren der Häuser öffnen sich ins Nichts. Chongqing ist die einzige Stadt Chinas ohne Radfahrer. Diese Berge würde auch keiner schaffen. Ein heftiger Smog hängt über den Häusern, es riecht nach Ruß. Man sagt, wenn sich in Chongqing die Sonne blicken lässt, bellen die Hunde.

Es war kein Ort zum Verweilen. Ich kam morgens an und kaufte, mit überraschender Leichtigkeit, ein Ticket für den Nachmittagszug nach Xi'an. Mit der Eigenart, Leben aufeinander zu stapeln, alle verankert in dieser düsteren Stadt, deprimierte mich Chongqing. Am Bahnhof, zwischen Menschenmassen, Gepäck und Abschiedsszenen, wurde mir leichter ums Herz. Im Zug, der mich fort in eine unbekannte Gegend zog, fühlte ich mich zu Hause.

3
TRÄUME VON PFERDEN

Ich teilte mein Abteil mit einem Professor für Metallurgie, einem charmanten Herrn, scheu, zivilisiert und belesen, mit der Einfalt eines Akademikers. Eisen und Erz mögen seine Leidenschaft gewesen sein, aber ebenso waren es das Kino und die Tang-Keramik. Er konnte mir einen Plan unserer Lokomotive zeichnen, um mir die Dampfgewinnung zu erläutern, aber mit den Fenstergriffen in unserem Abteil hatte er Schwierigkeiten.

Die Metallurgie, bekannte der Professor, war ihm wohl gesinnt. Sie hatte ihn bis nach Winnipeg gebracht, einen Ort, für den er eine unerklärliche Begeisterung hegte. Er schwelgte in Erinnerungen an die Getreidesilos, die Picknick-Kühltaschen und die Autos, so groß wie Wohnzimmer, und sprach besonders liebevoll von Hotdogs. Er war hoch erfreut zu erfahren, dass ich auch einmal in Winnipeg gewesen war, und schien zu glauben, dass die kanadischen Steppen ein gewisses Band zwischen uns geknüpft hatten.

Während wir durch die roten Berge von Sichuan preschten, gingen wir zum Abendessen. Der Oberkellner saß an der Tür zum Speisewagen wie ein Rausschmeißer, beinahe schon übertrieben nachlässig: ein verschwitzter Kerl im offenen Hemd, eine Zigarette im Mundwinkel. Als wir unsere Essensmarken gekauft hatten, zog er die Beine ein und ließ uns vorbei. Dabei brüllte er unsere Bestellung zur Küche am anderen Ende des Waggons. Meine enthielt auch gleich noch meine Personenbeschreibung: »Bohnenquark, Fisch und Reis für einen fremden Teufel«, als wären besonders teuflische Zutaten nötig. Die beiden Köche mit nacktem Oberkörper jonglierten in einem Inferno aus Flammen und zischenden Woks mit den

Speisen, während sich zu ihren Füßen eine schmierige Schicht aus Gemüse und Kohleklumpen bildete.

Die lange Rauchfahne des Zugs zog als Teil der Landschaft am Fenster vorbei. Draußen trieben alte Frauen ihre Büffel über rote Pfade heimwärts. Pappeln, kniehoch in Getreidefeldern, flatterten wie Gebetsfahnen über alten, von Ziegen und Kindern wimmelnden Dörfern. Hinter einer lang gezogenen Kurve fuhren wir in einen Bergkessel ein, wo die späte Sonne die Reisfelder in mattes bronzefarbenes Licht tauchte. Die Schatten wurden länger in einer Welt aus Fahrrädern, Ochsenkarren und nach oben gebogenen Dächern.

Über den Fischgräten unterhielten wir uns über die Filme von Zhang Yimou, über kanadische Rodeos und schließlich über die Himmlischen Pferde.

In der gesamten Geschichte Eurasiens sind die Nomaden immer mit der Unvorhersehbarkeit eines Tropensturms aus dem Herzen des Kontinents hervorgebrochen. Wendig, impulsiv und kriegerisch, Leute ohne festen Wohnsitz, waren sie der schwarze Mann Eurasiens, von jeder Zivilisation gefürchtet, vom alten Griechenland bis zum Indien der Maurja-Dynastie. Zum Frühstück tranken sie Stutenblut, sie trugen Tierhäute und lebten im Sattel. Wenn sie in den Krieg zogen, räumten sie alles aus dem Weg. Die Bedrohung durch die Nomaden der Steppe erreichte im 14. Jahrhundert mit den mongolischen Horden unter Dschingis Khan einen Höhepunkt.

Durch ihre Pferde konnten die Nomaden zu einer so gewaltigen militärischen Kraft werden. Niedergelassene Völker hielten Rindvieh und bauten Dörfer, die Nomaden zähmten Pferde und zogen quer durch die Kontinente. Der klassische Mythos vom Zentauren begann mit den Nomaden der Skythen, die so perfekt auf ihren Pferden saßen, dass die erstaunten Griechen glaubten, Mensch und Tier wären ein und dasselbe Geschöpf.

6400 Kilometer weiter östlich beneideten auch die Chinesen die Barbaren um ihre wunderbaren Pferde. Im zweiten Jahrhundert vor Christus kehrte der Abgesandte des Kaisers Wu Di von seiner ersten Mission in die westlichen Gebiete zurück. Er sollte dort Verbündete gegen die Xiongnu gewinnen, Nomaden, die später in der Geschichte als Hunnen auftauchen. Die Chinesen interessierten sich für nichts so sehr wie für seine Erzählungen von den Pferden. Er sprach von den Pferden von Ferghana, einer edlen Rasse, von der es hieß, sie wäre himmlischer Herkunft, ähnlich den Drachenpferden der chinesischen Sage. In den asiatischen Mythologien wimmelt es von legendären Pferden, heiligen Rössern, die ihre Reiter in die Unsterblichkeit tragen konnten. Jetzt glaubten die Chinesen sie gefunden zu haben.

Die ersten Reisen entlang der Route, welche die Forschungsreisende Freya Stark die »älteste, längste, romantischste und beständigste all der wechselvollen Handelsströme« nannte – wir kennen sie als Seidenstraße; Chinesen kennen sie als Reise nach Westen –, wurden vom Verlangen nach diesen Pferden angetrieben. Gesandtschaften wurden Jahr für Jahr nach Westen geschickt, um welche zu kaufen. Als dies erfolglos blieb, wurde eine militärische Expedition unternommen. Eine Armee von 60 000 Mann und weiteren 100 000 zur logistischen Unterstützung durchquerte halb Asien, um ein Zuchtpaar der Himmlischen Pferde zu bekommen. Manche Historiker spotten über die Einschätzung, dass die Unternehmungen quasi religiöse Ziele gehabt hätten. Sie weisen richtigerweise darauf hin, dass der chinesische Wunsch nach einer bedeutenderen Pferdezucht einen militärischen Zweck hatte, dass ihr Streben nicht so sehr auf Unsterblichkeit ausgerichtet war als darauf, die gut ausgerüsteten Nomaden zu bezwingen, die an ihren Grenzen plünderten. Aber die Vorstellungen schließen sich gegenseitig nicht aus, und die Texte aus der Zeit bestehen auf der spirituellen Dimension.

Mit dem Erwerb dieser Vollblutpferde fühlten sich die Chinesen anscheinend, als hätten sie einen Pakt mit den Göttern geschlossen. Eine Hymne hat die fiebrige Erwartung eingefangen, die nun ganz China ergriff:

Die Himmlischen Pferde kommen
geritten aus westlicher Ferne,
quer durch die wehenden Wüsten.
Jetzt sind die Barbaren bezwungen ...
Die Himmlischen Pferde kommen ...
Sie werden mich emportragen
Zum heiligen Berg von Kunlun.
Die Himmlischen Pferde sind gekommen
Und der Drache wird ihrer Spur folgen.
Ich werde die Pforten des Himmels erreichen.
Ich werde den Palast Gottes schauen.

Aus dieser Sehnsucht wurde die Seidenstraße geboren. Handel, Politik, kaiserliche Abenteuerlust, religiöse Pilgerfahrten, all das kam später. Am Anfang stand der Traum von edlen Pferden, der Traum von Erlösung. Die nächsten 1500 Jahre reiten sie durch die chinesische Kunst, überlebensgroß und über Grenzen hinweg.

Irgendwann in der Nacht stiegen zwei weitere Personen in unserem Abteil zu. Von meinem unteren Bett aus konnte ich im schwachen Bahnhofslicht nur ihre Beine sehen: ein Paar undefinierbare graue Hosenbeine und ein Paar Nylonstrümpfe in Stöckelschuhen. Später, als der Zug den Bahnhof verließ, öffnete ich die Augen und blickte auf die Frau, die nun in der Koje mir gegenüber lag. Sie starrte zurück, und die Schatten huschten über ein junges hübsches, kluges Gesicht.

Am Morgen schliefen sie beide noch. Die Frau lag zusammengekauert unter einem pinkfarbenen Badetuch. Der Mann, ein dickbäuchiger Kerl mit pockennarbigem Gesicht und schmuddeligem Hemd, schlief aufrecht sitzend, den Kopf gegen die Wand gelehnt, den Mund halb geöffnet. In dieser Stellung sah er aus, als ob er sich vor zwei glänzenden Koffern im Gepäcknetz über ihm verbeugte. In einem Land schäbiger Gepäckstücke waren solche Koffer ein Zeichen für einen bemerkenswerten Wohlstand und standen im Widerspruch zu der derben Erscheinung ihres Besitzers.

In Guangyuan wurde der Mann durch einen Ruck des Zuges geweckt. Er öffnete die Augen und senkte seinen Blick von den Koffern hinunter zu mir.

»Amerikaner?«, fragte er hoffnungsvoll.

Die Frau regte sich und änderte die Position ihrer Beine unter dem pinkfarbenen Badetuch. Er schaute hinunter, beschloss aber, sie nicht zu stören. Stattdessen räusperte er sich geräuschvoll, beugte sich vor, um das Ergebnis dieses Vorgangs auf den Boden zwischen seinen Füßen zu deponieren. Überrascht, einen Teppich vorzufinden, saugte er den Mund voll Spucke wieder von seinen Lippen zurück und ging hinaus auf den Gang.

Munter und redselig kehrte er ins Abteil zurück und wollte Eindruck schinden. Er arbeitete für eine Fleischverarbeitungsgesellschaft und gab mir seine Visitenkarte mit erhaben goldenem Aufdruck. Es sei ein Job, der viele Gelegenheiten böte, erklärte er in einem Ton, in dem mitschwang, dass ich, als ein Mann von Welt, schon Bescheid wüsste. Aber noch bevor ich ihn über die Gelegenheiten näher befragen konnte, schwenkte er um auf Nebengeschäfte. Nebengeschäfte waren das, worauf er vertraute. Er hatte eine ganze Reihe davon: Videos, Pelze und Nippel.

»Nippel?«, fragte ich zögernd.

»Nippel, Nippel«, sagte er und wirbelte ziemlich grob mit Daumen und Zeigefinger in der Luft herum. »Die Leute schreien nach Schmiernippeln.

Der Nippelmann war typisch für viele neue Unternehmer in China. Wirtschaftliche Reformen haben für private Unternehmen die Tür geöffnet, und China ist voller Geschichten von Wassermelonenverkäufern und Taxifahrern, die es mit dem neuen Phänomen, dem freien Markt, zum Millionär gebracht haben. Die große Masse der Menschen, an die eiserne Reisschale gewöhnt – ein Job fürs Leben – und auf der Hut, sich einer Sache auszusetzen, die vielleicht nur ein momentaner Wandel in der Parteiphilosophie sein könnte, zögerte zu sehr, um den Öffnungen des Markts zu folgen. Derartige Risiken zogen gern die Unbekümmerten, wenn nicht gar die Kriminellen an – diejenigen, die wenig zu verlieren hatten. Es war eine neue Grenze, und zwangsläufig waren die Grenzbewohner Cowboys und keine Siedler.

Während des ganzen Vortrags über Gelegenheiten und Nebengeschäfte war der Nippelunternehmer nur von der Frau, die sich neben ihm schläfrig unter dem Badetuch räkelte, abgelenkt. Wenn ein bestrumpftes Bein oder ein nackter Arm herausschaute, deckte er sie sorgfältig wieder zu, als wären es Waren, die im Sonnenlicht verderben.

Schließlich erwachte sie mit einem Ruck und setzte sich auf. Sie war zerzaust und verwirrt. Sie sah uns und das Abteil an, als versuchte sie sich zu erinnern, wo sie sich befand. Dann angelte sie unter dem Sitz nach ihren Schuhen, nahm einen Kulturbeutel und verschwand wortlos den Korridor entlang.

»Sind Sie schon lange verheiratet?«, fragte ich.

Er sah mich abwägend an.

»Eine Woche«, antwortete er. »Wir kommen vom Dorf meiner Frau.« Das war das Wort, das er benutzte: *wodenuren*, meine Frau – nicht das geläufigere *airen*, meine Ehefrau oder Gattin.

Draußen vor dem Fenster trotteten Bauern, die Hacke über der Schulter, staubige Wege entlang. Aus den endlosen Getreidefeldern ragten Dörfer heraus wie bei Flut gestrandete Inseln, an den Rändern ausgefranst.

»So eine Plackerei«, sagte der Mann, als er auf die Felder starrte. »Sie würden alles dafür tun, dem zu entkommen.«

»Kommt Ihre Frau aus einem Bauerndorf?«, fragte ich.

»Wer?«

»Na, Ihre Frau.«

»Ja, ja. Ihre Familie ist sehr arm. Ich habe ihrem Vater ein üppiges Brautgeld gezahlt, und er war sehr glücklich darüber.« Er sah mich mit zusammengekniffenen Augen an. »Sie ist eigentlich nicht richtig meine Frau«, fuhr er fort. »Sie ist meine Konkubine. Ich habe den Brautpreis an den Vater nur gezahlt, um ihn glücklich zu machen. Aber ich habe sie nicht geheiratet.«

Er freute sich über sein Bekenntnis. Anscheinend glaubte er, er hätte in meinen Augen dadurch an Ansehen gewonnen. Wir waren Männer von Welt, Frauen waren nur eine Gelegenheit.

»Ich dachte, Konkubinen wären verboten«, sagte ich. »Sie wurden doch mit dem letzten Kaiser abgeschafft.«

Er zuckte die Achseln. »Das kümmert keinen. Ihr Vater ist glücklich mit seinem Geld. Das Mädchen wird keine Schwierigkeiten machen. Sie wird lieb sein, in der Hoffnung, dass ich sie heirate.«

Der Professor kehrte aus seinem selbst gewählten Exil auf den Gang zurück. Er war ein Vorbild an orientalischem Benehmen und verbarg gekonnt seine Abneigung gegen den Geschäftsmann. Zum Leidwesen der Reformer in China, der Akademiker, wurden die Vorteile der wirtschaftlichen Liberalisierung offensichtlich von Männern aufgegriffen, die kaum besser sind als legalisierte Schwarzmarkthändler, während die akademischen Berufe weiter zu niedrigen Staatsgehältern ausgeübt werden müssen.

In Baoji ächzte der Zug zwischen dicht bevölkerten Bahnsteigen in die Station. Passagiere stiegen aus, um sich die Beine zu vertreten und Proviant zu kaufen: Tüten mit Obst, fette Brathähnchen, Päckchen mit Instantnudeln, Kuchen und Bier. Der Geschäftsmann rumpelte den Gang hinunter auf der Suche nach seiner launischen Konkubine.

Plötzlich hämmerte es an unser Abteilfenster. Der Professor und ich sahen uns um und entdeckten das Mädchen, das wild gestikulierend auf dem Bahnsteig stand. Der Professor, bis hierher ein zurückhaltender Zeitgenosse, erwies sich plötzlich als ein entschiedener Mann der Tat. Er sprang auf und griff nach der Tasche des Mädchens im Gepäcknetz. Unfähig, den Fenstergriff zu bedienen, rannte er hinaus auf den Gang und zur Waggontür. Ich sah gerade noch, wie er dem Mädchen draußen die Tasche zuwarf, als es einen Ruck tat und der Zug anfuhr. Einen Augenblick später war sie schon in der Menge verschwunden.

Der Professor kam zurück und nahm ruhig wieder seinen Platz ein. »Ich glaube, sie hat ihre Reisepläne geändert«, bemerkte er trocken.

Gleichzeitig kehrte der Geschäftsmann nervös und atemlos zurück. Er sah sich im Abteil um, sah auf das in die Ecke geknüllte pinkfarbene Badetuch, auf den Professor und mich, bis schließlich sein Blick auf die leere Stelle im Gepäcknetz fiel.

»Haben Sie meine Frau gesehen?«, fragte er mit schriller Stimme.

Der Professor sah ihn einen Moment an. »Sie war gerade noch hier«, meinte er zerstreut. »Ich weiß nicht, wohin sie gegangen ist. Vielleicht ist sie zur Toilette.« Meine Achtung für Metallurgen wuchs beträchtlich.

Der Geschäftsmann rannte wieder auf den Gang hinaus. Bis Xi'an ließ er sich nicht wieder blicken. Dort konnte ich ihn vom Bahnsteig aus beobachten, wie er im Abteil seine protzigen Koffer einsammelte. Dem Mädchen und ihrem Vater war ein raffinierter Schachzug gelungen. Als der Nippelunternehmer in ihrem Plackereidorf aufgetaucht war, hatten sie die sich bietende Gelegenheit erkannt. Ich hoffte, das Brautgeld war hoch gewesen.

Die Seidenstraße führt im Westen zu vielen Städten – Aleppo, Petra, Ktesiphon, Konstantinopel und Rom. In China war sie mehr punktuell. Nach den hohen Pässen des Pamir und des Karakorum setzte sich der Weg in zwei Strängen fort, einer im Norden, der andere im Süden der Wüsten Turkestans. Sobald sie sich der Großen Mauer und den Grenzen Chinas näherten, vereinigten sie sich in einem langen geraden Abstieg, den Gansu-Korridor entlang, zu einem einzigen Ziel: der Stadt Xi'an. Wenn die Handelskarawanen durch ihr Westtor einzogen, grau vom Staub der Wüste Gobi, waren sie am Ziel.

Zu ihrer Zeit war Chang'an, wie die Stadt damals genannt wurde, die größte und kosmopolitischste Stadt der Welt. Unter mehr als elf chinesischen Dynastien Hauptstadt, erreichte sie ihre Blütezeit unter der Tang-Dynastie, zwischen dem siebten und neunten Jahrhundert. Konstantinopel und Rom verblassten im Vergleich dazu. Chang'an hatte nahezu zwei Millionen Einwohner; die Stadt war von einer 35 Kilometer langen Mauer umgeben; in den Straßen drängten sich Händler und Handwerker aus ganz Asien – Türken, Perser, Koreaner, Araber, Japaner, Inder, Malaien, Baktrer, Mongolen, Armenier –, alle angezogen von der reichen Kultur einer Stadt, die in den Provinzstädten vom Pazifik bis zum Mittelmeer in aller Munde war.

Die Herrlichkeiten ihrer Vergangenheit sind in den Kaisergräbern bewahrt, in denen auch die Terrakotta-Armee begraben war. Sie liegen verstreut in den gelben Feldern ihrer Umgebung. In der Stadt brüten die antiken Ming-Mauern, finster wie Grabsteine, über einem Netz grüner Boulevards. Die Aufmerksamkeit der Geschichte hat sich anderem zugewandt, und jetzt ist Xi'an so provinziell wie Rom.

Die Stadt ist wunderbar gealtert. Sie fällt auf durch ein lässiges Flair. An ruhigen Nachmittagen rochen die Straße nach Staub und Blüten. Wenn sich der Abend auf Wellen von Vogelgesang und Kohlenrauch durch die alten Stadttore schlich, schossen Garküchen aus dem Boden und servierten Kebabs und Schalen mit schmackhaften Nudeln. Spät in der Nacht schwanden ihre rot beschirmten Lampen auf den geraden Prachtstraßen wie Rücklichter dahin in die dunklen Vorstädte.

Aber wenn ich Xi'an liebte, dann wegen der Menschen, denen ich dort begegnet bin.

Eines Tages traf ich beim Mittagessen einen Dozenten vom Kunstinstitut. Liu hatte den scheuen, schnurrbärtigen Ausdruck eines vom Tageslicht verwirrten Igels. Er schnüffelte an seinem Hammeleintopf und lud mich ein, die Arbeiten seiner Studenten zu besichtigen. Das Institut war alt und baufällig, eine Reihe dunkler Räume und enger gefliester Innenhöfe. Bambusrollos hingen in den hohen Türen. Die Bilder, in traditionellem Stil, waren Gemälde von Gemälden, abgeleitet und formelhaft. Liu stellte sie nach ihrer historischen Zugehörigkeit vor: »Das ist im Stil der Song-Dynastie, dieses im Stil der Tang-Dynastie.« Viele waren wunderschön. Aber ihre Ausführung erschöpfte sich in der Meisterschaft von Technik und Stil. Individueller künstlerischer Ausdruck hatte darin keinen Platz.

»Wenn etwas dabei ist, das Ihnen gefällt?« Liu schwebte immer in meiner Reichweite. Der Akademiker wurde zum Geschäftsmann. Chinas freier Markt machte aus jedem einen kleinen Gauner.

Ich erinnerte ihn daran, dass ich vorhatte, die Wüste Gobi zu durchqueren, und dabei kein Gemälde brauchen konnte, das ich mir auf den Rücken schnallen musste. Wie ein Taschenspieler demonstrierte er mir, wie riesige Bögen Reispapier zur Größe einer Briefmarke zusammengefaltet werden konnten. Als klar war, dass ich nicht in den Kunsthandel einsteigen würde, kehrte er mit einer gewissen Erleichterung zu seiner Rolle als liebenswürdiger Gastgeber zurück und bestellte Tee.

Wieder im Hauptraum, trafen wir eine junge Frau an, die in einem Katalog blätterte. In der Dunkelheit fiel das Licht von der Tür in fließenden Streifen auf ihre Unterarme. Nach den Bildern mit ihren feinen Farbabstufungen war das plötzliche Helldunkel verblüffend.

»Ach, da ist ja unsere beste Studentin«, sagte Liu.

Ihr Name war Fu Wen. Sie kam zur Begrüßung auf mich zu. Für eine Chinesin war sie ziemlich groß. Ihre Hand war kühl und schwerelos.

»Ist eines der Bilder von Ihnen?«, fragte ich sie.

Sie führte mich zu einem Gemälde an der hinteren Wand. Es zeigte eine weite Landschaft, einen Fluss und Berge im Regen. Eine Personengruppe, winzig, am Flussufer, verbeugte sich gegenseitig zum Abschied, während ein Schiff zum Auslaufen bereit war. Im Mittelgrund, in einer Falte der feuchten Hügel, stand ein einladendes Haus mit von Lampenlicht erfüllten Fenstern.

»Es ist sehr schön«, sagte ich. »Hat es einen Titel?«

»Abschied am Jingtai«, antwortete sie. Sie stand da, ihr Gewicht auf die Fußballen verlagert, als wäre sie auf dem Sprung.

Irgendjemand brachte Tee und Wassermelonen.

»Bitte nehmen Sie Platz«, sagte Liu und wies auf Stühle.

Durch die Bambusblenden fiel das Licht in schmalen Linien auf ihr Gesicht. Sie war sehr hübsch. Ihr Hals war lang und schlank wie von einem Fohlen, und ihr Mund zog sich nach unten, wenn sie lächelte.

Liu schnitt die Wassermelone in triefende Schnitze, wir beugten uns nach vorn, und Saft und Kerne tropften auf den Steinfußboden. Fu Wen warf ihren Kopf zurück, strich sich mit klebrigen Fingern die Haare aus den Augen und lachte. Ihr plötzliches, ansteckendes

Lachen schien mir das wunderbarste Geräusch auf der Welt. Als ich versuchte, ein weiteres Stück Melone abzulehnen, rief sie lachend auf Englisch: »Noch eins, noch eins!«, und ihr Gesicht reckte sich hoch. Bei jedem neu angebotenen Stück täuschte ich eine Ablehnung vor, nur um sie lachen zu hören.

Liu war ans Telefon gerufen worden. Zu zweit allein war uns der Appetit auf Melonen plötzlich vergangen. Die Rinden lagen wie umgekehrte Kanus zu unseren Füßen.

»Ihr Bild hat mir gefallen«, sagte ich. »Ist es zu verkaufen?«

»Nein«, antwortete sie ohne weitere Erklärung. Nach Lius brennendem Geschäftssinn tat dieser Mangel an Interesse gut. Sie schüttelte sich den Saft von den Händen.

»Wohin wollen Sie von Xi'an aus weiterreisen?«, fragte sie. Das Lachen war verschwunden, und die Frage klang fast aggressiv.

»Durch Gansu nach Xinjiang. Ich will nach Kashgar.«

»Das ist aber eine traurige Reise«, sagte sie.

»Warum?«

Sie zuckte die Achseln. »Ich meine für Chinesen. Es ist eine Reise für Fremde. Für Chinesen ist Xinjiang kein Ort, den man besucht.«

»Wohin reisen die Menschen auf Ihrem Bild?«, fragte ich sie.

Sie lächelte. »Sie fahren nach Hause.«

Wir wuschen uns die Hände unter einem Wasserhahn im Hof, und sie begleitete mich zur Tür. In der steinernen Vorhalle schüttelte sie mir die Hand, dann sagte sie, dass sie hoffe, ich kehrte zurück, um sie zu besuchen.

Draußen auf der Straße in der Menschenmenge des späten Nachmittags fühlte ich mich plötzlich und törichterweise irgendwie beraubt.

4
EIN ABEND IN DER OPER

Die Seidenstraße war Chinas hauptsächlicher Flirt mit der Welt jenseits der Mauer, eine Unbesonnenheit, die sich über Jahrhunderte erstreckte. Die großnasigen Fremden haben, was praktische Hilfe anbelangte, ihren Gastgebern wenig mitgebracht. Die meisten Dinge hatten die Chinesen schon erfunden: Druck und Papier, Schießpulver und die mechanische Uhr, Tiefbohrungen und das Schaufelradschiff, Seismographen und Dreschmaschine. Aber während die Chinesen sich in praktischen Dingen auszeichneten, war Metaphysik ihre Sache nicht. Im Gegensatz zu manchen westlichen Auffassungen ist China kein Königreich philosophischer Betrachtung. Religion drang entlang der Seidenstraße nach China ein wie Luft in ein Vakuum.

Für den mit der eigenen Sterblichkeit konfrontierten Menschen bieten die beiden Beiträge Chinas zur metaphysischen Diskussion, der Konfuzianismus und der Taoismus, wenig Trost. Der Konfuzianismus ist trotz seiner Tempel und Quasipriesterschaft keine Religion, sondern ein sozialer Kodex. Wenn er sich als Religion geriert, ist er kaum mehr als eine folkloristische Ahnenverehrung. Taoismus ist eine so nebulöse Religion, in der selbst die Existenz Gottes als eine undurchsichtige Angelegenheit erscheint. In seiner Abwesenheit ist ein Ritual gewuchert, und die moderne Religion erweckt den Eindruck, als würde sie von einem Miasma aus Gongs, Weihrauch und magischen Zaubersprüchen zusammengehalten.

Der Buddhismus und der Islam kamen nach China mit den Lasttieren und den fußkranken Kaufleuten der Seidenstraße. Der Islam mit seinen ansprechenden Sicherheiten hat im ganzen westlichen

China beträchtliche muslimische Gemeinden hinterlassen. Der Buddhismus mit seinem Versprechen von Wiedergeburt und Nirwana war ein noch größerer Erfolg und breitete sich im ganzen Land aus. Er wurde eine erhebliche religiöse Kraft. Er hat sogar die Anfechtungen der Kulturrevolution überlebt und erlebt nun eine fröhliche Wiederbelebung.

In der südlichen Vorstadt von Xi'an steht die Pagode der Großen Gans. Sie wurde deshalb so genannt, weil ihre Namensschwester in Indien die Stelle markierte, wo eine tote Gans vom Himmel gefallen ist. Das mag für tote Gänse nichts Außergewöhnliches sein, aber die Mönche, die Zeuge ihres Ablebens und möglicherweise vom eigenen Singsang schon ein wenig benommen waren, sahen in der ehemaligen Gans eine Heilige und errichteten ein Gebäude. Das sind Episoden, die nicht gerade zum Ansehen einer Religion beitragen.

Die Pagode in Xi'an und ihr angrenzender Tempel wurden im siebten Jahrhundert erbaut, um die buddhistischen Schriften zu beherbergen, die Xuan Zang, der bekannteste Reisende auf der Seidenstraße, aus Indien mit zurückgebracht hatte. Seine Reise durch die Wüste Gobi und über die Pässe des Pamir-Gebirges, mit der er gegen das ausdrückliche kaiserliche Verbot verstieß, ins Ausland zu reisen, war eine bemerkenswerte Odyssee. Er überlebte dabei Mordversuche, Hungerstreiks, Wüstendämonen und die verschwenderischen Gastmahle der Prinzessinnen Zentralasiens. Diese Geschichte ist eine der großen chinesischen Romanzen und die Inspiration für die Legende von der Reise nach Westen, die Wang mir auf dem Tempeldach in Schanghai gezeigt hatte.

Ich ging zur Großen Gans, um mir das Porträt des Mannes anzusehen, in dessen Fußstapfen ich reisen würde. Die Buddhastatuen in den Tempelhallen waren plumpe, kindische Figuren mit bläulichen Haaren und scharlachroten Lippen. Verehrer legten Hände voll Weihrauch in die dafür vorgesehenen Gestelle und schlurften dann hinein, um sich zu verbeugen und Opfer darzubringen. Offensichtlich hatten die Buddhas eine Schwäche für Süßigkeiten und Marlboro-Zigaretten. In der Pagode keuchten ältliche Mönche die langen Treppen hinauf; auf den Treppenabsätzen pausierten sie, um wieder zu Atem zu kommen, bevor sie die nächste Etappe angingen, wie Wesen, die gerade eine weitere Ebene im Zyklus der Reinkarnation erreichen. Wenn sie oben angekommen waren, starrten sie durch die traurigen Zypressenzweige hinunter auf Begräbnishügel, in denen die Gebeine ihrer Mönchsgenossen aus drei Jahrhunderten lagen.

Xuan Zangs Porträt war auf einem niedrigen Podest lebensgroß in grauen Stein gemeißelt. Alles andere als der verwegene Held, den man erwarten würde, sah der berühmte Reisende eher aus wie ein Bursche, der Schwierigkeiten hätte, einen Bus zu erwischen. Er hatte das schwabbelige Gesicht und den Schmerbauch eines Hofeunuchen und trug ein recht attraktives Gewand und einen antiken Rucksack – vermutlich auch eine frühe Erfindung der Chinesen. An einem Gestell über seinem Kopf war eine kleine Laterne befestigt, die ihm auf seinem Weg leuchtete.

Xuans Reise nach Indien war eine literarische Suche. Der Buddhismus hatte in China schon Fuß gefasst, oft ungeachtet der offiziellen Opposition, aber religiöse Studien waren durch die beachtliche Unklarheit über die Texte erschwert. Auf ihrem Weg entlang der Seidenstraße waren Bedeutungen und Übersetzungen oft durch chinesische Einflüsterungen verfälscht worden. Xuan belud in Indien eine Karawane von 22 Pferden mit buddhistischen Schriften und brachte sie nach Hause, um sie zu übersetzen. Man musste diesen Mann einfach mögen. Er durchquerte halb Asien nicht für Gold oder Eroberungen, sondern für Bücher aus zweiter Hand.

Im Shaanxi-Museum waren die Galerien voller Pferde. Die anderen Ausstellungsstücke – Weinbecher aus Achat, Jadesiegel, goldene

Schalen, silberne Weihrauchfässer und Stelen, die an die Geschichte Chinas erinnerten – verblassten in Gegenwart dieser prachtvollen Kreaturen. Mit ebenmäßigen Flanken und langen Beinen, mit Hälsen wie Tänzer und Köpfen wie Götter stürmten die Pferde ungehemmt durch die Galerien. Viele waren muskulös und untersetzt mit breitem Rumpf und ausladender Kruppe, und dennoch erschienen sie schwerelos wie Träume. Eingesperrt in Fresken und Flachreliefs, festgehalten in Gold und Bronze und glasierter Keramik, stampften sie und bäumten sich auf wie besessen. Im Galopp schienen sie Flügel auszubreiten.

Ein regenbogenfarbener Hengst, die Hufe gestreckt, trug einen jungen Mann über die Wellenkronen. Polopferde erhoben sich über einem Feld. Ihre Reiter beugten sich nach vorn, jeder überzeugt, einen Treffer zu landen. Eine ockerfarbene Stute hielt inne, drehte den Kopf und lauschte flink und flüchtig. Drei Pferde flogen über eine steinerne Tafel, ihre Mähnen flatterten wie Fahnen, die Hufe berührten kaum den Boden, ihre Flanken glänzten vom Schweiß. Eines hatte einen Pfeil durchs Herz gebohrt, geriet dennoch nicht aus dem Tritt, als wäre es schon in eine andere Welt hinübergegangen.

Diese Pferde waren nicht so sehr Symbole der Macht als vielmehr Ikonen der Verehrung, diese Vettern der in die Kreidefelsen geritzten weißen Hengste aus dem England der vorrömischen Zeit. Sie waren die Abkömmlinge der Himmlischen Pferde, von denen Wu Di glaubte, dass sie ihn ins Paradies brächten. Ihre Reiter strebten nach Erlösung. Unter ihren Hufen tanzten Wünsche wie Funken. Sie ließen Straßen, Gebirgspässe und Wüstenstrecken hinter sich in einer sich neigenden Welt ohne Horizont. Ihre Reisen waren ein Tusch von Ankünften. Abreise existierte nur als Rettung: ein Klappern der Hufe, einen Schütteln der Mähne und eine plötzliche unbelastete Freiheit.

Ein Schild am Eingang wies darauf hin, dass das Museum ein alter konfuzianischer Tempel war. Ich versuchte vergeblich, mir diese Räume still und voller Weihrauch vorzustellen, mit im Hof klingenden Gongs und Dienern, die ein und aus gehen. Die konfuzianischen Götter waren Ordnung und Pflicht. Sie müssen eine unruhige Ewigkeit gelitten haben in der Gegenwart dieser Pferde, die durch ihre altehrwürdigen Hallen stürmten als die echten Dämonen der konfuzianischen Welt. Eigensinnig und impulsiv, waren sie der Stoff für Träume. Es waren Pferde, die einen forttrugen.

Ich blieb bis zur Schließung, als die Diener Glocken läutend durch den Hof liefen, als wären die Mönche zurückgekehrt. Der Klang folgte mir hinaus in die dunkel werdenden Straßen. Als ich mit meinem treuen *Flying-Pigeon*-Fahrrad, das ich für fünf Pence die Stunde gemietet hatte, *Nan Daije* hinaufradelte, fühlte ich mich wie ein Reiter. Die Lenkstange wurde zum Zügel, und die Pedale waren die Steigbügel. Es war eine vertraute Angelegenheit: die Drahtesel der Kindheit. Im Sattel fühlte ich mich in alte Zeiten zurückversetzt.

Ich galoppierte durch einen alten Torbogen, wo sich Radfahrer in der Dunkelheit zerstreuten, und kam in der Straße des Kunstinstituts heraus. Ich war diesen Weg gekommen mit der Idee, unter einem Vorwand im Institut vorbeizuschauen, aber als ich mich näherte, spürte ich, wie mich der Mut verließ.

Erstaunlicherweise tauchte Fu Wen mit zwei Freunden auf, als ich gerade an dem Gebäude vorbeifuhr. Sie hatte mich gesehen und kam herüber zum Bordstein und lächelte, als ich zum Stehen kam. Plötzlich waren alle Zweifel ausgelöscht.

Wir schüttelten uns schrecklich förmlich die Hand.

Sie fragte, wo ich hinginge.

»In die Oper«, platzte ich heraus, selbst überrascht.

Fu Wen klatschte in die Hände vor Freude und erklärte, dass sie mich begleiten wolle. In welche Oper ich denn ginge?

»In irgendeine«, sagte ich, »eben eine mit Gesang.«

Sie drehte sich um und sprach mit ihren Freunden, aber die hatten keine Lust. Es war schon spät. Sie wollten zum Essen. Einen Moment zögerte Fu Wen. Wenn sie ohne Begleitung mit mir ging, würde sie sich dem Klatsch aussetzen.

Dann, oh Wunder, wünschte sie ihren Freunden einen guten Abend, wendete ihr Fahrrad und schloss sich mir an.

Vor dem Osttor der Stadtmauer fanden in einem engen Park zwischen den Wallanlagen und dem Kanal jeden Abend Opernaufführungen statt, in einer Atmosphäre, die an das elisabethanische Theater erinnerte. Laternen hingen in den Bäumen, und das Publikum, hauptsächlich ältere Leute, saß auf niedrigen Bänken vor einer provisorischen Bühne. Die Männer wedelten mit ihren Fächern und zogen sich die Hosenbeine über die Knie hoch, wobei sie haarlose Beine zeigten. Die alten Frauen rauchten senkrecht in Tonpfeifen steckende Zigarren. Alle nippten sie an Teebechern, in denen die Blätter wie Seegras schwammen. Es war ein ausgelassenes gesellschaftliches Ereignis, zu dem die Oper einen mitreißenden Hintergrund bildete. Fu Wen und ich gesellten uns zu der Menge, die mit ihren Fahrrädern etwas abseits herumstand.

Die Aufführung war stilisiert, beinahe ritualisiert. Die Darsteller, eingehüllt in Lagen kitschiger Seide, schwankten auf Blocksandalen über die Bretterbühne und nickten unter aufgetürmten Kopfbedeckungen. Lange Schwanzfedern vom Fasan wippten dabei nach. Die Gesichter waren grell geschminkt. Jede Einzelheit hatte eine bestimmte Bedeutung. Rote Backen standen für Loyalität, Weiß war ein Zeichen für Hinterlist. Eine Geste konnte ganze Armeen herbeizaubern, eine andere verlegte die Handlung vom Schlachtfeld in den Palast. Wenn die Akteure auf imaginäre Pferde stiegen, wurde ihr Kavalleriestatus durch schmucke Peitschen aus Federn deutlich gemacht. Lange Reisen wurden durch Gehen im Kreis beschrieben.

Die üblichen Schliche und Tricks der Theaterillusion schienen hier unwichtig. Das Orchester – fünf alte Herren in Unterhemden – saß unter der Bühne. Sie sägten auf zweisaitigen Geigen und schlugen blecherne Zimbeln aneinander, wie Statisten, die ihre Kostüme vergessen hatten. Zwischen den Akten spazierten die Sänger in der Menge herum und trafen Verabredungen. Darsteller, die im vorausgegangenen Akt gestorben waren, wurden in der Pause wieder lebendig. Im Bühnenkostüm verkauften sie Eis am Stiel. Auf der Bühne standen ihre Kinder, Kleinkinder in Wickelhosen, den einmarschierenden Armeen im Weg. Unter den Speerträgern machte sich oft Langeweile breit, dann vertrieben sie sich die Zeit, indem sie ihren Freunden im Publikum Grimassen schnitten. Einer schlief ein und musste geweckt werden, damit er im Kampf fallen konnte.

Wir steckten die Köpfe zusammen, und Fu Wen erklärte mir die Handlung. Die kakophonische Musik, die grell geschminkten Gesichter, die schleppenden Gewänder, all das reduzierte sich zu etwas sehr Intimem zwischen uns beiden. Sie ließ ihre Hand auf meinem Fahrrad ruhen und erzählte mir von untergehenden Weltreichen.

Als die Vorstellung zu Ende war, schlenderten wir durch den Park und folgten der Stadtmauer zum südlichen Tor. Auf den leeren Straßen, weitab von der Menschenmenge taute Fu Wen auf. Sie trällerte Stücke aus der Oper. Sie lachte. Sie fragte mich nach meiner Reise, und als ich ihr vom Jangtse erzählte, sprudelte sie nur so über vor Fragen. Ihr Eifer war eine Art Sehnsucht. Gestern hatte ich diese Frau noch gar nicht gekannt, und heute füllte sie bereits den ganzen Abend aus. Erstaunlich. Auf der anderen Seite des Kanals konnte ich die beleuchtete Straße mit ihrem Fahrrad- und Motorrollerverkehr und den Buden am Straßenrand sehen. Das Leben schien doch weiterzugehen wie bisher.

Ich begleitete sie nach Hause, eine lange Platanenallee hinunter in die südliche Vorstadt. Bis auf die roten Lampions der Straßenbuden war sie unbeleuchtet. Manchmal kamen Autos vorbei und beleuchteten wie mit Suchscheinwerfern die Straße, die Bäume, die dunklen Ladenfronten. An einer Ecke hielt sie an. Ihr Haus war ganz in der Nähe. Sie wollte nicht, dass ich sie bis zur Tür begleitete. Wir standen rittlings auf unseren Fahrrädern auf der dunklen Straße.

»Kann ich dich morgen sehen?«, fragte ich.

Sie überlegte einen Moment. »Am Nachmittag«, sagte sie dann.

Wir beratschlagten, wo wir uns treffen konnten. Ihr Bedürfnis nach Diskretion und die Angst vor Klatsch schränkten die Möglichkeiten ein. Sie wollte nicht, dass wir uns im Institut trafen.

»Die große Moschee«, schlug ich schließlich vor. »Zwei Uhr?«

Sie nickte. Ich beugte mich in die Dunkelheit und gab ihr einen Gutenachtkuss, dann drehte sie sich um und radelte davon. Auf der langen Straße war ich froh um die Navigationslichter der Straßenbuden. Ich hätte kaum den Weg gefunden. Xi'an und China sahen plötzlich so anders aus.

Die Straße zur Terrakotta-Armee am nächsten Morgen war vom Sonnenlicht überflutet. Ich hatte kaum geschlafen und war früh aufgestanden, und ich war froh über die Ablenkung, die mir ein Ausflug zu den Anfängen Chinas bot, zum Grab des Mannes, der die Große Mauer gebaut hat. Eine Reifenpanne hielt mich kurz in den Außenbezirken der Stadt auf, aber ein Fahrradreparateur, der sein Geschäft von einem Pappkarton unter einem Baum aus betrieb, flickte mir den Reifen für zwei Pence und machte als Zugabe noch umsonst eine Inspektion. Ich radelte durch eine staubige Landschaft mit Heuschobern und Granatapfelplantagen. Rosa Blüten trieben in die Fahrbahn, und die Straße war schmutzig von den Früchten.

Jahrhundertelang hat der Erdhügel, der das Grab von Qin Shiuhuang markiert, nicht mehr Aufmerksamkeit auf sich gezogen als all die anderen auf der Ebene um Xi'an verstreuten Grabhügel. Als dann 1974 ein Bauer in seinem Obstgarten einen Brunnen graben wollte, stieß er mit der Schaufel auf etwas Hartes. Nachdem er die lockere Erde weggeräumt hatte, fand er keinen Stein, sondern einen Kopf aus Ton. Der erste flüchtige Eindruck von dem, was sich dann als die erstaunlichste archäologische Entdeckung des Jahrhunderts entpuppen sollte.

Die Grabungen brachten tausende lebensgroße Terrakotta-Soldaten ans Licht, in Schlachtformation angeordnet und mit Pferd und Wagen ausgerüstet, eine Ehrengarde für den toten Kaiser. Nach 20 Jahren Grabungen ist immer noch kein Ende in Sicht. Die bisher ausgegrabenen 6000 Soldaten sind möglicherweise nur ein kleiner Teil der gesamten Armee. Die Arbeit am Grab selbst muss erst noch beginnen. Die Chinesen, typisch, denken da in längeren Zeiträumen.

Alte Aufzeichnungen beschreiben das Grab von Qin Shiuhuang als eine sagenhafte unterirdische Landschaft. Es hieß, die Decken wären mit Perlen bestückt, um den Nachthimmel nachzubilden. Aus wertvollen Steinen wären Bäume geschnitzt. Gold- und Silbervögel flatterten zwischen ihren Blättern, und darunter flössen Ströme von Quecksilber dahin. Historiker waren geneigt, diese fantastischen Bücher nicht ernst zu nehmen – bis zur Entdeckung der Terrakotta-Armee. Ihr Ausmaß lässt plötzlich alles möglich erscheinen.

Der Insasse dieses außerordentlichen Mausoleums regierte China nur 15 Jahre. Die Dynastie, die er begründet hatte, überlebte seinen Tod nicht. Seine Bedeutung ist dennoch unbestritten. Er wurde der Erste Kaiser genannt. Als er 221 v. Chr. den Thron bestieg, fand er eine Gruppe sich bekriegender Staaten vor. Als er im Jahre 207 starb, hinterließ er eine geeinte Nation, China, eine Verfälschung des dynastischen Namens Qin. Er war ein Tyrann großen Formats. Er verbrannte nicht nur Bücher, sondern begrub auch deren Autoren bei lebendigem Leibe. Er richtete ganze Familien hin für Verbrechen, die eines ihrer Mitglieder begangen hatte. Für seine nie enden wollenden Bauvorhaben kommandierte er tausende Arbeiter ab, und wenn sie so unloyal waren, bei der Arbeit ihr Leben zu lassen, benutzte er ihre Leichen zur Geländeaufschüttung. Eines seiner vielen Projekte war der Bau der Großen Mauer.

Die Armee, die ihn gegen den Schrecken der Unterwelt schützen sollte, wird nun von einer Arena vor Regen geschützt. Innen stehen die Soldaten in langen Gräben nach Dienstgrad geordnet, eine aufgestellte selbstbewusste Kompanie. Jede Statue ist ein individuelles Bildnis; von den 6000 gleicht nicht eine einer anderen.

Sie scheinen mit ihrer Wiederaufstellung zufrieden zu sein, als kämen sie von einem langen, harten Feldzug zurück und sonnten sich nun etwas selbstgefällig in der Bewunderung der Menschenmassen, die sich hier zu ihrer Begrüßung versammeln. Nichts verleiht ihnen so sehr einen Hauch von Verismus wie ihre Doppelzüngigkeit, der bekannte militärische Trick, um die eher grausigen Seiten ihrer Siege zu kaschieren. Wie eine wirklich heimkehrende Armee zeigen sie der Welt ihr bestes Gesicht: die geordnete Aufstellung, die gepflegten Bärte im Stil Edwards VII., die entspannten Brauen, das zaghafte Lächeln. Diese Soldaten sind allerdings Rekonstruktionen. Im hinteren Teil der Gräben liegt unter Segeltuchabdeckungen eine weniger malerische Realität. Dort sind die Figuren immer noch in der Erde eingeschlossen. Köpfe, Gliedmaßen, Rümpfe liegen zusammengeworfen wie zerbrochenes Porzellan, das Massaker eines Regiments, sorgfältig vor den Blicken der bewundernden Massen verborgen.

In der Nähe der heißen Quellen von Hua Qing, wo Generationen von Kaisern elegante Pavillons und Badehäuser erbaut haben, aß ich zu Mittag. Der Tang-Kaiser Gao Zong verbrachte hier so viel Zeit beim Vergnügen mit seiner Konkubine, der Schönheit Yang Guifei, dass seine Minister sich gezwungen sahen, sie umzubringen, damit er sich wieder auf seine Staatsgeschäfte konzentrieren konnte. In Hua Qing gibt es jede Menge solcher Geschichten.

Nach dem Essen nahm ich ein Bad in einem Badehaus am Ort, einer Kreuzung aus Trainingshalle für Boxer und Höhle. Ein Angestellter mit einem Handtuch um den Nacken gab mir ein Schließfach, und ich entkleidete mich. Durch einen Gang sah ich nackte Chinesen durch den Dampf plantschen. Wie alt sie auch immer sein mochten, alle hatten die Körper von Jugendlichen, so glatt und geschmeidig wie Seehunde. Als ich mich selbst in eines der beiden Becken mit cremigem grünem Wasser hinunterbegab, verstummten die Insassen plötzlich und zogen sich diskret in das andere Becken zurück. Später im Umkleideraum bemerkte ich sie, wie sie mich durch eine Tür anstarrten; ihre Gesichter bebten vor Neugier.

Ich schlug mich durch zu einem Bus zurück nach Xi'an. Mein Fahrrad und ich fuhren zwischen Mehlsäcken auf dem Dach mit. In der Stadt eilte ich sofort zur Großen Moschee, die in den gewundenen Straßen des Moslemviertels versteckt liegt. Man biegt um eine Kurve und fällt buchstäblich in einen Garten mit chinesischen Bögen und Pavillons, üppigen Blumen und alten Männern mit in Käfigen eingesperrten Grillen. Auf seinem Weg von Westen ist der Islam mit leichtem Gepäck gereist, und die Moscheen haben hier die Form eines chinesischen Tempels angenommen.

Ich habe sie nicht gleich gefunden und war überrascht über meine Betroffenheit bei dem Gedanken, sie wäre nicht gekommen. Aber als ich zurück zum Haupttor ging, stand sie da mit ihrem roten Fahrrad, und plötzlich war die Welt wieder in Ordnung.

Fu Wen war vorher noch nie in der Großen Moschee gewesen, und plötzlich war ich der Führer und sie die Fremde auf den gefliesten Wegen und durch die grau gekachelten Pavillons. Ich zeigte auf die arabischen Inschriften, die sich wie Weinreben über einen Türsturz rankten. Ich erklärte die Anhäufung von Schuhen vor den Türen, sprach über den Muezzin, die Gebete, die ins Tageslicht hinausdrangen, und die Händler, die vor über tausend Jahren aus Arabien und Persien hierher gekommen waren. Ich fuhr in solch aufgeregter Ausführlichkeit fort, dass sie glaubte, ich sei Muslim, und mich fragte, warum ich nicht zum Gebet ging.

In einem kleinen Hof abseits des Hauptgartens, wo Farne in Blumentöpfen über einem leeren Springbrunnen aufgehängt waren und die Vögel in den Dachsparren schwatzten, saßen wir den ganzen Nachmittag und unterhielten uns, bis es dunkel wurde. Zwischen den Tempelbäumen, die ihre Blütenblätter abwarfen, und den Warnungen des Muezzins fielen wir uns in die Arme.

Als die Abendandacht zu Ende war, ließen sich die alten Männer mit ihren weißen Kappen durch die Gärten treiben, setzten sich auf die Steinbänke und unterhielten sich.

Fu Wen legte ihre Hand in die meine. »Wie lange bleibst du hier?«, fragte sie.

In meiner Tasche steckte eine Bahnfahrkarte für den nächsten Tag. Im Geiste hatte ich sie schon verfallen lassen.

»Eine Woche«, sagte ich. Ich hatte keine Ahnung.

»Wohin fährst du dann?«

»Nach Lanzhou. Und dann nach Gansu.«

Die kleine Vertiefung unten an ihrem Hals, wie ein Daumenabdruck, zitterte mit ihrem Puls. Ihre Lippen bewegten sich. Irgendetwas Unausgesprochenes wartete in ihrem Mund.

»Komm doch mit mir«, sagte ich. »Nach Tulufan, nach Wulumuchi, nach Kashi. Ich erwarte dich dort. Wann kannst du kommen?«

Sie sah mich mit zusammengekniffenen Augen an wie gegen ein blendendes Licht in der Ferne.

»Das geht nicht«, sagte sie.

Ich drückte meine Lippen auf die kleine Hautvertiefung, den sanften Puls. Sie neigte ihren Kopf nach hinten gegen eine Säule, eine pferdeartige Haltung. Ihre Haut war butterweich und duftete nach Mandeln.

In der Dämmerung sangen sich die Haustiergrillen der alten Männer die Kehlen aus dem Leib. Ein Liebesgesang. Die Männchen und Weibchen brachten sich aus ihren Weidenkäfigen heraus quer durch die dunkler werdenden Gärten gegenseitig ein Ständchen. Ihre Duette konnten Stunden dauern. In endlosen Litaneien von Angeboten und Antworten versuchten sie sich gegenseitig zu erkennen und einzuschätzen. Wenn eine von ihnen auch nur um einen Viertelton von der Melodie abwich, wurde die Zwiesprache abgebrochen und später mit einer anderen wieder aufgenommen. Es war eine Prüfung auf Verträglichkeit; Grillen sind schon kluge Tiere.

Ihr Großvater hatte Land besessen. Es war kein großer Besitz, ein paar Obstpflanzungen und Kleinparzellen, die er am Rand von Xi'an Bauern verpachtet hatte. Aber dies lag seit drei Generationen wie ein Schatten über der Familie. Bei der Landreform nach der Revolution wurde der Besitz unter staatliche Kontrolle gestellt als Teil eines kommunalen Bauernhofes. Ihr Großvater hatte Glück. Viele Landbesitzer waren von ihren Pächtern denunziert und von Revolutionsgerichten zum Tode verurteilt worden. Ihm wurde nur sein Besitz enteignet. Seine Pächter hatten ihn wohl ziemlich gern gemocht.

Die ihm verbleibenden Jahre verbrachte ihr Großvater krank und verbittert. Es schmerzte ihn, dass niemand sich wirklich um das Land sorgte. Sie pflanzten ihr Getreide an und ernteten es »wie Fabrikarbeiter«, hätte er gesagt, und sie hätten kaum Sinn für das Unproduktive, das bloß Dekorative. Für ihn hatte das Land auch eine spirituelle Dimension. Die Verehrung der Vorfahren ist Teil der religiösen Tradition in China, und der Verlust des Familienbesitzes kam einer Grabschändung gleich. Wenige Jahre nach der Landreform beschloss das Komitee, die Obstbäume umzuhacken. Sie waren einst von seinem Urgroßvater gepflanzt worden. Das Komitee behauptete, die Bäume hätten ihre besten Jahre schon hinter sich.

»Das mag sein«, meinte Fu Wen, »aber er konnte sich nie damit abfinden. Abends ging er und setzte sich auf die Baumstümpfe. Jede Nacht musste mein Vater ihn von dort wieder heimholen. Er starb an gebrochenem Herzen.«

Im neuen, klassenlosen China war jeder strikt nach seinem Klassenhintergrund kategorisiert. Der erschien im Pass gleich nach dem Namen und dem Geburtsdatum. Die Kinder von Bauern standen bei der Vergabe von Jobs, Wohnungen und Bildung an erster Stelle, während denen mit bürgerlichem Hintergrund oft jede Beförderung verweigert wurde. Die Partei glaubte an ein Konzept der Vererbung von Schuld, nach dem den Nachkommen von »schlechten Elementen« wie Grundbesitzern das Stigma der Schuld ihrer Vorfahren weiter anhaftete. Dies war offizielle Politik bis 1978.

Als der Wahnsinn der Kulturrevolution begann, im Sommer 1966, waren ihre Eltern Studenten. In diesem schicksalhaften Frühjahr hatte ihr Vater das Pech, Bester seines Jahrgangs zu sein. Das Vergehen ihrer Mutter war potentiell noch schwerwiegender. Sie wollte Schriftstellerin werden und hatte schon Gedichte und Geschichten in einer Lokalzeitung veröffentlicht. Das genügte.

Im Herbstsemester traten an die Stelle des Studiums Kundgebungen, öffentliche Kritik und Schuldbekenntnisse. Lehrer wurden von ihren Schülern denunziert und mussten in Narrenkappen auf den Straßen paradieren. Bei einem besonders grausamen Vorfall wurde ein Lehrer ihres Vaters von den Roten Garden wegen mangelndem Eifer bei der Selbstkritik so verprügelt, dass er sein Leben lang gelähmt blieb. Weil er nicht bei diesen Verfolgungen mitmachte, geriet Fu Wens Vater sofort unter Verdacht. Seine guten Noten wiesen ihn als elitär aus, süchtig nach Wettbewerb. In der Zwischenzeit wurde ihre Mutter bei Kundgebungen, auf denen die Uneinsichtigen geschlagen wurden, gezwungen, ihre eigenen Schriften für bourgeois und konterrevolutionär zu erklären.

Mitten in diesem Irrsinn heirateten die beiden. Vielleicht hofften sie, jenseits der öffentlichen Hysterie sich eine private Welt zurückerobern zu können. Die Hoffnung trog. Anfang 1968 wurden sie aufs Land geschickt, »um von den Bauern zu lernen«. Sie waren damit Teil einer der größten Umsiedlungen in der Geschichte. Fast 17 Millionen Menschen wurden so in ein internes Exil geschickt, einer von zehn Stadtbewohnern. Die Bauern wurden leider nicht gefragt und fanden sich selbst plötzlich als Gastgeber von Zugladungen schwächlicher Intellektueller wieder, die keine Ahnung von harter Arbeit und wenig von Landwirtschaft hatten.

Obwohl Fu Wen wie eine moderne junge Frau aus der Großstadt wirkte, war sie auf dem Land zwischen Dreck und Kohlköpfen aufgewachsen. Sie wurde auf einem kommunalen Bauernhof in einer entlegenen Gegend der Provinz Gansu geboren, fast 700 Meilen westlich von Xi'an. Zu dieser Zeit lebte ihre Familie in der Hälfte eines Ein-Zimmer-Hauses, ein Vorhang teilte ihren Lebensraum von dem der Dorffamilie ab, die bis zu ihrer Ankunft den ganzen Raum für sich gehabt hatte. Die Jahre vergingen. Sie misteten die Schweineställe aus, pflügten die Felder und warteten auf gutes Wetter. Allmählich suchten ihre Eltern nach einem Weg zurück nach Xi'an, zu einem Schatten ihres früheren Lebens. Noch lange nach dem Ende der Kulturrevolution waren deren Opfer noch zu Millionen in ihrem Exil in ganz China verstreut, unfähig, sich durch das Labyrinth von Genehmigungen, Arbeitssuche und Wohnungsfrage zu arbeiten und wieder nach Hause zu gelangen. 18 Jahre nach ihrer Abreise kehrte Fu Wens Familie nach Xi'an zurück.

Mit Hilfe ihrer früheren Tutoren fand Fu Wens Mutter eine Anstellung als Grundschullehrerin. Ihr Vater, eines der größten mathematischen Gehirne seines Studienjahrgangs, fand einen Job als Buchhalter in einer Schuhfabrik. Sie bekamen eine Wohnung in der südlichen Vorstadt zugewiesen. Die stand auf dem Grund, der einst Teil der Obstgärten ihres Großvaters war.

Die Jahre des Zelotismus haben die Angewohnheit hinterlassen, sich gegen Kritik, sowohl persönliche als auch politische, zu schützen. Ein guter Leumund wird als Vermögen betrachtet. Fu Wen hatte schreckliche Angst vor Klatsch.

Ich kam nie mehr wieder in das Institut. Fu Wen rief mich an, und wir trafen unsere Verabredungen. Die Nachmittage verbrachten wir in meinem Hotelzimmer, das wir über eine Hintertreppe erreichten. Wenn wir ein Auto mieteten, um aus der Stadt zu fahren und die Grabstätten im Westen zu besuchen, wollte sie immer zuerst überprüfen, ob der Fahrer nicht einer war, den sie kannte. Draußen bewegten wir uns meistens auf den leeren Straßen oben auf den Stadtmauern. Die Heimlichtuerei irritierte mich, aber für Fu Wen war sie, glaube ich, auch ein Teil der Spannung. In einem Leben voller Zwänge lässt das Verbotene starke Muskeln spielen.

In den schwindenden Stunden, die wir miteinander hatten, machte Fu Wen viel Aufhebens um mich, machte sich Sorgen, ich könnte krank werden, ich könnte einsam sein, Leute könnten mich ausnützen. Sie wurde mütterlich, kam mit Päckchen von grünem Tee und selbst gemachten Knödeln an. Ich war der abgehärtete Reisende, der halb Asien durchquerte, und sie wurde immer weinerlicher ob meiner Verletzlichkeiten. Ich bewunderte ihre Intelligenz und ihre Stärke. Sie sorgte sich, wie ich alles schaffen würde.

An den Nachmittagen im Hotelzimmer bei zugezogenen Vorhängen zogen wir uns in eine von uns selbst geschaffene Welt zurück, eine Landschaft aus Gliedmaßen, ein neutrales Territorium mit nur zwei Bewohnern, die ihre Loyalitätskonflikte geschickterweise voreinander verbargen.

Das Hotel lag gegenüber dem Bahnhof. Das Pfeifen der Züge, die Rufe der Schaffner, die genuschelte Ankündigung der Fahrtziele schlichen sich fast unbemerkt in unsere Welt. Später, wenn wir in die durch die Dunkelheit eilenden Menschenmassen hinaustraten, schien uns ihre kollektive Sorge um Ankunft und Abfahrtszeiten anzustecken. Die Menschen und der nach Hause drängende Verkehr unterbrachen das köstliche Gefühl der Schwebe, in dem wir den Nachmittag verbracht hatten. Wieder in Gang geschubst, spürten wir, wie wir uns auseinander bewegten, als wären wir nun in zwei verschiedenen Zügen.

In den überfüllten Cafés auf dem Jiefang-Markt, wohin wir zum Abendessen gingen, war das Gefühl von Distanz nach den Intimitäten des Nachmittags kaum zu ertragen. Ich brachte sie unter den dunklen Bögen der Platanen auf dem Chang'an Lu nach Hause. Jeden Abend brach mir fast das Herz, wenn ich ihr auf der Straße Lebewohl sagen musste. Wenn sie in die Dunkelheit fortradelte, hatte ich das Bedürfnis ihr nachzurufen, über die sich vertiefenden Grenzen hinweg.

»Es ist ein Traum«, sagte sie. »Verwechsle es nicht mit dem wirklichen Leben.«

Wir waren oben auf der Stadtmauer. Um allein zu sein, kamen wir oft hierher. Ich zerriss meine Notizbücher und machte Papierflieger daraus, die wir unbeobachtet von diesen einsamen Höhen aus in die Höfe und Seitenstraßen fliegen ließen. Im Schutz der alten Pavillons, zwischen Staren und dem Abfall von Liebespaaren, realisierte ich, dass wir uns wie Schulschwänzer versteckten, vor China versteckten. Ich schickte ihr eine gefaltete Concorde entgegen.

»Ich bin 28«, sagte sie und versuchte den Papierflieger zu fangen. »All meine Schulfreundinnen sind verheiratet und haben Kinder. Meine Eltern machen sich Sorgen um mich. Sie wollen mich versorgt sehen.«

»Und was willst du?«, fragte ich.

»Ich möchte eine Lebensform finden, in der ich glücklich bin.« Sie klang wie eine Reisende auf dem Weg nach Hause, mit dieser Mischung aus Resignation und Vorfreude. »Wir können zusammen nicht glücklich sein. Nur kurz, im Augenblick.« Ich kam mir vor wie ein Kind, wie ich so dastand mit meinen Papierfliegern. Ich wusste, was sie sagte, aber ich wollte es nicht hören.

»Warum sollte ich dir mein Leben schenken?«, sagte sie. »Du wüsstest gar nichts damit anzufangen.«

»Ich möchte nach Hause«, sagte ich.

Wir nahmen ein Taxi zum Hotel.

5

ZU DEN GRENZEN TIBETS

Als Bühne für Abreisen hat Xi'an genauso viel Klasse wie die Säulen des Herkules. In tausenden von Jahren sind die Chinesen durch ihre westlichen Tore zu Reisen aufgebrochen, die sie in Gegenden außerhalb der geordneten und zivilisierten Welt des Himmlischen Königreichs brachten, Reisen nach Westen. Der Schauplatz hat sich vom Westtor zum Bahnhof verlagert, aber das Schauspiel ist unverändert: Familiengruppen, in letzter Minute nachgereichte Gepäckstücke, eilige Ratschläge, Versprechen von Rückkehr, Tränen und eine Vielzahl von Händen, die zum Abschied winken. Mein Zug ging nach Urumqi, der Hauptstadt von Xinjiang, und folgte der alten Straßenverbindung in Richtung der Wüste Gobi und der Verbannung. Die handelnden Personen waren so vorhersehbar wie die Strecke: Beamte, Soldaten und Siedler auf einer Reiseroute so alt wie China.

Fu Wen kam zum Bahnhof. Die Pfiffe der Schaffner, die Ankündigungen aus den Lautsprechern und das Tuten der Züge, die akustischer Hintergrund unserer gemeinsamen Nachmittage gewesen waren, wurden plötzlich laut und real. Wir standen in einer Ecke der weiten Bahnhofshalle hinter einem Zeitungsstand. Sie nestelte an meiner Tasche herum, aus Sorge, ich hätte etwas vergessen, überprüfte, ob ich auch mein Ticket dabei hatte. Dann plötzlich war sie in sich gekehrt, und aus ihren Augen quollen die Tränen. Sie ließ von mir ab und fingerte an einer kleinen Narbe an ihrer Hand herum. Die körperlose Stimme des Lautsprechers kündigte meinen Zug an.

»Ich bin so traurig, dass du weggehst, Stanley«, sagte sie. In fünf Monaten in China würde niemand anders das zu mir sagen. Dann wurde ich mit der Menschenmenge weggeschwemmt, die auf die Bahnsteige drängte.

Im Waggon, mitten im Gewühl der nach Plätzen suchenden Reisenden, setzte ich mich an ein Fenster und beobachtete, wie die Stadt davonglitt. Dann sah ich Fu Wen neben ihrem roten Fahrrad auf der Stadtbefestigung stehen, eine kleine Gestalt mit der ruhigen und würdevollen Haltung der Chinesen. Sie winkte dem Zug zu. Ich wollte das Fenster öffnen, damit sie mich zurückwinken sehen konnte, aber es war verklemmt. Ich beobachtete sie durch die Scheibe, bis der Zug um eine Kurve bog und Xi'an verschwand.

Westlich von Xi'an beherrschte Hirse die Landschaft, die reifen Rispen nickten in der Hitze. Hie und da teilten sich die Felder in weiße Bahnen, auf denen Männer im Unterhemd im Schatten von Pappeln dahinradelten. Ziegen und Büffel schliefen in den Gräben. Von Mauern umgebene Dörfer ragten aus den Feldern, in der gleichen verbrannten Farbe wie die Erde, das Getreide und die Gesichter der Feldarbeiter unter ihren lampenschirmartigen Hüten. Wir passierten einen Fluss, in dem die Dorfleute im silbernen Wasser badeten, und der Zug überraschte einen Mann, der im Schutz des hohen Schilfs seine Hosen anzog.

Von der Bahnlinie zurückgesetzt, krümelten Hügelketten in die Hirse, die ihre Füße umspielte. In den Lösswänden waren Höhlen, viele davon unbewohnt. Ihre Öffnungen waren mit niedrigen Türen verschlossen. Die Gemeinden der Höhlenbewohner zogen sich meilenweit hin.

Angeblich gibt es in China 35 Millionen Höhlenbewohner. Eine Höhle ist vielleicht nicht gerade die beste Adresse, aber es spricht doch vieles für sie. Im Sommer sind die Höhlen kühl und im Winter warm. Die Kosten für die Erhaltung sind gering. Letztendlich sind sie in einem Land mit einer solchen Bevölkerungsdichte die einzige

Form der Behausung, die kein anbaufähiges Land verbraucht. Weit entfernt vom Versuch, diese Höhlenbewohner in neuen Wohnungen unterzubringen, hat die Regierung sich bemüht, daraus eine Tugend zu machen, und Architektenkomitees beauftragt, die Situation zu untersuchen. Ihre Empfehlung kann als eine Warnung vor Komitees gelten: größere Fenster, das war ihr Rat.

Im Speisewagen rollten die Spucknäpfe hin und her und stießen gegen unsere Füße. Meine Gesellschaft beim Essen bestand aus einem mondgesichtigen Paar in Nylonhemden. Sie waren auf dem Weg nach Xinjiang und wollten in einer Stahlfabrik in Korla eine Stelle antreten. Sie waren Umsiedler; ihre ganze Habe fuhr im Gepäckwagen mit. Der Mann spuckte Fischgräten auf seinen Teller und sprach aufgeregt von den Anreizen der Regierung und den Vorteilen der Wohnungsbeschaffung, während seine Frau aus dem Fenster starrte auf die in der Hirse segelnden Dörfer, die erschöpften Sonnenblumen, die über eine Mauer hingen, und die schlanken Pappeln. Wie sie so hinaus auf China blickte, begann sie über ihren dampfenden Knödeln zu schluchzen.

Später, auf dem Gang, entschuldigte sich der Mann für die Tränen seiner Frau. Sie sei besorgt, erklärte er: »Xinjiang ist wie ein fremdes Land. Wir sagen, es liegt ›außerhalb des Mundes‹«. Dieser Satz beschwor alle Ängste der Chinesen vor den Regionen jenseits der Großen Mauer.

Es wurde Abend, und der Zug kletterte durch Lössberge. Wir folgten dem Flusslauf des Wie, der sich, in der späten Abendsonne glänzend, durch die allmählich dunkler werdenden Hänge wand. Die Hügel wurden steiler, und der Zug tauchte immer wieder in Tunnel. Das Tal wurde zur Schlucht, und der Fluss, nun tief unter uns, hatte die Farbe von nassem Lehm. Dörfer klebten an Felsplatten, ihre Felder abwärts gestaffelt in schmalen Terrassen. Auf einer steilen Weide standen zwei Kühe marmorweiß wie Statuen in der Dämmerung.

Wir trafen in Gansu ein, einer Provinz so groß wie Texas. Die Dämmerung glitt die Berghänge hinunter in die Flussarme. Der Abend war rauchig. Ein Halbmond segelte zwischen den Bergspitzen, und die Häuser der Dörfer schütteten Streifen aus gelbem Licht in die blaue Nacht hinaus.

Ich zog mich in meine Schlafkoje zurück und dachte an Fu Wen. Wir hatten uns unser eigenes Land erschaffen, und die Verbannung jetzt war bitter. Ich malte mir ihr wunderschönes Gesicht aus und ihr plötzliches Lächeln, das immer mein Herz hatte schneller schlagen lassen. Ich weinte und war dankbar für die Dunkelheit im Waggon. Ich kam mir vor, wie die Frau im Speisewagen über ihren Knödeln, auf dem Weg nach Westen an unerwünschte Grenzen, und alles, was mir wichtig war, glitt hinter den Fensterscheiben dahin. Ich fühlte mich schrecklich verlassen in dem dunklen Zug.

Der *hard sleeper*, die mittlere von drei Kategorien in chinesischen Zügen, ist wie ein fahrendes Trainingslager für Rekruten. In den langen Liegewagen, inmitten der aufgereihten Pritschen, die mit Wäsche und Seesäcken garniert sind, saßen die Passagiere herum wie rauflustige Wehrpflichtige, spielten Karten und mampften Essensrationen, während sich der Abfall zu ihren Füßen häufte: Hühnerknochen, Muschelschalen, Schalen von Wassermelonen, leere Bierflaschen, Teeblätter, und der ganze Morast mit Spucke überzogen. Im *hard sleeper* herrscht ein gewisser Kameradschaftsgeist. Wir passten aufeinander auf und stellten hinter dem Rücken der Oberfeldwebel, der Schlafwagenangestellten, die sich gelegentlich dazu herabließen, mit harten Besen alles vor sich auseinander zu fegen, Unfug an.

Das Wecksignal kam früh. Um halb fünf Uhr morgens wurden die Lichter angeknipst, und die Waggonlautsprecher sendeten martialische Musik in einer Lautstärke wie auf dem Paradeplatz.

Die Chinesen, an Drill gewöhnt, torkelten schlaftrunken aus ihren Kojen, und der Oberfeldwebel sammelte sofort ihr Bettzeug ein. Im Glauben, ich befände mich noch im festen Griff eines widerwärtigen militärischen Traums, vergrub ich den Kopf in meinem Kissen. Eine Sekunde später spürte ich, wie jemand nach meinem Laken griff. Noch bevor ich reagieren konnte, waren mir Betttuch, Zudecke und Kissen mit einem einzigen heftigen Ruck entrissen, und ich fand mich erstaunt und ohne Hosen auf meiner Pritsche wieder.

Als Nächstes kam das Saubermachen. Schlecht gelaunt nach einer kurzen Nacht attackierten die Angestellten den Wagen mit Schrubber und Eimer. Die Passagiere zogen sich dabei auf die oberen Pritschen zurück. Auf meiner eigenen bot ich einer alten Dame, einem Sack inkontinenter Gänse und drei heulenden Kindern Zuflucht, dem zweifachen Horror ausgesetzt, dem eines ausländischen Teufels und dem des Oberfeldwebels.

Als die Flut vorbei war, wanderte ich zum anderen Ende des Waggons zu meiner morgendlichen Waschung. Dort war mein Elend erst vollkommen. In den Leitungen war kein Wasser, der Boiler war ausgegangen, und die Heißwasserbehälter waren leer. Außerdem hatte der Oberfeldwebel die Toiletten abgeschlossen. Sie wollte nicht, dass sie vor dem Ende ihrer Schicht in Lanzhou besudelt wurden. Bis dahin waren es noch zwei Stunden.

Nur verschärfte Bedingungen wie diese konnten aus Lanzhou ein ersehntes Ziel machen. In einer aschgrauen Morgendämmerung blickte ich hinaus auf eine bleiche Industrielandschaft. Schornsteinreihen stießen über baufälligen Vorstädten in die Höhe. Ein Kohlekraftwerk ragte mitten aus der Hauptstraße auf. Zwei riesige Schlackehalden schauten über einen öffentlichen Park. Als wir in den düsteren Bahnhof einfuhren, wurden wir mit einer Reihe riesiger Werbetafeln konfrontiert. Eine pries künstliche Gliedmaßen an, eine Spezialität von Lanzhou. Eine andere warb für Rollstühle, vermutlich für den Fall, dass die Gliedmaßen nicht richtig funktionierten.

Das dritte Plakat enthielt eine Botschaft der Partei: Verbessert die Hygiene für eine sozialistische Zukunft! Ganz wild darauf zu gehorchen, eilte ich zu den Örtlichkeiten, musste aber feststellen, dass sie merkwürdigerweise auch verschlossen waren. Da nahm ich die Sache selbst in die Hand, überquerte die Gleise und pinkelte das Plakat an.

Lanzhou ist ein enger, düsterer Ort, der sich am Gelben Fluss zwischen vom Steinbruch vernarbten Klippen entlangzieht. Nach der Befreiung haben die Kommunisten entschieden, daraus ein Industriezentrum zu machen, mit dem Ergebnis, dass es heute eine der am stärksten verschmutzten Städte Chinas ist. Ein gelber Smog hängt über den Straßen, in denen die hustenden Einwohner mit deprimierten Gesichtern aneinander vorbeieilen.

Das Hotel – ein gewaltiger Block im Sowjetstil – war ein Lichtblick. Ich habe eine perverse Vorliebe für sozialistische Kunst und Architektur. Ihre ästhetische Pedanterie passt ideal zu der großen Tragödie des verfehlten Idealismus. Lanzhou brauchte ein wenig Romantik, und die proletarische Pracht lieferte sie. Mit seinem Vorplatz voller schwarzer Limousinen aus Schanghai, der weitläufigen Lobby unter wuchtigen Kronleuchtern und seinen Gängen, breit und leer genug für politische Kundgebungen, hatte es die kalte Würde eines Volkspalastes.

Lanzhou ist die unwahrscheinliche Heimat einer der berühmtesten Figuren Chinas, berühmt sowohl im eigenen Land als auch außerhalb. Sie war die Hauptattraktion der großen Ausstellungen, die in den frühen 1970er-Jahren durch Europa und Amerika tourten. Ihr Bildnis schmückte die Werbeplakate in London, Paris und New York. Ich erinnere mich an die langen Warteschlangen im Hof des

Britischen Museums und die gespannte Erwartung, als wir uns die Stufen hinauf den Weg bahnten zu ihrem Standplatz. Der internationale Ruhm erhöhte ihr Ansehen in der Heimat, und ihr Bild ist sogar zu einem Symbol für den Fremdenverkehr verkommen. Wie Michelangelos David erscheint ihr Bild auf allem Möglichen, von Museums-Eintrittskarten bis zu Souvenir-Aschenbechern.

Heute befindet sie sich in einer Art Vorruhestand. In Lanzhou hat sie nur wenige Besucher. Soviel ich weiß, reist sie auch nicht mehr. Die glorreichen Zeiten von vor 20 Jahren sind nur noch Erinnerung. Sie ist eine Art Einsiedler geworden. Sie aufzusuchen war, als besuchte man einen berühmten Star aus einer anderen Zeit, ein Gesicht, das man aus endlosen Wiederholungen kennt, aber jetzt kaum mehr in der Öffentlichkeit sieht.

Ich fand sie im ersten Stock des Provinzmuseums von Gansu, einem verstaubten Gebäude mit Steinäxten und landwirtschaftlichen Ausstellungsstücken. Die Schaukästen waren leer, und die Angestellten dösten in den schrägen Streifen von Sonnenlicht zwischen den Glaskästen. Ich bog um eine Ecke, und plötzlich stand sie da, ein wenig kleiner, als ich sie in Erinnerung hatte, aber nicht minder prächtig. Von all den Darstellungen der Himmlischen Pferde Chinas ist sie die bemerkenswerteste. Sie gilt als eine der edelsten Pferdestatuen der Welt, ohne weiteres mit den Pferden von San Marco, den Basisreliefs des Parthenon und Marc Aurels Reittier auf dem Kapitol in Rom vergleichbar. Sie ist ein chinesischer Pegasus, allgemein bekannt als *Fei Ma*, das Fliegende Pferd.

Es ist aus patinierter Bronze und nur etwa 35 Zentimeter hoch. Wie die Terrakotta-Armee war es eine Grabbeigabe. Hinter ihm sind die Reste des Gefolges arrangiert – Kavallerie, Wagen und Dienerschaft, insgesamt ungefähr 80 Figuren. Das ganze Ensemble wurde in der Nähe von Wuwei, im Grab eines General Zhang aus dem zweiten Jahrhundert vor Christus gefunden.

Die mit Grünspan überzogenen Pferde haben die breiten Brustkörbe von Reittieren, die ohne Ende galoppieren können. Sie sind nervös, haben die Köpfe aufgerichtet, die Ohren sind wachsam und die Schweife hochgestellt. Ihr Gewicht ist leicht nach hinten verlagert, als ob sie sich jeden Moment aufbäumen wollten. Wenn, dann alle gleichzeitig, denn die Pferde scheinen ein gemeinsames Bewusstsein zu haben, wie Tänzer, die auf dieselbe Musik eingestimmt sind. Sie wiehern – ein großartiger tonloser Chor.

Das Fliegende Pferd an ihrer Spitze ist reiterlos, eine für Begräbnisse typische Situation. Obwohl seine Symbolik unscharf geworden ist, im China des zweiten Jahrhunderts hatte dieses himmlische Pferd eine eindeutige Funktion: Es sollte den Toten in die Unsterblichkeit bringen. Auch wenn *Fei Ma* keine Flügel hat, wie der Name glauben ließe, ist es so schwerelos wie ein Vogel. Drei seiner Hufe sind in der Luft, der vierte ruht auf dem Rücken einer Schwalbe, die sich umschaut, verwundert darüber, zwischen den Wolken ein Pferd zu finden. Auch *Fei Ma* wiehert, sein Kopf ist auf die Seite geworfen. Man stellt sich den Laut wie eine Art Lachen vor.

Draußen im trüben Dämmerlicht bringt mich Lanzhou wieder auf die Erde zurück. Plötzlich hatte ich das städtische China satt mit seiner Einheitlichkeit und Herbheit. Ich wollte raus aus dieser schäbigen Stadt. Ich hatte Sehnsucht nach Pferden und Landschaft. Ich ging über die Straße zur Bushaltestelle und buchte ein Ticket nach Xiahe. Morgen würde ich im Weideland an der Grenze zu Tibet sein.

Unmittelbar vor der Morgendämmerung ist der Gelbe Fluss in Lanzhou so trübe wie die Milchstraße, deren Zufluss er sein soll. Der Bus war ein alter Kremser, dessen Türen nicht mehr funktionierten. Die Passagiere mussten schmählich durch die Fenster einsteigen. Als er die Klippen über der Stadt hinaufkeuchte, hatte ich Angst, er könnte auseinander fallen. Einmal oben, sausten wir steile

Lehmberge hinunter mit einer Hingabe, die den schwachen Bremsen geschuldet war.

Jetzt begriff ich, warum man im Reisebüro darauf bestanden hatte, dass ich eine Versicherungspolice unterschrieb. Die anderen Passagiere, buddhistische Pilger auf dem Weg zum Labrang-Kloster in Xiahe, hatten sich auf den umfassenden Schutz ihres Glaubens verlassen. Sie starrten aus dem Fenster mit der Gelassenheit von Menschen, die mit ihrem Versicherer auf gutem Fuß stehen.

Ich saß zwischen den Repräsentanten für den Körper und für die Seele, zwischen einem Arzt und einem Mönch. Der Doktor war eine abgemagerte Gestalt mit derart üppig wuchernden Nasenhaaren, dass man gar nicht den Blick davon abwenden konnte. Als sich die Nachricht von seinem Beruf verbreitet hatte, standen die Passagiere im Gang für eine Behandlung Schlange. Sie klagten über die schrecklichsten Symptome. Der Doktor, ein Musterbeispiel an Professionalität, faltete Pülverchen – getrocknete Schlangenmilch, Rhinozeroshorn, Froschschleim – in kleine Rechtecke aus Papier und schickte sie befriedigt weg. Als seine reisende Apotheke erschöpft war, griff er auf Mystizismus zurück. Er lieh sich meinen Kugelschreiber und schrieb damit Heilmittel auf die Papierrechtecke. Seine Patienten lasen die Kur und aßen dann das Papier. Sie fühlten sich sofort besser.

Der Mönch, in eine weinrote Kutte gehüllt, war auf dem Heimweg ins Kloster zurück aus dem Lichterglanz von Lanzhou. Er war ein fröhlicher Geselle, der seine Tüte Nüsse mit mir teilte. Er fragte nach »Ghantiperry«, womit er meiner Meinung nach den Erzbischof von Canterbury meinte, in einem Ton, der davon auszugehen schien, dass ich diesen persönlich kannte. Ich sagte, ich hätte ihn schon länger nicht mehr gesehen.

Den ganzen langen Nachmittag lang schliefen der Doktor und der Mönch zufrieden an meinen Schultern. Wir querten eine sanft geschwungene Hochebene, wo schüchterne Sonnenblumen sich in reifen Kornfeldern versteckten und der Weizen wie zu Hexenhüten aufgestapelt war. Die Drescher hatten sich etwas Feines ausgedacht: Sie hatten den Weizen auf der Straße ausgebreitet, sich dann unter Birken schlafen gelegt, während der Verkehr für sie die Arbeit erledigte. Wir kamen an Ziegeleiöfen mit schwarzen Rauchfahnen vorbei und an Tischlern, die vor ihren Werkstätten, bis zu den Knien in hellen Holzspänen, ihrem Handwerk nachgingen. Das Sonnenlicht drang durch Spaliere von Mimosenbäumen auf den blauen Asphalt, und rosafarbene Malven hingen an Mauern herab. Die Bewohner der Dörfer an der Straße waren ein bunter Haufen – Türken, Mongolen, Chinesen, Muslime, Tibeter – viele hatten in dieser entlegenen Ecke des südlichen Gansu im Sog der großen Umwälzungen durch Dschingis Khan vor 700 Jahren Zuflucht gefunden. Ein Dorf drängte sich rund um eine Moschee, das nächste war mit buddhistischen Gebetsfahnen geschmückt.

Wir kamen an einem Unfall vorbei, einem schrecklichen Durcheinander von Fahrzeugen und einer sich darum versammelnden Menschenmenge. Der Fahrer eines Lastwagens saß noch hinterm Steuer, er war tot. Ein Esel lag mit gebrochenem Hals und verwirrt dreinschauend auf der Straße. Unter einer Birke in der Nähe lag mit einem Mantel zugedeckt ein Körper von der Größe eines Kindes. Die Pilger ließen sich in ihrer Betrachtung des Nirwana dadurch nicht stören. Unser Fahrer wich einem Traktor aus und trat aufs Gas, als hoffte er, dem Unglück zu entkommen.

An einer Kreuzung fuhren wir in ein langes, enges Tal ein. Die Straße wand sich zwischen einem schwarzgrauen Fluss und niedrigen Felsen in mittlerer Entfernung. Die Felder waren weniger geworden, und die Landschaft sah leer aus. Die wenigen Häuser waren nun alle tibetanisch mit ihren hohen Mauern und den markant geschnitzten Eingangstüren.

Xiahe lag am Flussufer ausgestreckt in der Abendsonne. Holzgebäude reihten sich die einzige Straße entlang, die oberen Stockwerke verfügten über ziemlich große Balkone. Im Erdgeschoss befanden sich belebte Geschäfte, die Dolche, Schwerter, Sättel, Seile und Schuheinlagen aus Yak-Haar feilboten. Wie große burgunderrote Fledermäuse schwebten die Mönche die Straße auf und ab. Am westlichen Ende der Stadt befand sich das Kloster, eingeschlossen hinter roten und ockerfarbenen Mauern. Die prächtigen vergoldeten Dächer seiner Tempel glänzten in den letzten Sonnenstrahlen.

Diese Ecke des südlichen Gansu ist wegen der hauptsächlich tibetischen Bevölkerung als Klein-Tibet bekannt. Die meisten sind Goloks, tibetische Nomaden, die von der Hochebene von Tibet – sie liegt nur wenige Tagereisen entfernt – eingewandert sind, angezogen von den guten Weiden und dem Kloster. Es ist eine der sechs größten Einrichtungen der Sekte vom Gelben Hut des tibetanischen Buddhismus. Ihre weißen Zelte sprenkelten die Berghänge der Umgebung.

Auf zotteligen Yaks und nervösen Ponys ritten die Nomaden in die Stadt ein und banden die Tiere an den Telegrafenmasten entlang der Hauptstraße fest. Es waren bezaubernde schmuddelige Gestalten mit großen Hüten. Die Frauen bevorzugten steife, breitkrempige Sombreros. Ihr Haar hing, glänzend vom Yak-Fett und mit bunten Bändern geschmückt, bis zur Taille über pinkfarbene Hemden und Samtcapes. Die Männer neigten mehr zu Filzhüten, pelzgefütterten Mänteln, Filzstiefeln und langen Dolchen. Ihre Gesichter hatten die Farbe von Mahagoni.

Die Tibeter hassten die Ladeninhaber, chinesische Muslime, von denen beide, Tibeter und Mönche, abhängig waren, was die materiellen Bedürfnisse anging. Die Chinesen, schäbige, zwielichtige Gestalten, hockten in der Dunkelheit ihrer Läden voll Besitzerstolz zwischen ihren Waren. In den Abendstunden kamen ihre Frauen in

Mao-Anzügen auf der Straße zusammen und strickten gegen den nahenden Winter an. Die Abneigung beruhte auf Gegenseitigkeit. Für die Ladenbesitzer waren die Tibeter Barbaren. Die übliche chinesische Fremdenfeindlichkeit wurde hier verschlimmert durch die Abscheu der Muslime vor dem »Heidentum« der Buddhisten.

Ich wohnte im Gästehaus des Klosters. Es lag am Flussufer jenseits der Stadt und war einmal die Sommerresidenz der Lebenden Buddhas. Im Garten gab es Beete mit süßen Erbsen, und man konnte an einem Stand neben dem Tor bei einem Uriah-Heep-Typen klapprige Fahrräder leihen. Der Service im Refektorium war so langsam, dass ich auf Wirtshäuser in der Stadt zurückgriff. Dort servierte man Schüsseln mit einem Eintopf, der die Lippen meiner Mitesser, tibetische Kuhhirten, im Gaslicht wie Ölflecken glänzen ließ.

Überall in der Stadt und draußen entlang der Landstraßen gab es Tempel so selbstverständlich wie Läden an der Ecke. Die Nomaden stiegen dort von ihren Yaks ab und beteten. Die Schreine sahen aus wie seitlich offene Viehställe. Von ihren Dächern flatterten zerfledderte Gebetsfahnen, die Banner des Königreichs der Seele. In den langen Säulengängen drehten die Pilger an fetten Gebetstrommeln, wenn sie auf ihren endlosen Besichtigungen daran vorbeikamen. Die Trommeln waren mit heiligen Texten geschmückt und wirbelten Gebete in die Welt hinaus im Wettstreit mit dem Gesang der Vögel. Das Geräusch der Gebetstrommeln, ihr Quietschen auf den Metallachsen, erfüllte Xiahe mit einem dünnen stetigen Klagelied.

Zu seinen besten Zeiten hat das Labrang-Kloster beinahe 4000 Mönche oder Lamas beherbergt. Wie so viele andere religiöse Institutionen hat es während der Kulturrevolution sehr gelitten. Die Mönche wurden gezwungen, zur Arbeit in ihre Heimatgemeinden zurückzukehren. Die Tempel verfielen, und manchmal wurden sie auch von den Roten Garden mutwillig zerstört. Von diesem Tiefpunkt erwacht das Kloster nun zu neuem Leben. Heute leben dort beinahe schon wieder 1500 Mönche, und viele der großen Hallen werden wieder hergerichtet. Dieser Ort hat eine Ausstrahlung und ein Vertrauen, das aus der Not erwächst.

Die Gelbhüte sind eine Reformsekte, deren Mönche im 14. Jahrhundert das Ansehen der Klöster verbessern wollten, indem sie Wein und Weib entsagten. Trotz dieses Verzichts scheinen die Lamas von Xiahe ein fröhlicher Haufen zu sein. Neben den mehr esoterischen Seminaren – Theologie, Erörterung, tibetische Medizin – existiert auch eine Schule für Lama-Tanz. Musik ist ein beliebter Zeitvertreib, und manchmal kann man die Lamas an den Flussufern beobachten, wenn sie in der späten Nachmittagssonne bei informellen Jamsessions ihre langen feierlichen Hörner blasen.

Ein junger Lama führte mich durch die Tempel, riesige Gebäude mit Festungsmauern und goldenen Dächern. Innen wurde die Dunkelheit nur von brennenden Dochten erhellt, die in Schalen mit Yak-Fett flackerten, die von Pilgern mitgebracht worden waren. Der Elektrizität, hier eine noch neue Erfindung, misstraut man, seit die Große Halle 1985 durch einen Kurzschluss ausgebrannt ist.

Die Dekoration war überwältigend. Überall waren Buddhadarstellungen, von großen goldenen Statuen bis zu komplizierten Miniaturen. Um sie versammelt waren geschnitzte Bodhisattvas, Reliquien in Holznischen, riesige Wandteppiche, Gebetsfahnen, Holzschnitzereien, verschnörkelte Borde, noch mehr Buddhastatuen – und so weiter und so fort, Schicht auf Schicht Kunstgegenstände und Bilder. Die Überfülltheit der Tempel war für die Pilger Teil ihrer Bestätigung. Es gab kein freies Fleckchen, keine leeren Wände, keinen Platz für Zweifel.

An schönen Tagen spazierte ich stundenlang durch das Weideland im Westen, durch eine Landschaft voll hoher Wiesen, Wildblumen und Nomadenniederlassungen. Am frühen Morgen lagen Schattenteiche in den Mulden der Hügel. Die Luft war voller Vogelgezwitscher und gelber Schmetterlinge sowie dem Geruch nach Dungfeuer. Eines Tages kam ein achtjähriges Mädchen mit einem großen rosafarbenen Haarreif einen steilen Pfad heruntergestolpert und lud mich zum Essen in die Zelte oben ein. Sie führte mich an den Hunden des Lagers vorbei, die groß wie Wölfe waren und die sie mit wohl gezielten Steinwürfen davon abhielt, mich zu verschlingen.

Der Vater des Mädchens war ein prächtiger Kerl, er saß in einem weißen Zelt voll mit bunt bemalten Truhen und hübschen Töchtern. Er bot mir zum Mittagessen *tsampa* an – einen grauen Brei, der nach Sägemehl schmeckt – und Yak-Butter, eine eklige Masse. Aber als höflicher Gast musste ich eine gewisse Menge davon verzehren. Bei einer Tasse Tee, die nach Asche schmeckte, beklagte er sich über den Mangel an guten Ehemännern für seine Töchter. Anscheinend tritt fast ein Viertel der männlichen Tibeter in den zölibatären Priesterstand. Seine Töchter waren groß, schlank mit silbernem Schmuck um den Hals. Religion schien mir da eine dürftige Alternative.

An einem anderen Tag begegnete ich einem tibetanischen Reiter, der in einem Bach ein Fußbad nahm, während hinter ihm sein Pony graste. Als ich ihn fragte, wohin er wolle, sagte er, nach Lhasa, als handelte es sich um einen Laden an der Ecke. Es war etwa 1300 Kilometer weit entfernt. Er hatte ein Gesicht wie aus Leder und kleine, gewitzte Augen. Er war ein Zigeuner und fragte mich eine ganze Weile aus, wie ich hierher gekommen wäre. Züge faszinierten ihn – er war noch nie mit einem gefahren –, aber wir stritten ein wenig über die Schiffe vom Jangtse. Er konnte nicht begreifen, warum sie nicht untergingen. Ich schwadronierte ein bisschen über Verdrängung, gab aber schließlich zu, dass ich auch verwundert war, dass so viel Eisen schwimmt. Über diese Probleme nachgrübelnd, machte er sich auf nach Süden und nach Tibet.

Später kam ich zu einem Talkessel, wo drei chinesische Arbeiter eine Straße bauten. Sie lebten in weißen Zelten am Hang über der Baustelle. Einer kochte Reis, während die anderen Kies schaufelten. Sie sagten, sie hätten keine Ahnung, wo die Straße hinführe. Jede Woche kam ein Vorarbeiter aus Lanzhou und legte die Arbeit für die nächste Woche fest. Auf diese Art bewegte sich ihre Straße Woche für Woche, Zentimeter für Zentimeter durch die Hügel der Nomaden und Reiter bis zu den äußeren Gebieten Tibets. Die Chinesen hatten eingesehen, dass eine Straße eine wesentlich bessere Methode ist, die Nomaden unter Kontrolle zu halten, als eine Mauer.

Eines Tages traf ich auf dem Debattierplatz außerhalb des Tempels von Maitreya den Doktor. »O, o«, er hüpfte vor Begeisterung auf einem Bein, »der Lebende Buddha, der Lebende Buddha. Er kommt heute Abend in Ihr Hotel.«

In einem Toyota Landcruiser fuhr der Lebende Buddha am Hotel vor. Es war ein kleiner Junge, acht oder neun Jahre alt. Er stieg aus dem Auto in ein Gedränge ältlicher und illustrer Lamas, und die ganze Kutten tragende Menschenmenge strömte die Treppe hinauf in einen großen Versammlungsraum, wo sie von chinesischen Beamten, den örtlichen Parteigrößen, begrüßt wurde. Ein tibetischer Unterhaltungsabend folgte. Es war schwer zu unterscheiden, wer Gast und wer Gastgeber war, aber wie auch immer, es war ein delikater *pas de deux*, dieser Tanz zwischen der chinesischen weltlichen Macht und der tibetischen religiösen Autorität; viel Lächeln und Höflichkeiten und jede Menge finsterer Gedanken.

1980 durften die Mönche nach Labrang zurückkehren. Für die Chinesen hat das Kloster auch einen Nutzen. Es bietet in großem Umfang jungen tibetischen Männern Arbeit, die sonst unzufrieden wären. Dann ist es auch die Hauptantriebskraft für die Wirtschaft, und man betrachtet es als potentielle Touristenattraktion.

Für die Tibeter sind dies Hebel, mit denen sie die Autoritäten zu größeren Zugeständnissen bewegen können, zu einer größeren Zahl von Lamas und zu größeren Freiheiten. Wie in Tibet selbst vollbringen die Chinesen hier einen Drahtseilakt beim Versuch, das Kloster in seinen eigenen Interessen zu unterstützen, aber gleichzeitig den tibetischen Nationalismus zu dämpfen, für den es unausweichlich ein Symbol ist. Das Kloster bekommt heute staatliche Garantien für die Restaurierung, aber die Autoritäten halten die Anzahl der Mönche streng begrenzt.

Der bunte Abend endete in einiger Verwirrung, als, wie fast jeden Abend, der Strom ausfiel und die Halle völlig im Dunkeln lag. Der Lebende Buddha, die alten Mönche, die Parteigrößen und die jungen tibetischen Tänzer, alle bahnten sich ihren Weg hinaus zu den wartenden Autos. Die plötzliche Dunkelheit hat ihnen das lästige Ritual der Verabschiedung erspart.

Nach Wuwei war es eine kurze Zugfahrt, nur acht Stunden, deshalb beschloss ich, die üblichen Schwierigkeiten beim Kauf einer Fahrkarte für die Holzklasse, der niedrigsten in chinesischen Zügen und sogar einfacher als ein Armeetransport, zu umgehen. Das war ein Fehler.

Im Bahnhof von Lanzhou stieß ich auf meine Mitreisenden in der Holzklasse, einen gefährlich dreinblickenden Haufen, eingezäunt von Stahlgittern und bewacht von Respekt einflößenden Frauen mit Megafonen. Der Einsatz von Maschinengewehren wäre vielleicht effektiver gewesen. Mit der Ankündigung des einfahrenden Zuges stürmte die Menge die Absperrung, übersprang die Barrieren und die Wärterinnen wie die Champions beim Grand-National-Pferderennen. Sie erreichten den Bahnsteig in vollem Galopp.

Schwer bewaffnet mit Gepäck erkämpften sich die Passagiere ihren Weg in den Zug. Die Leute, die gehofft hatten, in Lanzhou auszusteigen, wurden tiefer in den Zug hineingedrängt und mussten letzten Endes durch die Fenster hinausklettern. Auf dieser Flutwelle wurde ich wie Treibgut an Bord gespült und kam erst in der Verbindung zwischen zwei Waggons zum Stehen.

Dort verbrachte ich die nächsten acht Stunden und genoss die Art von Intimität mit meinen Mitreisenden, die normalerweise einem Rugbygetümmel, Orgien oder dem Schlussverkauf vorbehalten ist. Ein alter Mann lag eingeklemmt zwischen meinen Beinen. Zwei Soldaten waren unter meinen Armen durchgebrochen, ein seltsamer Zeitgenosse mit einem Ölfass und geringem Hygienestandard hockte auf meiner Schulter, und eine junge Mutter, bei Bedarf stillend, klebte an meiner Brust. Die Konversation war ziemlich angespannt.

In Wuwei schlug der Schaffner mit einem *lathi* einen Weg zur Tür frei, und ich gelangte auf einen leeren Bahnsteig. Die Passagiere des Zuges stiegen nicht in Wuwei aus. Sie wussten es besser.

Jeden Nachmittag brauste ein Staubsturm durch Wuwei und brachte mit dem Nordwind den zerfleischenden Sand aus der Wüste Gobi. Diesem täglichen Ritual sah ich gern von den Befestigungsanlagen des Glockenturms aus zu, den man über dem alten buddhistischen Dayan-Tempel errichtet hat. Die Vögel kündigten seine Ankunft an: Sie erhoben sich von ihren nachmittäglichen Sitzplätzen und wirbelten wie Streu hoch über die Hausdächer. Wuwei ist eine private Stadt, eingeschlossen hinter hohen Mauern. Wenn der Wind anfing, an die Außentüren zu schlagen, konnte ich die Bewohner beobachten, wie sie über ihre Innenhöfe hasteten, die Wäsche von der Leine holten, die Hühner in die Ställe trieben und die Fensterläden schlossen. Nur die alten Männer in den Tempelgärten ließen sich nicht aus der Ruhe bringen, verbissen blieben sie bei ihrem Mah-Jongg sitzen, wenn die dunklen Wolken die Stadt einhüllten und der Wind die leeren Stühle umwarf.

Mein Hotel hätte ohne Weiteres ein Gefängnis abgeben können mit seinem Zementboden, den harten Feldbetten, den Gemeinschaftswaschräumen, den vergitterten Fenstern und den Angestellten, die mit riesigen Schlüsselbunden am Gürtel patrouillierten. Geisterhafte Stimmen schallten durch die nackten Korridore. Die mit Teppich ausgelegte Halle war bevölkert mit einer ziemlich düsteren Ansammlung von Offizieren, die sich in die Sessel fläzten oder in den Türrahmen hingen. Ihre Mützen waren betresst wie Theatervorhänge, und ihre Mäntel hatten sie wie Capes über die Schultern geworfen. Sie trugen eine gewisse Selbstgefälligkeit zur Schau, als wüssten sie, dass die nächste Radiomeldung einen Militärputsch verkündete.

Wuwei war eine entscheidende Station auf der Seidenstraße, das politische und wirtschaftliche Zentrum des Hexi-Korridors, der China mit Zentralasien verband. Während der Tang-Dynastie verhalfen die durchreisenden Karawanen dem Ort zu Reichtum, während das umgebende Weideland für seine Gestüte berühmt war. Es war ein lebendiger Ort, sogar die Tempel hatten Anteil an den Späßen der aufschneiderischen Magier, Feuerschlucker und Akrobaten. Xuan Zhang war begeistert von seinen großartigen Weinen. Sechs Jahrhunderte später konnte Marco Polo, der ewige Fußgänger, dort nicht viel Bemerkenswertes finden, abgesehen von einer »Fülle an Getreide«. Einer der bekanntesten Einwohner von Wuwei war Kumarajiva. Nach den chinesischen buddhistischen Annalen war er der Neunzehnte Patriarch. Im vierten Jahrhundert verbrachte er 17 Jahre in Wuwei mit der Übersetzung von über 300 Bänden Mahayana-Schriften. An seine Arbeit erinnert die Kumarajiva-Pagode, ein Denkmal für Wörter.

Es stellte sich heraus, dass dieses Gebäude schwer zu erreichen war. Ich konnte es sehen, wie es sich über ein Gewirr von Dächern erhob, aber Ausflüge dorthin endeten meist in Sackgassen. Es liegt im Herzen des labyrinthischen Gerichtsbezirks, eines begrünten Durcheinanders von Gebäuden, zu dem das Polizeihauptquartier, der Gerichtshof und das Bezirksgefängnis gehörten. Auf den Wegen zwischen staubigen Ringelblumen und Kampferbäumen spazierten Polizisten und Sträflinge Hand in Hand wie Verliebte, freundschaftlich plaudernd und lachend, wenn sie einander von einem Gebäude zum anderen begleiteten.

Schließlich wurde ich von einem Richter des Obersten Zivilgerichts zu der Pagode geführt. Er war ein fröhlicher Zeitgenosse, sein Hemd hatte er über seinem nackten Bauch zusammengeknotet und die Hosenbeine bis zu den Knien aufgerollt. Er war auf dem Weg zu einem schwierigen Fall, den er auf Englisch als »äußerst schwerwiegend und sehr mörderisch« beschrieb. Am hinteren Teil seines Fahrrads war der Kopf einer frisch geschlachteten Kuh festgeschnürt. Als er mich durch den Irrgarten von Alleen führte, hinterließ er eine Blutspur, die ich später nutzte, um den Weg zurück zur Hauptstraße zu finden. Die Zunge hing scheußlich zwischen den nassen Lippen heraus. Die Augen verfolgten mich wie die Augen eines Porträts.

»Sie sind aus England?«, fragte der Richter.

»Ja«, antwortete ich und blieb ein wenig zurück in der Hoffnung, so den betrübten Blick der Kuh abschütteln zu können.

»The Old Boiling«, sagte der Richter. »Sehr berühmt. *Number One Court.* Sagen Sie, tragen die Richter im Gericht von *Old Boiling Number One* immer noch Frauenhaare?«

»Perücken. Ja, ich fürchte schon«, antwortete ich.

Der Richter brüllte vor Lachen. »Und Frauenkleider?«

»Unbedingt. Die Richter sind ganz versessen auf Frauenkleider.«

Er konnte sich kaum zurückhalten. In seiner Ausgelassenheit klatschte er der Kuh auf die Stirn, und die steif werdenden Kiefer schlossen sich langsam auf der Zunge.

Plötzlich wurde der Richter ernst. »Was ist mit Hinrichtung? Gibt es bei Ihnen Hinrichtungen?« Er machte mit der Hand eine hackende Bewegung. Vor der Kuh war das eine ziemlich taktlose Geste.

»Nein«, sagte ich. »Wir haben sie abgeschafft. Es hat nichts gebracht.«

»Nichts gebracht?«, schnaubte er. »Was gibt es Einfacheres? Was für eine Art wenden Sie jetzt an? Erschießen, erhängen, Elektrizität, Gasofen?«

»Nein. Ich meine, es hat die Kriminalität nicht verringert.«

»In China ist es zu 100 Prozent effektiv«, erklärte er fröhlich. »Der Hingerichtete begeht kein weiteres Verbrechen mehr.«

Wir waren an der Pagode angekommen, sie war stufig, vertrocknet und sah unbedeutend aus. Der Richter drückte mir die Hand.

»Es war mir ein Vergnügen«, sagte er. Er winkte zu einem Gebäude hinter den Bäumen hinüber. »Kommen Sie zu mir ins Gericht. Wir arbeiten sehr effizient.« Wieder machte er die Hackbewegung.

Er schwang sich auf sein Fahrrad und fuhr winkend davon. Seine grausige Trophäe glotzte zu mir zurück, die Zunge wackelte, wenn das Fahrrad über die Pflastersteine holperte.

Ich setzte mich auf die Stufen der Pagode. In den oberen Stockwerken schnatterten Vögel. Der Ort hatte sich eine gewisse akademische Atmosphäre bewahrt. Ich hatte das Gefühl, wenn ich nur genau genug hinhörte, konnte ich noch das Kratzen der Federkiele hören. Für die chinesischen Buddhisten war die Aufgabe des Übersetzens gigantisch; es gibt 1662 Arbeiten im Kanon. Für Kumarajiva war die Arbeit eine Notwendigkeit, keine Freude. Sutras in Übersetzungen zu lesen, hat er einmal gesagt, sei wie Reis essen, den schon einmal einer gekaut hat.

Der Vorgang, sich ein Zugticket zu beschaffen, ist in China so obskur, dass viele Chinesen sich auf *guanxi* verlassen, das gut entwickelte Netzwerk von Kontakten, Freunden und Familie, durch das in China so viel abgesichert ist, von der Frau bis zum Job. Nur die Armen, die hoffnungslos Unvernetzten und die Fremden sieht man, wie sie im Reisebüro Schlange stehen, erbärmliche Trottel, die nichts Besseres kennen.

Zugfahrkarten sind Chinas Heiliger Gral, und ihr Kauf hat einen religiösen Beigeschmack. Die Fahrkartenschalter imitieren den Beichtstuhl mit hölzernen Türen, die aufspringen und sich vor kleinen dunklen Blenden schließen. Die Fenster sind auf Taillenhöhe angebracht, sodass man sich entweder bücken oder hinknien muss, wenn man sich nähert. Die Bittstellerhaltung, der Hauch von Geheimnis, das Befolgen von Ritualen und die korrekte Form der Worte, der Glaube, dass die schattenhafte Gestalt hinter der Blende vermitteln, Absolution erteilen könnte, wenn einer nur die richtige Formel findet – dieser ganze berauschende Mix ist Katholizismus in seiner düstersten Form.

Die Szenerie im Bahnhof von Wuwei war bedrückend vertraut. Eine Schlange von Bittstellern, die schon Spinnweben angesetzt hatte, stand vor zwei geschlossenen Fahrkartenschaltern. Ich ließ mich nieder und wartete. Irgendjemand reichte eine Flasche Tee herum.

Als ich endlich den Schalter erreicht hatte und für den folgenden Tag eine Fahrkarte nach Jiuquan verlangte, wurde ich mit der quietschenden Ablehnung konfrontiert, die jedem Besucher Chinas vertraut ist. »*Meiyou*«, sagte sie, ohne aufzusehen. *Meiyou* ist die ewige Verneinung. Es klingt durch die Tage in China und steht für Mängel, Bürokratismus und Trägheit.

Ich fragte nach dem nächsten Tag. »*Meiyou.*« Und der Tag danach? »*Meiyou.*« Ich wurde hartnäckig, fragte nach einem Ticket nach Jiuquan an irgendeinem Tag in den nächsten zehn Jahren. Die kleine Tür wurde zugeknallt.

Drei Tage hintereinander kam ich immer wieder, um immer wieder die gleiche Ablehnung zu erfahren. Jeden Tag kamen Züge durch Wuwei, die nach Westen fuhren, nach Jiuquan und noch darüber hinaus. Wenn man dem Reisebüro glauben durfte, kamen sie alle voll besetzt an und fuhren so auch wieder ab. Es gab einfach keine Tickets, nie.

Dem Personal in meinem Hotel bot ich größere Summen Geld, damit sie mir Fahrkarten besorgten, mit fairen oder unlauteren Mitteln. Ich versprach zu bestechen, wer immer bestochen werden musste. Aber alle schüttelten nur bedauernd den Kopf. Es gab eben Dinge, die man nicht einmal für Geld kaufen konnte.

Ich beschloss zu versuchen, dass man mich verhaftete, damit mich die Behörden aus der Stadt loswerden wollten. Mit der Kamera in der Hand ging ich auf die Suche nach militärischen Objekten. Ich fotografierte zwei Militärjeeps auf der Hauptstraße. Ich fotografierte den Bahnhof, eine Brücke, das Gerichtsgebäude, das Gefängnis und das Amt für Öffentliche Sicherheit. Ich fotografierte den Radiosendemast aus drei verschiedenen Winkeln. Bald hatte ich genug Material für eine groß angelegte Invasion, aber keiner nahm Notiz davon. Schließlich ging ich zu meinem Hotel zurück und fotografierte die Offiziere, die in der Halle herumhingen. Statt zu protestieren, posierten sie fröhlich für ein Gruppenbild und luden mich zum Essen ein. Ich lehnte ab mit der Begründung, ich sei ein russischer Spion. Sie lachten herzlich und klopften mir auf die Schulter.

Am nächsten Tag spielte ich meinen letzten Trumpf aus. Ich ging zurück zum Bahnhof und bat um die Hand der Schalterbeamtin.

»Wohin?«, fragte sie.

»Nirgendwohin. Ich frage Sie, ob Sie mich heiraten wollen«, erklärte ich.

Sie blickte auf, was an und für sich schon ein gewisser Triumph war. Ich konnte sehen, wie sie um Worte rang.

»Wollen Sie mich heiraten?« Ich sprach lauter. Ich spürte, dass ein Publikum nützlich sein konnte. Die Schlange wurde wach und drängelte vorwärts, fasziniert von diesem neuerlichen Vorstoß. Aus den Hinterzimmern tauchte weiteres Personal auf. Es ging hier um mehr als eine Wochenendrückfahrkarte nach Lanzhou.

»Ich komme nicht aus dieser Stadt heraus, drum habe ich beschlossen, mich hier niederzulassen. Sie sind die einzige Frau, die ich hier kenne. Ich möchte, dass Sie meine Frau werden.«

Der Stationsvorsteher erschien, bisher öffentlichkeitsscheu.

»Sir«, sagte ich und gab meinem Affen Zucker, »ich möchte Sie um die Hand einer Ihrer Angestellten bitten.« Ich hatte den Abend zuvor damit zugebracht, mein Chinesisch aufzufrischen, wobei ich das Kapitel »Auf dem Bahnhof« zugunsten von »Besuch bei Freunden« und »Förmlichkeiten« überschlagen hatte.

Aus seinem Mittagsschlaf aufgeschreckt, sah der Stationsvorsteher zerzaust und verwirrt aus. Wenn er etwas wacher gewesen wäre, hätte er einfach nur wie üblich den Fahrkartenschalter geschlossen. Noch schlaftrunken, zögerte er erst und fragte mich dann, was ich für ein Problem hätte.

»Ich kann keine Fahrkarte kaufen«, klagte ich. »Also muss ich jetzt eben eine Frau haben.«

Die Schlange hinter mir, verblüfft, den Stationsvorsteher vor sich zu erblicken, wurde immer aufgeregter. Nicht mehr lange, und sie wollten alle eine Frau.

Heiratsanträge sind in der Lage, Dinge in Bewegung zu setzen. Der Stationsvorsteher und die Angestellten zogen sich in den Raum zurück. Wenige Augenblicke später erschien meine potentielle Verlobte und schob eine Fahrkarte nach Jiuquan durch die Luke, bevor sie sie mit lautem Knall zuschlug. Wie eine Trophäe hob ich sie hoch. Die Schlange starrte mich sprachlos an und brach dann in einen kleinen Beifallssturm aus.

6

DAS LETZTE TOR UNTER DEM HIMMEL

Dass China historisch isoliert wurde, ist zum Teil auch bedingt durch die Geografie. Im Osten und Süden liegt das Südchinesische Meer. Im Norden liegen die Wüste Gobi und Sibirien. Im Westen liegen zwei der größten Barrieren Asiens: das Hochland von Tibet, das zum Himalaja ansteigt, und die Takla Makan, das große tote Herz Zentralasiens. Dass die chinesische Mythologie diese Gegenden mit imaginären Teufeln bevölkerte, erstaunt niemanden, der sie einmal durchquert hat.

Das Schlupfloch, durch das eine Reise in den Westen möglich war, war der Hexi- oder Gansu-Korridor, ein langer Pfannenstiel, der sich nordwestlich vom Gelben Fluss über 1600 Kilometer erstreckt. Eingequetscht zwischen dem Qilian Shan, dem schneebedeckten Bollwerk Tibets, und dem Treibsand der Wüste Gobi, verengt er sich an manchen Orten zu einem Durchlass von weniger als 16 Kilometern Breite. Das war Chinas Hintertür, der Weg, den Zhang Qian einschlug auf der Suche nach den Himmlischen Pferden und dem Marco Polo 1500 Jahre später folgte. Für die westlichen Karawanen, die die Seidenstraße zwischen den kärglichen Oasen entlangzogen, war er eine unheilvolle Annäherung an das Himmlische Königreich. Für die abreisenden Chinesen waren die öden Landschaften, die rückständigen Menschen, die Sandstürme und die schlechten Wege eine Bestätigung ihrer schlimmsten Befürchtungen.

Konfrontiert mit den gleichen natürlichen Hindernissen, bedienen sich auch die moderne Straße und die Eisenbahnlinie nach Xinjiang dieser dürftigen Passage. Ihrer Länge nach kann man sehen, wie China sich entwirrt. Die Bevölkerung wird weniger, und die Bauernhäuser sind eingemauert wie Festungen. Kiesflussbetten ziehen sich in öder Gleichmäßigkeit durch Felder mit Heuhaufen und Schafen. Manche sind so breit wie Seen, und wir überquerten die trockenen Flussbette auf niedrigen Dämmen. Im Frühjahr führen sie die Schmelzwasser aus dem Qilian-Gebirge bis zu ihrem frühen Ende in der Wüste Gobi.

In dieser Grenzregion hat die Bevölkerung eine Tradition der Treulosigkeit. Ursprünglich war Gansu das Gebiet der Xiongnu, jenes Nomadenvolks, dessen Grenzeinfall das Verlangen nach ihren Pferden zur Folge hatte. Die Chinesen verdrängten sie schließlich nach Westen, wo ihre Eroberungen unter Attila zur Invasion in Gallien und zur Belagerung Roms führten. Gansu ist nun weitgehend chinesisch, aber die Religion der Hui, chinesischer Muslime, ist eine Hinterlassenschaft der Straße. Auch ihre Ergebenheit war verdächtig. Erst vor so kurzer Zeit wie in den 1930ern schlossen sich die Hui mit ihren muslimischen Genossen in Xinjiang zu einer Revolte zusammen, welche die westlichen Gebiete für den größten Teil jenes Jahrzehnts in ein blutiges Chaos tauchten.

Angesichts der Tatsache, dass mich die Fahrkarte beinahe mein Junggesellenleben gekostet hätte, war ich erstaunt, dass der Zug halb leer war. Die Wagen waren ähnlich unterbevölkert wie die Landschaft. Die Erklärung dafür war lächerlich einfach. Dieses war der Milchzug, ein langsamer Bummelzug, der an jedem Busch hielt. Ich hatte von seiner Existenz nichts gewusst, und nur die Androhung einer Heirat ermutigte die Schalterbeamtin, ihn als Alternative vorzuschlagen.

Ich döste am Fenster in der heißen Sonne, ausgestreckt auf ungewohnt viel Platz. Als ich aufwachte, lösten sich Felder und Wiesen gerade in Wüste auf. Die Qilian-Berge ragten aus einem zinngrauen Dunst, streng und trostlos. Güterzüge rumpelten vorbei, bepackt mit Wassermelonen; auf dem Weg zurück nach Osten wühlten sie den Wüstenboden auf und bedeckten uns mit einer weiteren Staubschicht. In diesen Ödflächen waren die Bahnstationen oft die einzigen Gebäude, sich selbst aufrechterhaltende Außenposten, umgeben von Zelten, grün für die Armee, weiß für die Bahnarbeiter. An einem stand ein barfüßiger Soldat, blinzelte in die Mittagssonne und kratzte sich im vom Schlaf noch zerzausten Haar. Er starrte den vorbeifahrenden Zug an, als wäre er Teil seines Traums.

Die Passagiere waren die Bewohner dieser Außenposten. Zwei junge Frauen in graubraunen Blusen saßen mir gegenüber. Eine polierte ihre Fingernägel mit einer Haarbürste, während die andere in einer Modezeitschrift blätterte. Auf dem Umschlag war ein Hochglanzmodel abgebildet mit einem Pullover, der lässig über ihre Schulter glitt, aber im Heftinnern war es mit dem Glamour vorbei; es blieben nur schlecht bedruckte Seiten von braunem Industriepapier. Ein Soldat und ein Bahnarbeiter kamen den Waggon entlang und setzten sich dreist hin, um die beiden anzubaggern. Man hätte es als ein Anzeichen dafür werten können, wie weit wir von den feinen Manieren des weltläufigen Ostens entfernt waren. Leider mussten alle Beteiligten feststellen, dass sie sich nichts zu sagen hatten, und die Begegnung verkam schnell zum Kartenspiel.

Am mittleren Nachmittag, ich kam gerade zurück vom Teekochen am Samowar, befanden wir uns plötzlich mitten in Senf- und Sonnenblumenfeldern. Ein Lufthauch ließ die Pappelblätter silbern schillern, und die Berge waren blau mit Wolkenschatten. Auf Flussauen grasten Pferde. Zwei graue, aufgeschreckt durch den Zug, drehten sich um und galoppierten mit fliegenden Schweifen davon. Wir fuhren gerade an Shandon vorbei, am Rande des ehemals kaiserlichen Weidelandes, das sich südlich zum Gebirge hin ausdehnt. Während der Sui-Dynastie, am Anfang des siebten Jahrhunderts, weideten hier 100 000 Pferde mit dem kaiserlichen Brandzeichen. Im Norden konnte ich durch das Gewirr der Berge die Befestigungen der Großen Mauer sehen, die ihren Schatten auf unsere Route nach Westen warf.

Am Ende des Tages waren wir wieder zurück in der Wüste Gobi, und es begann zu regnen. Der Horizont verschwand, und die Wüste war voller trauriger Pfützen, als der Tag in der feuchten Dämmerung versandete.

Jeden Tag wurde der Zug leerer. Er kam mir vor wie der Zug nach Nirgendwo, der nach und nach von seinen Passagieren verlassen wurde. Wie ich so auf meiner Bank lag, konnte ich über die merkwürdige Akustik des leeren Waggons geisterhaftes Flüstern hören. Irgendwo hielten wir an, und von draußen vor dem Fenster vernahm ich einen Gesang, eine sanfte weibliche Serenade. Aber als ich durch meine hohlen Hände und mein verschwommenes Spiegelbild nach draußen starrte, konnte ich in der Dunkelheit nur eine einsame Straßenlaterne sehen, in ihrem Lichtkegel den Regen.

Jiuqan war ein kleiner Landbahnhof und ich der einzige Passagier, der dort ausstieg. Die Schalterhalle war so gut wie leer. Nur ein paar in ihre Mäntel gewickelte Passagiere schliefen auf den Bänken. Die Uhr zeigte Mitternacht. Ich ging hinüber zum Haupteingang und blickte auf eine lange, gerade Straße, die sich in der Dunkelheit Richtung Stadt erstreckte. Dass es um diese Zeit keinerlei Transportmöglichkeit gab, war klar.

Der Regen hielt an, peitschte in schrägen Böen über die Straße. Ich zog mich in den Bahnhof zurück und gesellte mich zu den schlafenden Gestalten auf den Bänken. Wenn ich ein Chinese gewesen wäre, hätte ich dort auch eine ruhige Nacht verbracht. Aber als ich mir mit einem Pullover als Zudecke und meinen Schuhen als Kopfkissen ein Bett bauen wollte, erschien ein Soldat.

Er war noch ein Junge; er verschwand fast völlig in seinem Armeemantel, seine Haare stachen unter seiner Mütze hervor. Er vereitelte meine Schlafpläne mit einer Handbewegung und führte mich einen Gang entlang zu einem luxuriösen Warteraum mit Sofas und weichen Polstersesseln. Einen glorreichen Moment dachte ich, ich dürfte hier zwischen den einladenden Polstern nächtigen.

Die einzigen Bewohner dieses Raums waren drei Frauen in Eisenbahneruniformen. Sie saßen mit hochgeschlagenen Beinen auf den Stühlen, ihre Mützen lagen in einer Linie aufgereiht auf einem Couchtisch. Sie waren die Oberfeldwebel der *hard sleeper*, die ihre Zeit zwischen zwei Zügen vertrödelten.

Nachdem mich der bubenhafte Soldat in einem Sessel platziert hatte, blickte er zwischen den dreien hin und her, wie ein junger Hund, der seinem Herrn ein Stöckchen vor die Füße gelegt hat. Hätte er einen Schwanz gehabt, er hätte damit gewedelt, und wenn sie Kekse gehabt hätten, hätten sie ihm einen zugeworfen.

Die drei Frauen zogen ihren Blick von ihm ab und wandten sich mir zu. Sie wirkten ungefähr so einladend wie Gefängniswärter.

»Wer sind Sie?«, fragte eine.

»Ein Passagier«, bekannte ich törichterweise.

Die eine am Fenster prustete vor Lachen, hustete dann einen großen Spuckebatzen aus, den sie im Spucknapf zu ihren Füßen deponierte.

»Woher kommen Sie?«

»Aus England«, sagte ich, »auf dem Weg über Wuwei.«

»Wohin wollen Sie?«

»Schlafen«, antwortete ich.

»In einem Bahnhof zu schlafen ist verboten«, bellte die eine am Fenster im Ton eines Oberfeldwebels.

»Dann stehe ich eben nur herum bis zum Morgen«, sagte ich und drehte mich um zum Gehen. Es sah nicht so aus, als hätte ich eine Chance auf ein Sofa.

»Sie müssen zur Gepäckabfertigung«, fauchte die erste.

»Schon gut. Ich behalte mein Gepäck bei mir.«

»Nein, nein. Sie müssen es zur Aufbewahrung geben.« Der junge Soldat, ihre Verstärkung, war aufgestanden.

»Schon gut. Ich gebe es auf.«

Als mich der Junge hinausgeleitete, lächelten sich die drei Angestellten böswillig an. Auf dem Gang klopfte der Junge heftig an eine Tür und verschwand dann in Richtung Schalterhalle. Als er das getan hatte, kreischte eine Frau, und die Tür flog auf. Im dunklen Raum stand eine chinesische Furie. Eine Masse wilder Haare umrahmte ihr wütendes Gesicht. Mein erster Eindruck war der von einem in die Enge getriebenen Tier, das sich gegen seine Verfolger gewendet hat. Aber als sie nur einen verwirrten ausländischen Teufel vor sich sah, ließ die Wut nach, und die Furie zog sich hinter eine Maske von zwei glänzenden Augen zurück. Sie trat in den Raum zurück, und ich tapste ihr mit meinem Gepäck hinterher.

»Tut mir leid, dass ich Sie geweckt habe«, sagte ich.

»Haben Sie nicht. Das waren die dort.« Sie warf ihren Kopf zu den Angestellten am Ende des Ganges herum. »Sie hassen mich.«

»Von mir haben sie auch nicht viel gehalten«, sagte ich.

Die Frau begann, ein Gepäckformular auszufüllen. An der Wand gegenüber waren eine Menge Funkausrüstung und ein Mikrofon. An den anderen Wänden befanden sich Metallregale mit etikettierten Gepäckstücken. Eines der unteren Regalbretter war mit Bettzeug ausgestattet, das Bett der Gepäckbeamtin, ein Metallbrett ohne Matratze. Sie hob mein Gepäck hoch und schleuderte es mit der Leichtigkeit eines Gewichthebers auf ein oberes Regal.

»Sie haben Sie nur hergeschickt, um mich zu wecken und zu ärgern«, sagte sie. »Ich hasse sie. Sie sind Unmenschen.« Ihre Augen funkelten. Hinter der Maske kam wieder die Furie zum Vorschein.

»Ich lasse Sie jetzt wieder schlafen«, sagte ich und ging zur Tür zurück. »Es tut mir wirklich Leid.«

Plötzlich wurde die Furie zur Gastgeberin. »Möchten Sie einen Tee? Sie müssen müde sein. Setzen Sie sich doch, bitte.«

Ich setzte mich. Ich war müde. Die Reise war in Ordnung gewesen, aber die Ankunft gestaltete sich zermürbend. Am Fenster zog die Frau die Fensterläden zu, dann ging sie zur Tür und schloss ab. Ich hatte es aufgegeben, mich zu fragen, was hier vor sich ging.

»Ich bin so froh, dass Sie gekommen sind«, sagte sie plötzlich. Sie goss den Tee ein wie ein Schulmädchen, das eine Erwachsene spielt. »Es ist so einsam hier.« Sie setzte sich wieder zurück und schwenkte ihren Becher. »Leben Sie in Paris?«

»London«, sagte ich.

»Egal«, seufzte sie. »Ist es auch schön?«

»Nur zum Teil. Vor allem in den Teilen, wo ich nicht lebe.«

»Es muss sehr betriebsam dort sein. Ankünfte und Abfahrten. Hier kommt niemand an. Der Zug bringt immer nur Leute aus der Stadt. Nie irgendwelche Fremden.«

»Was ist so besonders an Fremden?«

»Ohne Fremde ist alles immer gleich«, jammerte sie. »Ich mag Fremde. Ich halte immer danach Ausschau.«

Es kam mir in den Sinn, dass ich Teil eines vorbereiteten Drehbuchs war. Ich war der Fremde, der eines Tages mit dem Zug ankommt, um Geschichten in Gang zu bringen.

»Machen Sie auch die Durchsagen?«, fragte ich, auf die Funkausrüstung deutend.

»Ich bin Bahnhofssprecherin«, sagte sie, ihre Wichtigkeit unterstreichend. Lautsprecherdurchsagen waren in China allgegenwärtig. Jeder Zug, jedes Boot, jede Stadt schien seinen eigenen Discjockey zu haben, der über öffentliche Sprechanlagen gute Nachrichten verkündete, das Wetter und die Aufrufe zu verantwortungsvoller Ausübung der bürgerlichen Pflichten. Es war eine Art sprechende Fahrstuhlmusik, Teil von Chinas grässlichem Gemeinsamkeitskult.

Sie spürte mein Missfallen. »Ich wollte Schauspielerin werden. Ich habe in Peking eine Ausbildung gemacht. Das waren glückliche Zeiten.« Sie sah sich in dem kleinen Raum um. »Ich gehöre nicht hierher. Deswegen hassen sie mich. Es ist Neid. Sie verbreiten Gerüchte über mich.«

»Was für Gerüchte?«

»Sie behaupten, ich hätte zwei Ehemänner.«

»Ich verstehe.«

»Das sind Ignoranten. Warum sollte ich leben wie sie?« Die Bemerkung schien die Frage der Bigamie unbeantwortet zu lassen.

»Haben Sie in Ihrer Heimatprovinz geheiratet?«, fragte ich.

Sie nickte. »Jiangsu«, sagte sie und beschwor eine Landschaft mit Reisfeldern und Kanälen und grau geziegelten Dächern herauf. »Ich wollte zu einem Vorsprechen für das Jiangsu-Gesang- und Tanzensemble, aber ich hatte einen ungünstigen gesellschaftlichen Hintergrund.« Sie stellte den Kopf schief, als lauschte sie nach Geräuschen auf dem Gang. »Was haben die denn über mich gesagt?«

»Die haben Sie gar nicht erwähnt.«

Sie schien enttäuscht. »Sie sind verschlagen«, sagte sie, als wäre die Stille eine andere Art von Klatsch. »Sie erzählen, ich schlafe mit den Zugführern.« Sie machte ein Geräusch, ein tiefes Knurren ließ ihre Kehle anschwellen. Das schien die Dämonen zu befreien, und ihre Stimmung hellte sich wieder auf.

»Noch Tee?« Sie fuhrwerkte mit einer Thermoskanne und Teeblättern herum. »Wie gefällt Ihnen meine Bluse?«, fragte sie plötzlich. Die sah aus wie die aufgeputzten Frisuren, die die Frauen am Hof Ludwigs XIV. so schätzten. Dann klatschte sie in die Hände. »Wir müssen tanzen!«

Sie eilte quer durchs Zimmer zu der Funkausrüstung und schob eine Kassette in ein Abspielgerät. Als die Musik begann, die pedantische Ballsaal-Tanzmusik Chinas, drehte sie sie so laut auf, wie es nur ging. »Komm!«, rief sie und streckte ihre Arme aus. Ihr Griff war der eines Ringkämpfers. Ich befürchtete, dass sie mich jeden Moment in einen Laderaum werfen würde. Die Musik war so laut, dass sie im ganzen schlafenden Bahnhof zu hören war. Sie tanzte mit mir energisch Walzer durch den Raum. Als die Nummer zu Ende war, dachte ich, ich wäre erlöst, aber sie machte sofort mit einem Twostep weiter und stieß meine widerstrebenden Füße in die dafür korrekte Position. So ging das eine gute halbe Stunde weiter. Der Tango war eine ganz spezielle Tortur. Ich schloss meine Augen und dachte an England, während sie mich wie eine Stoffpuppe durch den Raum schleuderte. Bei den langsameren Nummern nahm sie mich in eine Art Schwitzkasten. Ich fragte mich, ob jeder, der sein Gepäck in Jiuquan aufgab, dies mitmachen musste. Ich stellte mir vor, dass draußen vor der Tür drei Bahnangestellte kichernd lauschten.

Nach einem besonders lasterhaften Foxtrott fiel sie auf ihr Bett und lachte. »Wir sind wie zum Tanzen geschaffen«, seufzte sie. Einen Augenblick später war sie eingeschlafen und schnarchte wie eine Lokomotive.

Zu guter Letzt schlief ich, gegen die Wand gelehnt, in einer Ecke ihres Zimmers. Ohne Zweifel heizte dies die Gerüchteküche weiter an. Kurz nach Morgengrauen verließ ich die Bahnhofssprecherin, die jene bei den Chinesen am frühen Morgen so beliebte martialische Musik sendete. Ein Kohlenwagen nahm mich mit in die Stadt. In einer Straße in der Nähe des Glockenturms fand ich ein Hotel, einen entzückenden Ort, wo Spatzen in den Hallen zwischen Topffarnen und den dick gepolsterten Sesseln auf und ab flogen. Dann ging ich aus und schmuggelte mich in eine Hochzeitsgesellschaft.

Ich wollte zu Mittag essen und war zu einem viel versprechend aussehenden Restaurant gewandert. Es war sehr voll, und die Speisen wurden mit einem Aufwand serviert, der normalerweise in der chinesischen Bewirtungstradition nicht üblich ist. Ein bebrillter Mann steuerte auf mich zu und drückte mir die Hand. Ich hielt ihn für einen eifrigen Geschäftsführer. Er gab mir ein Myrtensträußchen und nahm mich mit zu seiner Braut.

Jede Hoffnung auf eine schnelle Schale Nudeln konnte ich fahren lassen. Die Hochzeitsfeier war in vollem Gang, und ich war schnell zum Ehrengast erklärt. Die Menschen standen Schlange, um mir die Hand zu schütteln. Ich wurde am Kopfende der Tafel platziert, und man gesellte mir eine Tischdame zu. Sie sah exakt aus wie eine junge Madame Mao, bis hin zum Zuchthäuslerhaarschnitt und der Buddy-Holly-Brille. Es stellte sich heraus, dass sie die örtliche Parteisekretärin war. Wenn sie lächelte, wurde es finster im Raum.

Das glückliche Paar war an diesem Morgen in der romantischen Umgebung der örtlichen Polizeistation getraut worden. Zu einem in Bürokratie verstrickten Volk passte es, dass die Zeremonie hauptsächlich aus dem Ausfüllen von Formularen bestand. Der Bräutigam präsentierte mir stolz die Hochzeitspapiere zur Begutachtung. Eingelegt in eine Plastikmappe mit einem geprägten roten Stern, bestanden sie aus ihren Fotos und persönlichen Angaben, sahen eher wie eine gemeinsame Omnibus-Dauerkarte aus. Die Omnibus-Dauerkarte wurde respektvoll von Gast zu Gast herumgereicht und erhielt den Ehrenplatz, der bei westlichen Feiern der Hochzeitstorte vorbehalten ist.

Der Weg des Paares zur wahren Liebe war mit bürokratischen Hindernissen gepflastert. Als Parteikader mussten sie die Erlaubnis ihres Ortsverbands einholen: *tan nian ai*, »über Liebe reden«, ist eher eine Abschreckung, so ähnlich als müsste man den Vater um Erlaubnis fragen, bevor man ein Mädchen küsst. Eine Verlobung erforderte die Zustimmung der Partei und der Arbeitseinheit. Um als verheiratetes Paar zusammenleben zu können, war ein Abgleich der Aufenthaltsgenehmigungen notwendig. Wenn sie beschlossen, ein Kind zu bekommen, mussten sie wieder bei ihrer Arbeitseinheit vorsprechen. Schließlich sorgte ein rigoroses System wirtschaftlicher Einschränkungen dafür, dass sie sich mit einem Kind begnügten, im Einklang mit der Linie der Regierung.

Kein Wunder, dass die Hochzeitsfeier so entschieden auf Vergnügen ausgerichtet war. Das Zahlenbellenspiel – eine zahlenmäßige Variante von Papier, Schere und Stein – war an den meisten Tischen im Gange, und der Empfang hörte sich bald an wie eine Zusammenkunft von Auktionatoren. Nachdem ich der gesamten Hochzeitsgesellschaft die Hand geschüttelt hatte, bildete sich nun eine neue Schlange, die mit mir anstoßen wollte. Ihre Begeisterung war so groß, dass ich den Verdacht hegte, es gäbe ein warnendes chinesisches Sprichwort: Wer nicht mit einem Fremden auf einer Hochzeitfeier anstößt, fordert das Unglück heraus.

Das ausgewählte Feuerwasser war ein zur Erblindung führender Reisschnaps, eine Mischung aus Frostschutzmittel und Liebfrauenmilch. Da es sich um eine Hochzeit handelte, war das Eierbecherformat als für die Feierlichkeit unangemessen befunden worden. Die dreifache Menge des Farbverdünners war das Minimum bei jedem Trinkspruch. Alles Wenigere hätte der sino-britischen Freundschaft ernsten Schaden zugefügt. Ich tat meine Pflicht – eine Bürde, die zunehmend leichter wurde. Zu dem Zeitpunkt, als mich die Cousins dritten Grades erreichten, ging alles nur noch verschwommen vor sich.

Das Essen kam zu spät, um mich zu retten. Die Essstäbchen waren plötzlich ähnlich leicht zu handhaben wie ein Berg Spaghetti. Eine Schwierigkeit, die nicht leichter wurde dadurch, dass meine Tischgenossen ihre Augen nicht von mir abwenden konnten. Mir gegenüber saß ein fettes Mädchen, das auch beim Essen nicht aufhören konnte zu kichern. Ich schien der einzige Grund für ihre

Heiterkeit zu sein. Zu meiner Rechten saß eine Bande zerknitterter, kettenrauchender Neffen, die, in der Annahme, das junge Paar habe mehr als nur über Liebe gesprochen, Wetten darauf annahmen, dass noch vor Ablauf von neun Monaten ein Kind käme. Die Wettchancen waren nicht schlecht: sieben zu zwei dafür.

In der entgegengesetzten Richtung quetschten mich zwei Schwestern mit schmalen Zähnen und mongolischen hohen Wangenknochen in gleichen roten Pullovern über mein persönliches Leben aus. Ich glaube mich zu erinnern, dass ich das meiste davon erfunden habe: eine Ehefrau, die auf tragische Weise bei einem Ballonunfall ums Leben gekommen war, Kinder in einem Internat in Argentinien, ein Familiensitz, den ich Unkraut und Wilddieben überlassen hatte. Ich amüsierte mich königlich.

Eine neue Runde mit Trinksprüchen begann, diesmal mit der Brautmutter. Die Gäste eilten mit erhobenen Gläsern durch den Raum auf sie zu. Sie war eine kleine Frau in einer braunen Strickjacke und mit einem Strickhut. Leicht nervös erhob sie sich für ihre Trinksprüche, kichernd warf sie die Schnapsgläser hinter sich. Die Wirkung war verheerend. Vor unseren Augen wurde aus der Schwiegermutter eine Schlampe, ein Geschöpf der Lust. Sie lehnte sich an den Vater des Bräutigams und massierte anregend seine Schulter.

Meine Tischdame, Madame Mao, die Parteisekretärin, nutzte die Gelegenheit, mich nach der Großen Britischen Rebellion von 1984 zu fragen. Bestürzt meinte ich, ich müsse sie wohl verpasst haben. Jedenfalls habe der *Guardian* sie mit keiner Silbe erwähnt.

Es stellte sich heraus, dass sie den Bergarbeiterstreik meinte. Der Genosse Scar Girl (Arthur Scargill, der englische Gewerkschaftsführer), erklärte sie, sei ein großer Bauernführer. Ob ich glaube, ich könne die brüderlichen Grüße des Zentralkomitees der Kommunistischen Partei von Gansu dem Genossen Scar Girl übermitteln. Ich versicherte ihr, dass ich persönlich mit dem Großen Steuermann sprechen würde, und unterstellte damit natürlich, dass die Behörden dumm genug waren, ihm weiterhin die Freiheit der Straße zu überlassen.

Die Reden hatten begonnen. Die Grundsatzrede oblag dem Vater des Bräutigams. Er war froh, auf diese Weise den Klauen der Brautmutter zu entkommen. Ein sprunghafter Charakter, schwankte er zwischen Theatralik und linkischer Schüchternheit. Die Parteisekretärin übersetzte seinen starken ländlichen Akzent. Er war Bauer und hatte sich die Viehwirtschaft zum Thema genommen, wobei er in seine Rede ziemlich unpassende Bauernhofgleichnisse einstreute. Das wurde schweigend aufgenommen. Neben ihm schien die schmunzelnde Schwiegermutter in Gefahr, in ihre Suppe zu rutschen.

Alles in allem war es eine fröhliche Party. Ich kehrte in mein Hotel zurück und schlief 24 Stunden am Stück.

Seine Kleidung verriet Chen Yi. Er trug einen gut geschneiderten marineblauen Mao-Anzug. Der identifizierte ihn als einen Parteifunktionär, aber gleichzeitig machte er ihn auch als provinziell kenntlich. Dadurch unterschied er sich nämlich von den hauptstädtischen politischen Kreisen, bei denen der Mao-Anzug anscheinend von einem Ramschkauf bei C&A verdrängt worden ist. In einem Volk, bei dem die politische Auseinandersetzung voller Anspielungen steckt, kann die Kleidung einer Person nicht ignoriert werden.

Ich traf Chen Yi in der Halle meines Hotels, wo wir uns beide bei einem James-Bond-Film im Fernsehen entspannten. Seine Ausstrahlung ist ein Zeichen für die dramatischen Veränderungen in China wahrend der 1980er-Jahre. In einem Casino, prunkvoll ausgestattet wie das Schloss von Versailles, brandete James Bond durch Wogen fetter Männer und dekolletierter Damen. Es war eine Welt, so außerirdisch wie der Mond. Chen betrachtete den Film etwa so, wie mein Vater ihn betrachtet hätte, mit einem Ausdruck von Verwirrtheit und Kränkung.

Ich war erleichtert, Chen zu treffen. Er war eine ernsthafte und aufrechte Figur in einer Nation, die sich anscheinend Zynismus und Korruption ergeben hatte. Als ein loyaler Parteikader lag er im Clinch mit den Widersprüchen der wirtschaftlichen Liberalisierung. Zur Zeit der Befreiung war er ein junger Mann gewesen, und die Veränderungen kamen ihm vor, als hätte die Partei ihre Hoffnungen und Prinzipien aufgegeben.

»Der Idealismus ist weg«, gab er zu, in einer Halle, wo wir Tee tranken. »Jetzt müssen wir ohne die Richtschnur von Prinzipien mit den praktischen Dingen des Lebens fertig werden.«

Er schien glücklich, ja geradezu darauf zu brennen, mit mir zu reden. Das gestattete ihm vermutlich eine seltene Freimütigkeit. Ich fragte ihn, ob er mit den wirtschaftlichen Reformen einverstanden sei, und ob er meine, die Partei würde sie je wieder rückgängig machen.

»Nein, wir werden sie nicht rückgängig machen«, sagte er, ohne zu zögern. »Das können wir uns gar nicht leisten. Sie sind die Antriebskraft für das Wachstum. Wir leben in einer Ära steigender Erwartungen. Staatliche Kontrolle konnte das Wachstum, das wir brauchen, nicht schaffen. Und politisch haben sich die Reformen als zu populär erwiesen, als dass man sie zurücknehmen könnte. Ich stimme den Veränderungen nur zu, weil wir gar keine Alternative haben. Aber ich bin enttäuscht. Die Reformen haben die Städte und die Küstenregionen enorm bevorteilt. Doch hier in Gansu sehen wir nur wenig von den Vorteilen. Die Leute hier sind sehr arm und werden immer noch ärmer. Es sind die Menschen, für die wir die Revolution gemacht haben, und wir haben sie im Stich gelassen.«

»Aber selbst sie sind mit den Veränderungen einverstanden«, sagte ich.

»Sie sind deshalb einverstanden, weil Veränderung viel verspricht. Aber sie wird nur wenig halten. Wir haben bei ihnen versagt, weil wir sie nicht überzeugt haben. Kommunismus ist so etwas wie eine Religion, nicht nur ein Wirtschaftssystem. Es genügt nicht, die Produktionsmittel zu ändern. Man muss auch die Herzen der Menschen verändern. Das ist uns nicht gelungen. Vielleicht war es dumm von uns, zu glauben, wir könnten das. Die Menschen sind, wie sie sind und immer sein werden. Vielleicht war es unsere Schuld, die Welt so zu sehen, wie wir wollten, dass sie ist, und nicht, wie sie wirklich ist. Das ist der Fehler der Jugend.«

Die Jahre der Kampagnen, die ihren Höhepunkt im Desaster der Kulturrevolution erreichten, haben das Interesse der Menschen an der Politik erschöpft und den Idealismus in Verruf gebracht. 1978 hat der Dritte Nationale Volkskongress einen Aufruf erlassen, man solle nach »der Wahrheit der Fakten suchen«, mit anderen Worten, die Welt so sehen, wie sie ist. Die Ideale von Selbstaufopferung und Leistung wurden ersetzt durch das neue Ethos von der »offenen Tür« und dem »Werde zuerst reich«. Der Wechsel vom Idealismus zum Pragmatismus ist sowohl eine Erscheinung im Leben eines Volkes wie auch dem eines Individuums. In den Menschen von Chens Generation waren die beiden auf ergreifende Weise verbunden.

Wie die meisten Parteimitglieder sprach Chen Yi mit großer Ehrfurcht von Yan'an, einer entlegenen Stadt im Norden von Shaanxi, dem Ende des Langen Marsches, wo die Parteiführung in den schwierigen Jahren zwischen 1936 und 1947 Zuflucht suchte. Hier hatten Mao, Tschou En-lai, Deng Xiaoping und die anderen Parteiführer schlicht und genossenschaftlich nach den Prinzipien des Kommunismus gelebt, die sie schon bald auf eine Nation von einer Milliarde Menschen übertragen würden. Dass der Idealismus und die Kameradschaft von Yan'an aus der Asche des alten China – rückständig, feudal, zynisch – auferstanden sind, ist ein Triumph des menschlichen Geistes. Dass sie letztendlich zur Kulturrevolution geführt haben, ist eine Lehre.

»Die menschliche Natur«, sagte Chen, »war ein weit mehr gefürchteter Gegner als das internationale Kapital.«

Ich hatte in Jiuquan Halt gemacht, um Yingda zu besuchen, das Dorf, in dem Fu Wen aufgewachsen war. Ich glaube, ich hatte die Hoffnung, dass der Ort eine Verbindung zu ihr herstellen würde. Auf jeden Fall würde ich eines der intimsten Dinge kennen lernen – die Landschaft ihrer Kindheit.

Ich mietete ein Fahrrad und fuhr aufs Land hinaus. Zwischen Schafen und grasenden Pferden lag die Straße im vollen Sonnenlicht. Fahrräder zogen blaue Schatten hinter sich her, und Eselskarren irrten umher, die Fahrer dösten mitten in den schlammigen Rüben. Es war eine Landschaft, die sich vom Regen erholte. Der Wind schüttelte die Blätter der Pappeln entlang der Straße, und die Straßengräben waren aufgeweicht. In Straßendörfern, die abrupt in Kohlfeldern endeten, steckten Karren im Schlamm, und Bauern in Gummistiefeln schufteten zwischen niedrigen viereckigen Hütten mit Heuschobern auf den Dächern. Der Tag roch nach Viehdung und gemähtem Weizen und nach frisch umgepflügter Erde. An einer Birkenreihe vorbei zogen dicke Wolken hin zu den schneebedeckten Gipfeln des Qilian Shan.

Auf dieser sonnenüberfluteten Straße überkam mich ein aufregendes Gefühl der Freiheit, weitab von den Menschenmassen und dem prüfenden Blick Chinas. All die Dinge, die Fu Wen bedrückt haben müssen, erregten mich: die Felder mit klumpiger Erde, der endlose Himmel, die lange Fahrt mit dem Fahrrad, der Schlamm, die Kohlköpfe, die Bäume in der Ferne, so matt wie Rauch. Ich sah Raum, wo sie Leere gesehen hatte. Ich war begeistert, dass ich den ganzen Morgen noch kein Auto erblickt hatte, und erinnerte mich daran, mit welcher Wonne sie in Xi'an Taxi gefahren war. Meines war vielleicht das oberflächliche Vergnügen des Reisenden – ich musste hier ja nicht leben –, aber es war meine Entschädigung für die ständigen Aufbrüche.

Yingda bestand aus einer Zeile zweistöckiger Gebäude entlang der Hauptstraße, die eine Reihe von Geschäften beherbergte. Sie handelten hauptsächlich mit Seilen, Fahrradschläuchen, Zigaretten, Flaschen mit Feuerwasser und mit Schaufeln. Es gab dort ein Postamt hinter Fensterläden und einen baufälligen Bürgersaal, auch ein mit Brettern vernageltes Tanzlokal. Die Straße hinunter lag ein Ententeich. Ein Mann mit Strohhut, der dort angelte, sah aus, als ob er schliefe und in Gefahr wäre hineinzufallen.

Auf dem Platz traf ich einen Arzt, einen Soldaten, eine Krankenschwester und eine Hebamme. Sie waren auf einem Nachmittagsspaziergang und luden mich zum Tee nach Hause ein. Wir begaben uns in ein Zimmer, das sich die Krankenschwester mit der Hebamme in einem kleinen Krankenhaus hinter dem Ententeich teilte. Es war eine Betonzelle, wohnlicher gemacht mit Häkeldeckchen, sentimentalen, aus Zeitschriften ausgeschnittenen Bildern und mit dem Faltenwurf ihrer hauchdünnen Moskitonetze.

Die Krankenschwester und die Hebamme hießen Cheer und Gloom; sie waren so untrennbar wie Yin und Yang. Die Hebamme saß auf der Kante ihres Betts und zupfte mürrisch am Bettüberwurf, während die Krankenschwester, ganz hektische Betriebsamkeit, Stühle besorgte und den Tee zubereitete. Die Hebamme war für die Bilder mit den traurig dreinblickenden Pferden, den Kindern mit den feuchten Augen und den Sonnenuntergängen verantwortlich. Die Krankenschwester dagegen beschäftigte sich mit Häkeleien und Anteilnahme. Wie auch immer, Gloom war die attraktivere.

Der Soldat trug einen Militärmantel von der Art, in der schon Napoleons Armee beim Marsch auf Moskau untergegangen ist. Aber er gab ihm eine romantische Ausstrahlung. Der Arzt war ein großer, starker junger Mann, hatte lange, zartgliedrige Finger und dünnes Haar, das er in der Art römischer Senatoren nach vorn gekämmt trug.

»Ich bin froh, dass wir uns unter glücklichen Umständen getroffen haben«, sagte der Soldat. »Jahrelang habe ich trainiert, Sie umzubringen.« Er hielt ein imaginäres Gewehr hoch und rief: »Peng!«. Die Hebamme dachte, das wäre komisch. Sie hob ihren Kopf zu einem Foto vom Lake District, das über ihrem Kopfkissen angebracht war, und schaukelte mit still unterdrückter Fröhlichkeit.

Später begleitete ich den Arzt bei seiner Runde. In dem kleinen Krankenhaus lagen fünf Patienten, alles Frauen, und alle litten nach Auskunft des Arztes unter starken Leibschmerzen. Sie hingen am Tropf und mampften dabei Sonnenblumenkerne, deren Schalen sie auf ihre Kissen spuckten. Eine von ihnen, eine ziemlich wilde alte Frau, hob ihr Hemd hoch und entblößte ihre welken Brüste. Sie flehte mich an, sie zu untersuchen. Der Arzt schritt ein und betastete ihren Bauch mit seinen langen Medizinerfingern.

»Bauchschmerzen«, folgerte er nach einigem Nachdenken.

»Die letzte der fünf Frauen hatte besonders dramatische Bauchschmerzen. Sie kauerte auf allen vieren auf ihrem Bett und schrie die Zimmerdecke an. Sie lag in den Wehen. Ihre Mutter und ihre Schwester waren ihr behilflich, während der kettenrauchende Ehemann sich kleinlaut an einer Wand herumdrückte, von den Ereignissen einigermaßen überwältigt. Er schien mein Erscheinen als ein gutes Omen zu betrachten und stürzte sich auf mich, um mir Zigaretten aufzudrängen. Meinen Einwand, dass ich nicht rauchte, wischte er einfach beiseite. Seine Begeisterung war so groß, dass ich befürchtete, er wollte mir die Patenschaft antragen. Er gab eine ziemlich erbärmliche Figur ab, wie ein Eindringling, der hoffte, keiner würde seine Anwesenheit bemerken oder etwas dagegen einzuwenden haben. Als die Hebamme kam, versteckte er sich in einem Wandschrank. Der Zigarettenrauch, der unter der Tür in den Raum drang, verriet ihn allerdings.

Die Unterkunft des Arztes ließ das Zimmer der Krankenschwester im Nachhinein freundlich und palastartig erscheinen. Eng wie ein Schrank, enthielt sein Raum ein Feldbett, einen Tisch, einen Pappkoffer und einen weißen Kittel an einem Nagel. Ich nahm an, er wäre gerade erst angekommen und hätte noch nicht richtig ausgepackt, aber es stellte sich heraus, dass er bereits seit acht Monaten hier war. Es war seine erste Anstellung seit der medizinischen Hochschule in Lanzhou. Er war Akupunkteur. Er zeigte mir seine Nadeln, die er in einer grünen Samtkassette unter seinem Kopfkissen aufbewahrte. Jede einzelne hielt er hoch, bis sie im Licht blitzte.

Der Arzt hatte eine evangelikale Begeisterung für die traditionelle chinesische Medizin. Seiner Ansicht nach gab es nichts, was sie nicht heilen konnte. Viele Leiden der westlichen Gesellschaft, von Herzkrankheiten bis zur Impotenz, waren weitgehend unnötig, wenn man nur auf die Anwendung der wohl ausgewählten Wundermittel aus dem Osten vertraute. Er wurde schwärmerisch bei Schlangengallenblasen, Hirschschwanzextrakt, Erdeidechsenhaut, Froschessenz, Raupenpilz, Ameisenbärschuppen und Ochsenpenissen, fein gemahlen. Die Hexen von Macbeth hörten sich bald an wie Vorreiter der modernen medizinischen Wissenschaft.

Als ob er meine schlimmsten Befürchtungen bestätigen wollte, zog er unter seinem Kopfkissen das Schaubild eines Wahrsagers hervor. Es handelte sich um eine achteckige Anordnung aufgeteilter konzentrischer Kreise, dicht bestückt mit Symbolen und Schriftzeichen. Es stellte nicht weniger als das gesamte Universum dar, in einer komplizierten Ausgewogenheit physischer und metaphysischer Elemente. Der Akupunkteur benutzte es, um den günstigsten Zeitpunkt für eine Behandlung zu ermitteln. Es war auch von Nutzen, wenn man den Platz für das Grab der Eltern, die richtige Ausrichtung des Ehebetts bestimmen musste oder die Stelle, wo man neue Latrinen bauen sollte.

Diese primitive Geomantie ist die älteste Form der chinesischen Philosophie aus der Zeit des I Ching, tausend Jahre vor Konfuzius. Sie vermischt das ungebärdet Geheimnisvolle mit dem Banalen und ist bemerkenswert, weil sie den ödesten Beschäftigungen der Chinesen freien Lauf lässt – dem Zwang zu kategorisieren, aufzulisten, zu nummerieren. In China gibt es offensichtlich nichts, das nicht eine Rubrik gefunden hat. Die Aufteilung jedes Elements des Universums in Yin oder Yang war erst der Anfang dieser bürokratischen Verrücktheit.

Zu nummerieren ist ihr besonders nichtssagender Ausdruck. Keine moderne politische Kampagne hatte ohne Nummer eine Chance. Die Partei verabschiedet Resolutionen zur Bekräftigung der Vier Himmelrichtungen. Die Roten Garden widmeten sich der Zerschlagung der Viererbande, beobachteten die Acht Gegner und entwurzelten die Schwarzen Fünf. Öffentliche Gesundheitskampagnen lenkten die Aufmerksamkeit der Bürger auf die Vier Plagen (Spatzen, Mücken, Fliegen und Ratten). Sozialprogramme förderten die Fünf Ausdrucksformen (Höflichkeit, Zurückhaltung, Sittlichkeit, soziale Ordnung und Hygiene) und die Vier Schönheiten (Sprache, Benehmen, Herz und Umwelt). Eine erfolgreiche Ehe, die gewöhnlich davon abhing, ob man einen Ehemann hatte, der die Drei Läufe (Uhr, Nähmaschine, Fahrrad) liefern konnte, ist nun gestaffelt nach den Drei Großen (Kühlschrank, Kassettenrekorder, Fernsehgerät), während die städtische Elite zu den Acht Großen übergegangen ist (Fernsehgerät, Kühlschrank, Stereoanlage, Kamera, Mobiliar, Waschmaschine, Moped und elektrischer Ventilator).

Alles scheint nur als Teil einer Gruppe zu existieren. In China ist die Eins die einsamste Zahl.

Am späten Nachmittag gingen der Doktor und ich entlang der aufgeschütteten Böschungen der Bewässerungskanäle über die Felder spazieren. Der Angler am Ententeich war verschwunden. Ich dachte einen Moment, ich sähe ihn mit dem Bauch nach oben im grünen Wasser treiben, aber das war nur ein toter Hund. Der Doktor lobte in höchsten Tönen die Fische, die man aus diesem Wasserfriedhof holen konnte, und dann, wie einer, der eine alltägliche Wildblume bemerkt, deutete er auf ein am Wegrand zertrampeltes Kraut, das ein Heilmittel gegen Aids, und ein anderes, das ein Heilmittel gegen Krebs sein sollte. Der mir so demonstrierte Durchbruch in der medizinischen Forschung machte mich sprachlos, sodass ich versäumte, Musterexemplare zu pflücken.

Der Tag neigte sich dem Ende zu. Lichtstreifen hingen zwischen den zerrissenen Wolken, und die Abenddämmerung setzte sich schon in die Baumkronen. Ich dachte an Fu Wen, an ihre Kindheit, die Landschaft ihrer Seele, aus der ich mich nun heimlich fortstahl.

Ein kleines Mädchen kam uns nachgehüpft. Sie war ein Wirbelwind aus knochigen Gliedern, zerrte uns an den Händen und flitzte uns voraus, bis es schien, als führte sie uns durch die Landschaft. Im Vorbeilaufen rief sie zwei Feldarbeitern etwas zu, die sie angrinsten – eine vertraute Gestalt, dieses dünne Gespenst, das über die aufgeschütteten Dämme tanzte. Für kurze Zeit schien sie hinter einem Schirm von Pappeln zu verschwinden, tauchte dann aber wieder lachend in den Getreideschneisen auf.

Sie führte uns in Flussauen, wo Pferde auf grünen Flächen grasten. Auf einmal hoben sie ihre Köpfe, als spräche jemand. Eines nach dem anderen trabte auf uns zu, auf das Mädchen zu, und ihre Schweife wedelten. Sie näherten sich mit geblähten Nüstern, sogen unseren Duft genüsslich auf und bewegten ihre Köpfe abrupt, als wären sie gezügelt. Das Mädchen grub in ihren Taschen nach Äpfeln und ließ die Pferde in ihren Handflächen nach der Frucht schnüffeln. So standen die Pferde um uns herum im schwächer werdenden Licht, wie warme Monumente. Ihr Atem roch nach Gras, ihre dampfenden Flanken zitterten vor Entzücken und Ängstlichkeit. Das Mädchen hatte uns vergessen. Von dem Apfelritual waren wir ausgeschlossen. Ein seidiges Hinterteil schwang sich herum und schubste mich beiseite. Wir wichen zurück, beinahe schuldbewusst, als wären wir auf etwas Geheimes gestoßen, eine vergessene unschuldige Zeremonie: ein Kreis von Pferden, anbetungswürdigen Geschöpfen, innig verbunden mit einem Kind. Wir überließen sie in der einfallenden Dämmerung ihrem Vergnügen.

Ich nahm den Bus nach Jiayuguan, der keuchte quer durch eine steinige Wüste, wo neue Schösslinge reihenweise an Entkräftung eingingen. Im Süden schmolzen bleierne Wolken an den Berghängen herab.

Die Stadt Jiayuguan schien ihre Vergangenheit verlegt zu haben. Das Netz breiter Boulevards wies nur minderwertige Wohnblocks, kommunale Gebäude und Fabriken auf. Die Läden waren gekachelt wie öffentliche Bedürfnisanstalten. Eine große Einwohnerschaft an Studenten, ohne Wurzeln in rosaroten Studentenwohnheimen, hatte eine verwaiste Stadt geerbt.

Aber Jiayuguan war ein alter Ort und ein für China bedeutender. In der Wüste liegt westlich das Letzte Tor unter dem Himmel. Es markiert das Ende der Großen Mauer und den Beginn der barbarischen Länder dahinter. Ich fuhr mit dem Fahrrad, einem rostigen *Flying Pigeon*, das ich vom Hotelportier gemietet hatte, hinaus auf die Fernstraße voller Schlaglöcher. Armeelaster rumpelten nach Westen, verfolgt von Staubwirbeln. Gegen den Wind gelehnt, kämpfte ich mich über eine Ebene aus faustgroßen Steinen und dann einen Kiesweg hinauf zu dem Tor auf einem Bergrücken. Meilenweit war die Wüste so leer und weit wie der Himmel.

Das Unbezwingbare Tor ist eine breite Festungsanlage mit Torbögen und Beobachtungstürmen. Oben auf den grauschwarzen Mauern hocken drei Pavillons in chinesischer Tradition, wie exotische Vögel mit einem Gefieder aus scharlachroten Säulen, verzierten Balken und aufgebogenen Dachrinnen. Jahrhundertelang haben dieselben Pavillons zuversichtlich an den Eingängen zahlloser chinesischer Städte in China Stellung bezogen. Aber hier, am Rand der Wüste Gobi über den Festungsmauern, sahen sie verletzlich aus. Sie markierten das Ende von China.

Von den Festungswällen aus kann man sehen, wie sich die Große Mauer durch die Wüste windet. Sie reicht 3200 Kilometer vom Pazifik bis zu dieser, ihrer letzten Bastion. Einige Meilen jenseits des Tores versinkt sie und fällt in die Schlucht eines Flusses ab; sie hat ihre Mission erfüllt. Ein besonders effektives Verteidigungssystem war sie nie. Die Nomadenhorden, die sie fern halten sollte, hatten die beunruhigende Angewohnheit, um sie herumzureiten. Aber in der Vorstellung der Chinesen stellte die Mauer eine große psychologische Barriere dar zwischen Licht und Dunkelheit, Ordnung und Chaos, Heimat und Verbannung. Wie der Mann im Zug von Xi'an spricht man von Jiayuguan als dem Mund Chinas und von den Ländern jenseits als denen »außerhalb des Mundes«. An diesem Ort waren alle Ängste vor der Überschreitung konzentriert.

Es war ein einsamer Punkt. Im Süden lag das Qilian-Gebirge, die rotgelben Flanken mit Schnee überzogen. Im Norden lagen die schwarzen, zerknitterten Gesichter der Horse's-Mare-Berge. Zwischen diesen Anhöhen erstreckt sich die Wüste nach China wie ein vorgeschichtlicher Fluss, verlassen, vom Wind gezaust und öde. Für jeden Chinesen, der von jenseits der Mauer zurückkehrte, erschöpft von den trockenen Weiten Zentralasiens, müssen die Ming-Pavillons der willkommenste Anblick gewesen sein, die Tore zum Himmlischen Königreich. Für den Fortreisenden waren sie der letzte Nachklang Chinas, der die leere Länge des Gansu-Korridors hinunterhallte, um in den trostlosen Grenzgebieten zu vergehen.

Der Erste solcher Reisender mag Laotse gewesen sein, der Philosoph, der den Taoismus inspiriert hat. Im sechsten Jahrhundert vor Christus ritt er auf seinem schwarzen Büffel durch diesen Durchgang in die Vergessenheit, enttäuscht, dass keiner auf ihn gehört hatte. Zweieinhalb Jahrtausende später sandte der Glaubenseifer der Kulturrevolution, der aus Erziehung und unabhängigen Gedanken ein Verbrechen machte, tausende der Intellektuellen Chinas auf Laotses Spuren in die Vergessenheit der Arbeitslager von Xinjiang. In den langen Jahrhunderten dazwischen ist ein Strom von in Ungnade gefallenen Mandarinen, Kolonialbeamten, verurteilten Sträflingen und politisch Exilierten diesen Weg gegangen. Auf die Ziegel der Portale haben sie ihre Verzweiflung eingeritzt, Zeilen, zitiert aus dem Buch der Oden, traurige klassische Verse von Abschied und Verbannung. Alle führten das feierliche Ritual aus und warfen einen Stein gegen die westlichen Mauern. Wenn er abprallte, würden sie gesund nach Hause zurückkehren. Wenn nicht, sollten sie zwischen Fremden und Dämonen umkommen.

Ich folgte der Großen Mauer durch die Wüste bis an ihr Ende. In diesen Gegenden war sie ein zerbröckelndes Bollwerk aus Lehm, das mit den Füßen in Sandverwehungen eingegraben war. Einzelne Wiedehopfe tanzten auf den kaputten Befestigungen. Wilder Schnittlauch blühte in purpurnem Überfluss auf ihrer dem Wind abgewandten Seite. Die dünne Luft war von Wacholderduft durchzogen. In der Ferne grasten Kamele nachdenklich im Gebüsch. Die Bahngleise durchstachen die Wallanlagen, und eine Dampflok kreischte durch die Mauer, mit dem Ziel Urumqi, der Hauptstadt von Xinjiang.

Ich kam mit dem letzten Licht zurück zur Festung. Eine rote Sonne faulenzte auf der Horizontlinie und beleuchtete die Westfassade des Tors. Die roten Säulen glänzten, die Dachziegel waren mit rotbraunem Licht überzogen, und die steinerne Fassade der Festung hatte die Farbe von Granatäpfeln. Dann kippte die Sonne in einem Augenblick nach Westen weg. Das Licht erstarb, und die Westfassade des Tors war platt, grau und düster.

Als ich mich abwandte, stellte ich fest, dass ich nicht allein war. Ein Mongole tauchte hinter einem Felsbrocken auf und begrüßte mich hier am Rand der Wüste Gobi, als wären wir hier verabredet. »Ach, Sie sind es«, sagte er. Er trug den abgenutzten Filzhut, für den die männlichen Mongolen eine besondere Vorliebe haben. Mit seinem alten, ausgebeulten Anzug und der Brille wirkte er wie ein trauriger Komiker aus einem Stummfilm, ein Jedermann, der mit einem willkürlichen Schicksal ringt. Um seinen Hals hing eine altertümliche Box-Kamera.

»Sind Sie Reisender?«, fragte mein neuer Freund.

Ich nickte.

»Ich bin auch so einer«, sagte er. Er klang, als versuchte er, mir zu imponieren.

»Woher kommen Sie?«, fragte ich.

»Von der Grenze zu Sibirien, wo die Männer auf Rentieren reiten.«

»Und wohin reisen Sie?«

»Nach London«, verkündete er. Er hatte wohl einen Umweg gemacht. Seine Augen verschwammen hinter dicken Brillengläsern. »Ich bin Fotograf. Würden Sie bitte für mich posieren?«

Er stellte mich vor das Letzte Tor unter dem Himmel und stolperte über die Steine rückwärts. Seine Kamera sah aus, als hätte man sie beim Besuch des Zaren in Ulan Bator zum letzten Mal eingesetzt. Er schielte durch den Sucher und richtete die Kamera etwas links von mir aus. Ich drängte mich auf Umwegen ins Bild.

Als mein Porträt im Kasten war, kam er auf mich zu und schüttelte mir sehr förmlich die Hand. Ich musste ihn durch Reden in meine Richtung dirigieren.

»Wann hoffen Sie London zu erreichen?«, fragte ich ihn.

»Schwer zu sagen. Ich bin mit der Straße nicht so vertraut.« Ich fragte mich, ob er die Seidenstraße meinte oder die A2. »Ich muss jetzt gehen«, sagte er. »Es wird Zeit. Leben Sie wohl, und möge Ihre Straße gerade sein.«

Damit brach er auf, über die Ebene nach Norden, auf die Horse's-Mare-Berge zu. Soweit ich wusste, war in dieser Richtung meilenweit, vielleicht sogar hunderte von Meilen gar nichts. Mit Sicherheit war es nicht der Weg nach London.

»Die Straße geht da lang!«, rief ich und deutete auf die Schnellstraße, die unter uns lag.

Er schielte einen Moment zu mir zurück, versuchte mich auszumachen.

»Ah, ja.« Er drehte um, trippelte über einen Felsblock und ging unsicher dem Geräusch der Lastwagen nach.

»Wir sehen uns in London«, rief er.

Er war der rätselhafteste Mann, der mir je begegnet ist, und ich rechne fest damit, dass er eines Tages hinter einer Telefonzelle in der Charing Cross Road auftaucht und mich lässig mit einem »Ach, Sie sind es!« begrüßt.

7

DIE GRENZEN VON TATARIEN

Erst in den 1930er-Jahren wurden Reisende auf der Straße westlich von Jiayuguan mit einem alten Straßenschild begrüßt, einer Steintafel mit einer einzigen Zeile: »Größtes Hindernis der Welt«. Es bezog sich auf die Wüsten dahinter, das große tote Herz Asiens, das sich über gut 1600 Kilometer westwärts zum Pamir erstreckt. Diese Wüsten bildeten die Wirklichkeit der Seidenstraße.

Der Bus nach Dunhuang ratterte durch eine Bresche in der Großen Mauer nach dem Letzten Tor unter dem Himmel hinaus in eine Landschaft aus Steinen. Ich starrte hinaus in eine Welt aus Horizontalen. Die Straße führte scheinbar ins Nichts. Entfernt im Süden sahen die Qilian Shan so wirklich aus wie eine Fata Morgana.

Eine Weile folgte die Straße der Bahnlinie, bis Letztere hinter einer Reihe Dünen abdrehte und verschwand. Sogleich kamen wir zu einer Gabelung, die von ein paar trockenen Dornbüschen gekennzeichnet war. Die Straße, die kein Ziel zu haben schien, bot plötzlich eine Wahlmöglichkeit. Wir fuhren nach Süden. Auf der Karte verfolgte ich die nördliche Straße, die dünnste der Linien zog sich quer über eine sandfarbene leere Fläche, auf die mongolische Grenze zu. Es konnte Tage dauern, bevor man merkte, dass man die falsche Abzweigung genommen hatte.

Neben mir auf dem Sitz stand ein verrücktes Kind in einer Militäruniform und fuchtelte mit einem Spielzeuggewehr mit Perlmuttgriff herum: ein General Patton im Taschenformat. Seine Mutter sah erschöpft aus. Der General brüllte Kommandos, und der Hut fiel ihm über die Augen. Auf der Suche nach Feinden geriet er an mich und pumpte mir drei Schüsse seitlich in den Kopf. Ich simulierte ein dramatisches Ableben. Dass ich seine Schießereien nach einer geraumen Zeit ignorierte und zu lesen versuchte, verdross den General. Seines Todesopfers beraubt, fing er an, laut zu weinen, und schlief schließlich im Schoß seiner Mutter ein. Dabei nuckelte er am Lauf seines Gewehrs.

Die Landschaft wurde belebt, als die Straße sich dem Fluss Shula anschloss, der vom Hochland von Tibet hinter dem Qilian-Gebirge in die Ebene floss. Der Fluss war flach, sein Wasser hatte die Farbe der Wüste. Das gegenüberliegende Ufer wurde je nach Jahreszeit bewässert; die dünnen grünen Böschungen und die sich sanft wiegenden Bäume kamen mir vom heißen Bus aus wie ein Blick ins Paradies vor. Wie alle Flüsse in diesem Teil der Welt war der Shula dazu bestimmt, in der Wüste zu versickern, denn das Meer ist noch einen Kontinent weit entfernt.

Von Zeit zu Zeit erschienen Leuchttürme entlang der Straße, aus denen an den Seiten Spanten aus Holzsparren herausragten. Ich blickte auf die Leuchttürme der Seidenstraße, die vor über einem Jahrtausend errichtet worden waren. Durch Feuer konnten Nachrichten zurück an den kaiserlichen Hof gesendet werden, in wenigen Stunden tausend Meilen nach Osten. Später kamen wir an den Ruinen von Qiaowan vorbei, erbaut im späten 17. Jahrhundert von einem Quing-Kaiser. Das Stadttor war angelehnt, und die Straßen waren voller Sand.

Mittags erreichten wir Anxi, Geografen zufolge exakt im Zentrum Asiens gelegen, auf halbem Weg zwischen dem Ural und dem Südchinesischen Meer, zwischen dem Polarkreis und der Südspitze Indiens. Der Piccadilly Circus der Wüste Gobi. Von hier aus führen Wüstenpfade nach Norden in die Mongolei, den Süden nach Tibet, den Osten nach China und den Westen nach Turkestan.

In einem Speisehaus beugte ich mich an einem niedrigen Tisch über Nudeln und schwirrenden Fliegen. Draußen in der schimmernden Straße standen Eselskarren am Randstein entlang aufgereiht, beladen mit dicken gelben Melonen. Die im Schatten kauernden Bauern ließen sich ihre Ware schmecken und warfen die Schalen den lechzenden Eseln zu. Dahinter war der General, von seiner Mutter begleitet, gerade dabei, im Rinnstein sein großes Geschäft zu erledigen. Die vorbeifahrenden Laster rührten die Hitze auf und breiteten eine dünne Schicht Staub über die Stadt.

Am Nachmittag, als wir uns Dunhuang näherten, war die Wüste mit Gräbern übersät: Steinhügel und Anhäufungen von Reisig, geschmückt mit bunten Tüchern. Um diese Stunde war die Schotterebene voller Luftspiegelungen, und die Stofffahnen der Begräbnishügel schwebten über silbernen Seen. Als ich meine Augen von diesem Königreich der Verbannung löste, tauchte gerade die Oase am Horizont auf, ihre Bäume wiegten sich im Schatten.

Dunhuang, ein entlegener Außenposten tausend Meilen entfernt von allem, was einer Stadt ähnelt, war ein überraschend mondäner Ort. Am Abend wurden die Boulevards von einer Café-Gesellschaft erobert, die ein unerwartetes Pariser Flair in die Wüste Gobi zauberte. An Straßentischen schlürfte man unter Bäumen blumigen Tee oder kaltes Bier und sah dabei einer promenierenden Menge zu, wie sie die erste frische Abendluft genoss. Köche beförderten Schüsseln mit Rindereintopf unter den Deckeln von Buden am Bürgersteig zu den Tischen. Aus Lautsprechern in den Bäumen erklang blecherne Musik, und Landarbeiter schlenderten Hand in Hand vorbei.

Nach dem Essen ging ich zu einem Tanz im Hof hinter einem Kino. Bunte Lichterketten waren zwischen einem ausgedienten Bus und den oberen Fenstern eines Kaufhauses über den Zementhof gespannt. Für Musik sorgte ein behäbiges Trio aus einem Posaunisten, einem Keyboardspieler und einer Schlagzeugerin, die auf ihrem Sitz herumhopste wie ein Brummkreisel.

Meine Erfahrung mit der Dame der Gepäckaufbewahrung in Jiuquan hatte meiner Begeisterung für chinesische Tanzvergnügen keinen Abbruch getan. Sie sind auf merkwürdige Art unwiderstehlich. Die Musik war immer dieselbe, formelhaft, nüchtern und im Rhythmus zuverlässig. Es war eine Musik nach Zahlen, und ihre gestelzte Art gab sogar den fröhlichsten Melodien einen Hauch von Melancholie. Der Tanz, immer westlicher Gesellschaftstanz, entsprach der gleichen Form, korrekt, aber ziemlich unbeseelt. Unter den tristen Lichterketten starrten sich die Tänzer gegenseitig über die Schulter, sprachen kaum miteinander. Es war der Triumph der chinesischen Beherrschung.

Der Mangel an Romantik trug zum hohen Grad der Beteiligung bei. Bei chinesischen Tanzveranstaltungen tanzt jeder. Wenn man es nicht schaffte, mit einem Vertreter des anderen Geschlechts anzutreten, dann tanzte man mit dem eigenen, Männer ebenso wie Frauen. Das Militär war gut vertreten, und Soldaten, die in ihren grünen Uniformen und schwarzen Slippern miteinander tanzten, bildeten reizende Paare. Einzige Ausnahme war eine Gruppe junger Bauern, die von einer abseits gelegenen Oase kamen. Mit ihren geflickten Mao-Jacken, ihren flachen Kappen und den großen Händen schauten sie hungrig aus dem Schatten zu – sie brauchten dringend Frauen.

Auf meiner eigenen Tanzkarte hatte sich der Fred Astaire des Abends eingetragen, ein grauhaariger Militär. Seine Uniform war mit so viel Blech dekoriert, dass er einen Konteradmiral beschämt hätte. Er bevorzugte den steifen Arm, den geraden Rücken und den plötzlichen tangoartigen Dreh. Es erschien ungehobelt, ihn abblitzen zu lassen. Wir kämpften kurz um die Führung, aber ich gab schnell auf, als er mich durch das Gedränge hindurch walzte. Die höchste Krone seiner spitz zulaufenden Kappe reichte mir gerade bis zur Brustmitte.

Pünktlich um 11.30 Uhr spielte die Band eine einprägsame Melodie, die das Ende des Abends signalisierte. Die Tänzer machten kehrt wie die Pendler und marschierten folgsam in Reih und Glied durch das Tor. Innerhalb von zwei Minuten waren die bunten Lichter erloschen, und der Platz war leer.

Am nächsten Tag besuchte ich eine der führenden Kunstgalerien der Welt. In den Hügeln westlich der Stadt befinden sich die Mogao-Grotten mit den edelsten Stücken buddhistischer Kunst.

Jahrhundertelang hegten die Historiker die Überzeugung, dass das chinesische Zentralasien geografisch wie auch geschichtlich eine völlige Leere war. Es wurde als Wegstrecke zwischen Zivilisationen wahrgenommen – der Wüstenboden war zu karg, als dass Kultur dort hätte Wurzeln schlagen können. Das erste Anzeichen, dass die Region Geheimnisse zu enthüllen hatte, gab es in den zu Ende gehenden Jahrzehnten des 19. Jahrhunderts, als Forscher wie Sven Hedin und Oberst Przewalski die hohen Pässe des Südens und Westens überwanden. Ihre Berichte über Tempel mit »buddhistischen Götzenbildern« und verlorene, vom Wüstensand verschlungene Städte zogen bei europäischen Gelehrten ein ungehöriges Gerangel nach Altertümern nach sich. In den frühen Jahren des 20. Jahrhunderts fielen Archäologen aus Deutschland, Frankreich, Russland, Japan und Großbritannien in ihrer Eile, an den verschiedenen Stellen Claims abzustecken, übereinander her. Sie nutzten die entlegene Position der Oasen und den lockeren Umgang der chinesischen Obrigkeit mit den Schätzen aus und beluden eine Karawane nach der anderen mit Manuskripten, Reliquien und von den Wänden der Höhlentempel abgetragenen Fresken, alles bestimmt für die Museen Europas.

Diese Kunstwerke sind die Beweise für die außerordentlich reiche Kultur der Seidenstraße, die vorher unbekannt und auch unerwartet war. Seit Ninive gab es keine so außerordentlichen Entdeckungen mehr. »Hier«, schrieb Albert von Le Coq, der Berliner Zentralasienforscher, »wurde ein Neuland gefunden.« Archäologen ordneten die Funde einer buddhistischen Kultur zu, die bis in das zehnte Jahrhundert in Blüte stand. Als Produkt der Seidenstraße war sie eine Mischkultur, eine Synthese der Kunst Chinas mit denen der Länder im Westen – vor allem Indien und Persien – sowie der hellenisierten Gandharan-Kultur des Industals.

Die spektakulären Wandmalereien, die die Höhlentempel, die Schreine und Mönchszellen in Dunhuang zieren, sind die bedeutendste Hinterlassenschaft dieser Kultur.

Manches am Buddhismus veranlasste seine streng gläubigen Anhänger zu einem Leben als Höhlenmenschen. Von Bamiyan in Afghanistan bis Hangzhou in Ostchina sind die Felswände pockennarbig von ihren ständigen Grabungen. Wo immer sie an der Seidenstraße Rast machten, haben buddhistische Mönche emsig wie die Mäuse gegraben.

In Dunhuang haben sie zwischen dem vierten und dem zehnten Jahrhundert mehr als 1000 Höhlen in die weichen Kalksteinklippen gegraben. Fast die Hälfte ist erhalten geblieben, und ihre Wände sind mit wunderbaren Fresken geschmückt. Die Größe der Anlage und der Reichtum ihrer Kunstwerke kennzeichnen die Stätte als einen beliebten Pilgerort, ein Lourdes Zentralasiens.

Die Eingangswege zu den Felsenschreinen erreicht man über erhöhte Holzstege. Ich hielt an jeder Türschwelle inne, damit sich meine Augen nach dem grellen Licht der Wüste an die Dunkelheit der Höhlen gewöhnen konnten. Es war die Verzögerung einer Grenze zwischen der leeren Ausdehnung der Wüste Gobi und dem beengten und zauberhaften Königreich der Mönche.

Dicht bewachsene, saftige Landschaften füllten die Schreine. In einer Höhle ist ein herrlicher Frühlingsmorgen, ein kühler blauer

Bach, ein Hauch von Blüten auf den Buchsbäumen. An einer anderen Stelle erheben sich unter einem Himmel von Trauben und Granatäpfeln Berge aus den Wolken. Eine Gruppe Frauen mit Bienenkorbfrisuren lauscht freundlich Buddha in einem Hain. Der König von Khotan mit einem kunstvoll gewickelten Kopfputz posiert für ein Familienporträt. Wildkatzen tummeln sich fröhlich mit Vögeln mit menschlichen Köpfen. Musikanten und Tümmler treten auf, ein Mann mit einer Lotusblüte reitet auf einem weißen Ochsen vorbei. Pferde mit säuberlich gebundenen Schweifen paradieren unter dem Blick eines Drachen, der sich auf einer Zimmerdecke ausstreckt. Schmuckbordüren laufen um die Türpfosten und dringen in ganze Räume ein, eine Orgie an Wiederholung. Die Farben sind immer noch grell, unverblasst in dieser trockenen Umgebung und geschützt gegen Ausbleichen durch das Licht draußen – malachitgrün, azuritblau, orpimentgelb, erdrot, zinnoberrot, kaolinweiß und rußschwarz.

Heiter und unverletzbar, sind die Buddhas unnahbare Meister. Die Bodhisattvas haben mehr Charme, tief in Gedanken, ein Bein elegant über das andere geschlagen, das Kinn nachdenklich in einer Hand ruhend, ansehnliche Figuren mit langen Fingern und wunderbar geschwungenen Lippen. Die Mäzene, die für die Dekoration der Schreine bezahlten, um sich den Weg ins Paradies zu erleichtern, erscheinen in den frühesten Höhlen als kleine Bittstellerfiguren. Aber mit der Tang-Dynastie, einer dynamischen Periode in China und der goldenen Zeit der Seidenstraße, wurde solche Bescheidenheit obsolet. Die Tang-Mäzene stiefeln durch ihre Höhlen wie die Meister, die sie selbst zu sein glaubten, große Figuren in reichen Gewändern, an ihrer Seite elegante Frauen. Es hat ja keinen Sinn, die Rechnung zu bezahlen, wenn keiner weiß, wer man ist.

Das westliche Paradies ist ein immer wiederkehrendes Thema. An manchen Orten sieht es Venedig auffällig ähnlich, lauter Kanäle

Das Ende von China, Jiayguan

Fährmann auf einem
Nebenfluss des Jangtse

Ein Echo der Seidenstraße.
Muslimischer Herr in Xi'an

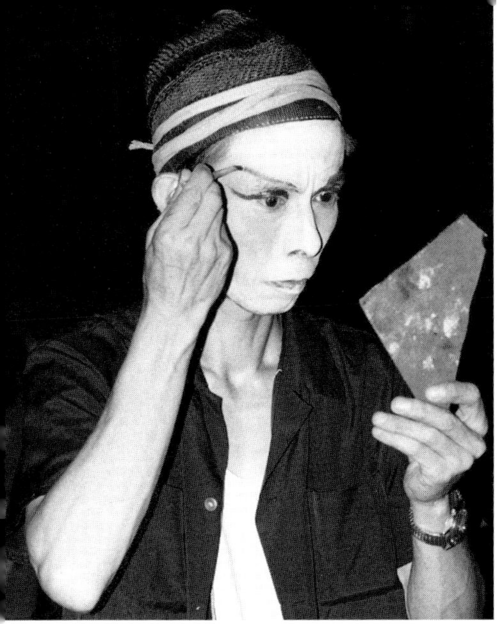

Hinter der Opernbühne, Xi'an

Ruhestand, Schanghai

Nomaden in Barkol, in den Himmelsbergen

Die drei Weisen, Kuqa

Fluchtburg: das
Emin-Minarett,
Turfan

Testreiten auf dem
Pferdemarkt von
Kashgar

Abendserenade, Ili

Hochzeitsgäste in Karakul

Abteilung für Unterwäsche auf dem Markt in Kashgar

Die Grenze zwischen China und Pakistan, der Karakorum Highway, 4658 m

Parkplatz der Eselskarren beim Basar in Kashgar

Auf dem Heimweg

und *palazzi*. An anderer Stelle ist es eine Gartenlandschaft voller offener Pavillons, gekachelter Bassins, Tempel, die in Wolken nisten, und Ententeiche mit auf Lotusblättern dahintreibenden Babys. Aber das beherrschende Motiv von Dunhuang sind die fliegenden Apsaras, buddhistische Engel, die durch die Höhlen schweben, vom Dunkel ins Licht, und Seidenfäden und Metaphern hinter sich herziehen. Sie erinnerten mich an die Pferde der chinesischen Kunst und Mythologie, auf der Flucht vor der Gefangenschaft. Später, im Museum von Dunhuang, sah ich ein Basrelief vom Yangguan-Pass, dem Jadetor auf dem südlichen Zweig der Seidenstraße. Es zeigte ein galoppierendes Pferd, leichtfüßig wie ein Feldhase, die Beine ausgestreckt und mit wehendem Schweif ein Seidentuch hinter sich herziehend – ein pferdeartiger Engel springt nach Westen in ein neues Land.

Auf der Straße zurück in die Stadt kommt man an dem hohen, verzierten Stupa vorbei, dem Grabmal von Wang Yuanlu. Wang war ein Wandermönch, der die Mogao-Grotten im Jahre 1900 zufällig entdeckte und, da er sie im Zustand des Verfalls vorfand, beschloss, sein Leben ihrer Wiederherstellung zu widmen. Heute ist er bekannt dafür, dass er versehentlich das erste gedruckte Buch verkauft hat.

Im März 1907 kam einer der größten archäologischen Erforscher dieser Region, Sir Aurel Stein, nach Dunhuang. Er hatte die Wüste von Kashgar aus auf der Suche nach Altertümern durchquert. In Zentralasien ging das Gerücht um, man habe ein großes Lager alter Manuskripte in Dunhuang entdeckt, und Stein hatte vor, einige davon zu erwerben.

Stein war peinlich darauf bedacht, niemanden merken zu lassen, wie groß sein Interesse in Wirklichkeit war, damit Wang nicht alarmiert würde. Es war alles andere als einfach, Wang dazu zu überreden, ihn einen Blick auf die Manuskripte werfen zu lassen, denn

Wang war »eine wunderliche Person, extrem scheu und reizbar«. Auf seine Autorität bedacht, erwies er sich als »schwierig im Umgang«.

Am Ende gelang es Stein, über Xuan Zhang, jenen berühmten Reisenden der Seidenstraße, der buddhistische Schriften aus Indien gebracht hatte, Wangs Zutrauen zu gewinnen. Stein und Wang verband die Begeisterung für Xuan, und in Gesprächen über dessen heldenhafte Reise entwickelte sich gegenseitige Wertschätzung. Am Ende stimmte Wang zu, Stein ein paar von den alten Schriftrollen zu zeigen. Als sich herausstellte, dass es sich dabei um von Xuan Zhang selbst angefertigte Übersetzungen indischer Sutras handelte, konnte Stein dem frommen Geistlichen diese Entdeckung als ein gutes Omen darstellen. Sie sei als ein Zeichen von jenseits des Grabes anzusehen, dass Stein, ein aus Indien angereister Bewunderer, die ganze Sammlung sehen durfte.

Der Geistliche begann, die Wand einzureißen, die er zum Schutz der Kostbarkeiten errichtet hatte, und kurze Zeit später blickte Stein in die geschlossene Kammer – eine Szene, die an Howard Carter vor dem Grab des Tutenchamun erinnerte. »In Schichten aufgestapelt«, schrieb er, »erschien in dem schwachen Licht der kleinen Lampe des Mönchs eine beachtliche Masse an Manuskriptbündeln, bis zu einer Höhe von etwa drei Metern, und wie nachträgliche Berechnungen ergaben, füllten sie annähernd 14 Kubikmeter aus.« Es war eine außerordentliche Sammlung, alle Manuskripte über 1 000 Jahre alt, in Chinesisch, Sanskrit, Sogdisch, Turki-Runen und Uigurisch wie auch in zahlreichen unbekannten Sprachen. Ihre Menge und Seltenheit machte sie von so unschätzbarem Wert für die Forschung. Es war, als hätte man die Bibliothek von Pergamon entdeckt.

Zuerst durfte Stein die Manuskripte nur prüfen. Aber mit der Zeit konnte er Wang überreden, sich gegen eine Spende für die Schreine von dem einen oder anderen Exemplar zu trennen. Am Ende hat die Gier nach Gold den armen Priester überwältigt, und Stein karrte

24 Kisten mit Manuskripten und dazu fünf mit Gemälden, Stickereien und Kunstreliquien weg, gegen eine Spende von 130 £. Mit dabei war die berühmte, als Diamantsutra bekannte Schriftrolle, die heute im Britischen Museum ausgestellt ist. Es ist das erste gedruckte Buch, entstanden vor über 1000 Jahren. Der Schatz war, nach den Worten von Sir Leonard Woolley, dem Entdecker von Ur, »eine archäologische Sensation«. *Times Literary Supplement* erklärte, dass »nur wenige so wunderbare Entdeckungen jemals von Archäologen gemacht wurden«. Die Chinesen sahen das anders. Sie nannten es Piraterie. In einer 1961 erschienenen chinesischen Geschichte der Buchkunst ist zu lesen, dass der Diebstahl der Diamantsutra die Menschen immer noch dazu bringt, »in bitterem Hass mit den Zähnen zu knirschen«.

Anscheinend fahren die Busse in China immer im Morgengrauen ab, und meine Reisen begannen nun, da ich von der Bahn abgekommen war, in ruhigen Straßen zur Stunde des morgendlichen Straßenkehrens. Um diese Tageszeit hat die Abreise etwas von Flucht. Ich hatte das Gefühl, mich wegzustehlen, bevor meine Gastgeber richtig wach waren. Im Vormorgengrauen waren die Straßenkehrer schon dabei, den Staub vom Vortag umzuschichten. Plumpe, seltsame Gestalten in gepolsterten Jacken und mit weißen Masken wateten durch die Dunkelheit und hantierten mit langen Besen in schlafwandlerischer Zeitlupe. Kalte Sternbilder sanken zwischen die Bäume, und hinter dem Wirrwarr dunkler Dächer krähten Hähne. Das war der Traum des Reisenden, unbemerkt abzureisen, unbelastet von Abschiedsgrüßen.

Auf der Bank vor mir saßen drei junge Frauen, sie schliefen aneinander gelehnt, ihre langen glänzenden Haare hingen über die Rückenlehne des Sitzes und fielen auf meinen Schoß. Ich dachte an Fu Wen und fragte mich, ob sie auch noch schlief, 1000 Meilen im

Osten und am anderen Ende der Straße. Ich stellte mir vor, wie sie unter einer weißen Bettdecke lag, zusammengerollt wie ein Säugling und von seltsamen Landschaften träumend. Wenn ich so verstohlen abreiste wie dieses Mal, erinnerte ich mich an sie, wie sie von den Stadtmauern von Xi'an gewinkt hatte. Sie war ein Trost für das fehlende Lebewohl. Ich fragte mich, wie sie sich wohl an mich erinnerte, in welcher Beleuchtung, in welchen Momenten. Ich fragte mich, wie lange es dauerte, bis sie gar nicht mehr an mich dachte.

Liuyuan war eine Eisenbahnstadt. Als in den späten 1950er-Jahren die Strecke nach Urumqi gebaut wurde, entstand um den Wüstenbahnhof, an einer einzigen baumlosen Straße, eine Zusammenballung elender Gebäude. Die Hälfte der Bevölkerung war auf der Durchreise, verkroch sich in billigen Hotels, wo sie auf Zugfahrkarten oder Lastwagen nach Tibet wartete. So wie sie aussahen, waren manche von ihnen schon seit Monaten da.

In der Schwebe zwischen Ankunft und Abreise wurden die Leute Opfer mysteriöser Krankheiten, und wie die Geier waren die Heiler vom Hochland Tibets in den Ort gestürzt. Auf Laken boten sie an den Straßenecken ihre Ware feil – seltsame Wurzeln, Blätter undefinierbarer Pflanzen, Tierknochen, Totenköpfe, Hufe und Fellfetzen. Die Kunden streiften um die Ränder der Laken, vorsichtige Männer, denen Warten zum Lebensinhalt geworden war. Die tapfersten berichteten einsilbig von ihren Beschwerden. Die Tibeter, mesmerische Gestalten in wollenen Capes und Sombreros, waren überzeugte Propagandisten. Es gab nichts, was nicht mit Mittelchen aus ihrem Angebot geheilt werden konnte.

Nach Liuyuan endete der Asphalt, und der Bus ruckelte und holperte auf unterbrochenen Fahrspuren. Die Wüste hatte kein Buschwerk mehr und dehnte sich nun nach allen Seiten als leere und verlassene Ebene aus. In dieser Leere verliefen die Spuren ziellos, als wären sie sich ihres Wegs unsicher, als hätte die Leere des Ortes Zweifel an ihrer Bestimmung gesät.

In Liuyuan war ein Verrückter in den Bus gestiegen, vielleicht einer der vom Warten Zermürbten. Er wanderte den Mittelgang auf und ab und stritt verbissen mit sich selbst. Plötzlich erkannte er seine Haltestelle. Der Fahrer machte auf, und der Verrückte stieg aus, mitten im Nirgendwo, dann marschierte er mit seiner kleinen Tasche zielbewusst davon in die Vergessenheit.

In der Vorstellung der Chinesen sind die Wüsten von Dämonen bewohnt. Die Geschichten quellen über von Stimmen, die wie Sirenen von jenseits der Sanddünen rufen. Marco Polo schrieb von Geistern, »die sprechen, als seien sie Gefährten des Reisenden«, manchmal rufen sie ihn sogar bei seinem Namen. Reisende, die vom Weg abgehen, um zu antworten, werden nie wieder gesehen. Wenn die Stimmen der Sirenen nicht wirken, nehmen die Wüstengeister Zuflucht zu dem *kara-buran* oder schwarzen Hurrikan, dann ist in den Worten von Le Coq »der Teufel los«. Aus Tag wird Nacht, wenn Wolken aus Sand und Steinen mit Orkanstärke auf die Reisenden herabwirbeln. Ganze Karawanen sind im Chaos und in der Panik dieser Stürme verloren gegangen. Es war, schrieb auch Xuan Zhang überzeugt, »alles das Werk von bösen Geistern«.

Am Mittag erhoben sich vor uns dunkle Felsen, auf deren Höhen sich zerfallene Festungen erhoben. Dazwischen war eine Schlucht eingeschnitten. Auf ihrem Boden standen verstreut heruntergekommene Gebäude. Ein paar Speisehäuser mit Speisekarten in chinesischer Schrift, die auf Bretter vor den Türen aufgekritzelt waren, bemühten sich ums Überleben. In einem öligen Hof war eine Petroleumpumpe aufgestellt, und hinter Eisentoren befand sich ein Verwaltungsgebäude. Etwas abseits lag ein Militärlager, eine Reihe staubiger Zelte, und ein Panzer, dem der Aufbau fehlte, stand mit dem Rücken zum Felsen, ein Andenken an turbulentere Zeiten.

Dieser Ort war der Grenzposten von Xingxingxia, die Pavianschlucht. Er markierte den Beginn von Turkestan, heute die Autonome Region von Xinjiang, eine Provinz dreimal so groß wie Frankreich.

Der Bus hielt, um zwei Soldaten aussteigen zu lassen. Sie luden Säcke mit Melonen vom Dach ab, unanständig reif in dieser knochentrockenen Gegend. Bei abgestelltem Motor konnten wir hören, wie der Wind an den Fenstern heulte. Die Kameraden der Soldaten kamen von den Zelten herüber und rauften sich mit ihnen spielerisch zur Begrüßung. Inzwischen stiegen alle Männer aus dem Bus, um in den Sand zu pinkeln, wie Hunde, die ihr Territorium markieren.

Dann fuhren wir weiter hinein in die Trostlosigkeit.

Xinjiang war 2000 Jahre lang mit Unterbrechungen chinesisches Territorium, ohne je chinesisch zu werden. Seine konfuse Identität spiegelt sich in der Fülle von Namen wider, die es zu verschiedenen Zeiten in verschiedenen Sprachen getragen hat: Tatarien, Hochtatarien, Sinkiang, Chinesisch-Turkestan, Serindia, Chinesisch-Zentralasien. Xinjiang ist ein chinesisches Wort und bedeutet: die neuen Herrschaftsgebiete. Diese Bezeichnung wurde erfunden, nachdem eine nationalistische Revolte im 19. Jahrhundert die Chinesen veranlasste, sich für die Regionen, die sie lange schon für gesichert hielten, Namen einfallen zu lassen. In früheren Zeiten waren es einfach die Westgebiete. Jahrhundertelang war die chinesische Kontrolle dieses Gebietes entweder indirekt oder nominell. In schwachen Dynastien zog man sich gänzlich aus Xinjiang zurück. Von Interesse war, es als Puffer zu erhalten. »Wenn Xinjiang verloren ist, ist die Mongolei nicht zu verteidigen und Peking verwundbar«, lautet eine der älteren Maximen chinesischer Geopolitik.

Xinjiang könnte kaum unzugänglicher sein. Noch bis vor kurzem machten sich Reisende mit dem gleichen unguten Gefühl nach Chinesisch-Turkestan auf den Weg, mit dem sie sich nach Zentralafrika einschifften. Es ist von drei Seiten von einigen der höchsten Berge der Welt eingeschlossen: dem Tien Shan, den Himmelsbergen, im Norden, dem Pamir und Hindukusch im Westen und dem Karakorum und dem Kunlun Shan im Süden. Wer sich von Osten nähert, wird von der Wüste Gobi aufgehalten, die sich über tausend Kilometer in die Mongolei erstreckt.

In ihrem Herzen liegt ein noch unwirtlicheres Ödland, die Takla Makan, deren Name schon die Warnung vor ihr enthält. Er ist ein uigurisches Wort und bedeutet: »Du gehst hinein, kommst aber nicht wieder heraus.« Landkarten stellen diese Wüste als eine vielsagende eiförmige Leere dar. Durch die sie umgebenden Berge beschert die Takla Makan der Seidenstraße ihr größtes Hindernis. Als ob sie sich nach allen Seiten absichert, teilt sich die Straße, zweigt in den Norden und in den Süden der Wüste ab und hält sich an die Oasen an ihrem Rand. In Sichtweite der großen Schneegipfel, die das Gebiet einrahmen, werden die Oasen von Flüssen bewässert, deren Bestimmung nicht das Meer, sondern ein schleichender Tod in der Umklammerung der Takla Makan ist.

Die verstreute Bevölkerung von Xinjiang ist ein Mosaik verschiedener Gruppen türkischer Muslime, in Sitte und Verhalten sind sie ihren Vettern im Mittleren Osten ähnlicher als den Han-Chinesen. Ihr Auftreten spiegelt eine komplexe Geschichte wider. Manche tragen orientalische Züge und erinnern so daran, dass ihr Ursprung in der Hinteren Mongolei liegt. Andere sehen aus wie Türken, wie man sie in anatolischen Dörfern antrifft. Die Türken haben im sechsten Jahrhundert begonnen, von dieser Gegend aus nach Westen zu wandern, und Türkisch und Uigurisch sind in Wirklichkeit Dialekte ein und derselben Sprache.

Unter ihnen stellen die Uiguren die größte Gruppe in Xinjiang, sie sind die Bewohner der Oasen und die Zwischenhändler der Seidenstraße. Kasachen, Kirgisen und Tadschiken sind Nomaden, die in den Bergen rund um die Takla Makan umherziehen – Menschen, nach Aussage der Chinesen, »in einem sich bewegenden Land«.

Die Bewohner Xinjiangs bilden einen starken Kontrast zu ihren chinesischen Herrschern. Wo die Chinesen Ordnung und Einheitlichkeit schätzen, sind die Uiguren freilaufende Hedonisten. Die chinesische Gesellschaft ist eine, die aus Beschränkungen und Verantwortlichkeiten besteht, die Uiguren sind impulsiver, individualistischer, ausdrucksvoller. Wenn der unerklärte Held der chinesischen Welt der Gelehrte ist, der ein Leben der Zurückgezogenheit und des Nachdenkens führt, ist sein Gegenpart in Turkestan der Reisende oder der Händler oder gar der Bandit – gerissen, eigensinnig, schwer einschätzbar und boshaft.

Wie in anderen Gebieten ethnischer Gruppen, wie in Tibet und der Inneren Mongolei, haben die Kommunisten in Xinjiang in großem Ausmaß chinesische Siedlungen vorangetrieben. »Ein guter Genosse ist einer, der mit Begeisterung dorthin geht, wo die Schwierigkeiten am größten sind«, hatte Mao erklärt. Endlose Produktions- und Konstruktionseinheiten wurden für höhere Löhne nach Westen geschickt. Arbeitslager brachten noch mehr Chinesen, als Xinjiang Chinas Gulag wurde. 1954 lag die Zahl der Han-Chinesen nur bei einer halben Million, ungefähr zehn Prozent der Bevölkerung. Heute sind es beinahe sechs Millionen, etwa die Hälfte der Einwohner. In Urumqi, der Hauptstadt, bilden die Chinesen nun die Mehrheit, auf die gleiche Weise, wie sie es in Lhasa sind. Bei allem Gejammer über kulturelle Verschiedenheit – die massiven Siedlungsprogramme waren ein heimtückischer Weg, ethnische Gruppen zu bilden, oft in Opposition zur chinesischen Herrschaft, eine Minderheit in ihren eigenen Ländern.

In einer 1963 lancierten Kampagne ermahnte die Partei ihre Getreuen, »von Lei Fang zu lernen«. Offenbar war dies ein junger

Arbeiter, der im Jahr zuvor von einem Lastwagen zermalmt worden war, auch wenn die eher Zynischen glauben, er sei nur eine Erfindung des Politbüros. Sein Tagebuch, zufällig nach seinem Tod aufgefunden, enthüllte einen Mustergenossen, und er wurde der Jugend Chinas als Beispiel vorgehalten, dem es nachzueifern galt – sein Bild starrte überall von den Wänden herab, und seine Sprüche wurden bis zum Erbrechen zitiert. »Die Nützlichkeit eines Menschen für die revolutionäre Sache ist wie die einer Schraube in einer Maschine«, schrieb Lei Fang. »Auch wenn eine Schraube nur klein ist, ihr Nutzen ist unermesslich. Ich möchte eine Schraube sein.«

Dass Lei Fang in der Parteiliteratur dieser Tage auftritt, ist weniger wahrscheinlich, er ist inzwischen so etwas wie eine Witzfigur in den modernen Kreisen geworden. Aber er hat etwas von Natur aus Chinesisches an sich. Er ist nicht nur ein kommunistisches Idealbild. Er nimmt die alte konfuzianische Sicht auf das Individuum als einem Teil eines komplexen Ganzen, dem es Pflicht und Ehrerbietung schuldet, wieder auf.

Ich habe keine Ahnung, wie die Lei-Fang-Kampagne in Xinjiang angekommen ist. Aber in dieser weiten Landschaft, zwischen rastlosen und ungezähmten Menschen, kann es nicht zum Vorteil der Partei gewesen sein, für eine so diensteifrige Figur allzu sehr die Werbetrommel zu rühren. Es ist schwer vorstellbar, dass beispielsweise ein Kasache, in hohen Stiefeln, mit seltsamer Kopfbedeckung, einen Dolch am Gürtel, rittlings auf seinem Pferd in den Himmelsbergen unterwegs, erklärt: »Ich möchte eine Schraube sein.«

8

DER KÖNIG DER WÜSTE GOBI

Der letzte König von Hami, der König der Gobi, lebte in einem mit russischem Schnaps und französischem Champagner wohl ausgestatteten Palast. In seinen Gärten schlugen Pfauen zwischen Maulbeerbäumen und Lotusteichen Rad. Die Räume waren mit Seidenteppichen, mit billigen Paraffinlampen, Mingvasen und Kuckucksuhren ausgestattet. In einer der Empfangshallen hingen Schriftrollen, Geschenke von der Kaiserinwitwe in der Verbotenen Stadt in Peking. In den langen, weitläufigen Passagen konnte man einem verrückten Neffen begegnen, einer Konkubine in smaragdgrüner Seide oder dem ungarischen Arzt des Königs, einem hoch gewachsenen aristokratischen Herrn in Reithosen und mit einem gewichsten Schnurrbart. Jeden Tag wurden Sonnenauf- und -untergang mit einer Kakophonie von Trommeln und Trompeten der Palastmusiker begrüßt, die auf dem höchsten Dach aufgestellt waren.

Maqsud Shah, ein Vasall des chinesischen Herrschers, nahm für sich die Abstammung von Dschingis Khan in Anspruch. Er war ein intelligenter und umgänglicher Mann. Ebenso gut wie seine Muttersprache Uigurisch sprach er auch Mandarin und Mandschurisch. Seine Gastfreundschaft war legendär, wenn auch gelegentlich ein wenig berauscht. Als er der Berliner Indologe Albert von Le Coq bei ihm zu Gast war, wurden nicht weniger als 80 Melonen bei Tisch probiert, bis man eine fand, die man dem Gast präsentieren konnte. Nach den Melonen fiel das Bankett ab zu einer endlosen Serie von Trinksprüchen. Der König, so berichtete von Le Coq etwas reumütig, war seinem Eindruck nach ziemlich abgehärtet gegen die negativen Wirkungen des Alkohols.

Maqsud gelang ein besonnener Drahtseilakt mit seinen chinesischen Lehnsherren. Als er 1930 starb, brach die Hölle los.

Ich ging in Hami sein Grab besuchen. Maqsud wurde mit seinen Vorfahren in einem Grab beigesetzt mit Blick auf die Tien Shan, die Himmelsberge. Die Grabstätte befindet sich am Rand einer Oase, wo die letzten Pappeln vom Sand eingeholt werden. Eines Abends fand ich es in Schatten eingehüllt. Der Wächter, ein bebrillter alter Mann, hockte an einer Wand und malte chinesische Schriftzeichen in den Staub, wie ein Schuljunge im Unterricht.

An dem Ort befinden sich zwei Gräber und eine Moschee, Letztere ein kitschiges Gebäude von minderwertiger Tradition. In einer Dunkelheit, die von dicken Lichtbalken durchschnitten wurde, mitten in einem Wald aus Säulen, fand ich einen Jeep und einen alten Bus. Die Moschee war nach den Verwüstungen durch die Kulturrevolution noch nicht restauriert worden und diente als Garage. Der alte Mann las die staubigen Inschriften entlang der Wände – in Persisch und Turki –, die alle mit der Anfangszeile des Korans begannen: *Bismillahi rahmani rahim*, »Im Namen Allahs des Allerbarmers, des Barmherzigen«.

Eines der Gräber war in einem Stil erbaut, der eine unglückliche sino-islamische Mischung darstellte, und hatte kleine Kuppeln, die sich in einem chinesischen Dach mit aufsteigenden Dachrinnen verloren. Das andere, ein Mausoleum mit Kuppel, war beeindruckend, selbst in seinem halb zerstörten Zustand. Es gehörte zu der großen zentralasiatischen Tradition islamischer Architektur, das erste rein islamische Bauwerk, das ich an der Seidenstraße sah. Seine architektonischen Vorfahren standen in Samarkand, Herat und den großen Städten Persiens, tausend Meilen weiter westlich. Das große Portal hatte herrliche Proportionen, überwältigend, himmlisch, einladend. Nichts bezeichnete so deutlich die Grenze, die ich überschritten hatte. Ich hatte das Gefühl, hier am Rand der Wüste Gobi an der Schwelle einer neuen Kultur zu stehen, einer großen Tradition, die sich bis an den Atlantischen Ozean erstreckt und bis zu den maurischen Baudenkmälern in Spanien.

Im Innern, wo sich die Kuppel in einer Atmosphäre von Staub und Taubendreck erhob, war der Boden mit steinernen Sarkophagen wie mit schlecht geparkten Autos voll gestopft. Die meisten waren aufgebrochen. Die Roten Garden, meinte der Wächter. Ich beugte mich hinunter. Sie verströmten den Hauch von kaltem Stein. Als ich hineinspähte, sah ich nichts, als wären die Könige von Hami ihren Verfolgern einen Schritt voraus gewesen.

Der Wächter verschloss die Tore, als ich ging, und wir spazierten zusammen mit unseren Fahrrädern zurück in die Stadt. Es war Stoßzeit für Schafe, und die Straßen waren überfüllt mit heißen, schlecht gelaunten Herden auf dem Nachhauseweg von einem anstrengenden Tag auf den Weiden. Von Zeit zu Zeit blickte ich zurück auf die Kuppel, die sich, von Pappeln umgeben, am letzten Licht festhielt.

Der alte Mann war entzückt von meiner Begeisterung. Ich fragte, ob viele Leute das Grab besuchten. Kein Mensch, antwortete er griesgrämig.

»Wer denkt heute noch an die Könige von Hami? Die Chinesen haben alles im Griff.«

Die Urenkelin des letzten Königs von Hami erwartete mich am nächsten Morgen in der Halle meines Hotels. Durch einen Kontakt in Peking war ich im Besitz eines Empfehlungsschreibens, und als ich sie in ihrem Büro – sie arbeitete für die Provinzregierung – anrief, um ein Treffen zu verabreden, schlug sie einen Ausflug nach Barkol zu den kasachischen Weiden des Tien Shan vor. Sie sprach gut Englisch mit einer Stimme, rau wie Sandpapier. Sie sagte, sie wolle die notwendigen Genehmigungen besorgen, denn das Gebiet sei normalerweise für Fremde geschlossen.

Artusan war eine groß gewachsene junge Frau, deren Kleider an ihrem Knochengerüst hingen wie ein Mantel an einem Kleiderbügel. Sie schien nur aus Ellbogen und eckigen Schultern zu bestehen. Hohe Wangenknochen, wachsame Augen und ein grober Mund gaben ihrem Gesicht die symbolische Eigenschaft einer Maske. Ihr Auftreten war sowohl stolz als auch verletzlich. Sie war gekommen mit einer Tasche voll Nähzeug, Stickerei und Spitzen und einer kleinen Schachtel Konfekt. Niyaz, der Fahrer, war ein jugendlich wirkender Vierzigjähriger. Beim Zurücksetzen im Hotelhof stieß er an einen Baum, rief dem Gärtner freundliche Verwünschungen zu, und schon waren wir weg.

Artusan saß mit Niyaz vorn, für ihre Näherei setzte sie eine randlose Brille auf, ich faulenzte im Fond, und für eine Weile war es still im Wagen. In der Wüste verlief die Straße wie eine gezogene Linie zwischen Felsbrocken und zerfallenen Beobachtungstürmen. Die Himmelsberge vor uns waren blau wie Porzellan, die Gipfel mit Schnee überzogen. Wir fuhren durch ein steiles Tal, auf den Hängen drängten sich Jurten zwischen die Kiefern. In verwahrloste Filzlagen eingewickelt, sahen sie aus wie Landstreicher, die sich gegen die Kälte aneinander kauerten. Zu dieser frühen Stunde waren Gruppen von Kindern draußen zwischen den Schafherden zum Melken. Von den Eingängen der Jurten winkten uns Frauen in weißen Schleiern und Pluderhosen zu, als wir vorbeifuhren, blaue Alpenblumen wirbelten um ihre Füße.

Oben am Pass stiegen wir aus in einen Sturmwind. Die nördlichen Hänge fielen zu unseren Füßen steil ab zu einem weiten gelben Meer von Weideland, auf dem schwarze Flecken trieben – kasachische Zelte und Herden. Der Wind und die Aussicht machten uns albern wie die Kinder, und wir lachten und scherzten wie alte

Freunde. Wir brüllten in den Wind. Artusan, dünn wie Papier, klammerte sich an einen Baum. Niyaz schlug mit den Armen und beugte sich über den Abgrund.

Zurück im Auto stürzten wir eine Serpentinenstraße hinab durch Waldwiesen voller Schafe und Sonnenlicht. »Die Straße haben die Russen gebaut«, sagte Artusan über die Schulter, »als sie noch gute Beziehungen zu China hatten. Sie führt an die alte sowjetische Grenze. Sie dachten, sie käme eines Tages ganz gelegen für eine Invasion.«

Am Fuß des Passes kämpfte sich ein chinesischer Sicherheitsbeamter durch eine Menschenmenge und fragte nach meiner Genehmigung. Artusan winkte ihm damit gebieterisch zu, ohne ihm Zeit zu lassen, sie zu lesen. Auf dieser Straße voller Kasachen und Uiguren sah er keine Chance zu protestieren. Welche unsichtbare Grenze wir auch immer überschritten hatten, sie hat das Gleichgewicht der Macht zu Ungunsten der Chinesen verschoben.

Zum zweiten Frühstück hielten wir an einem Bach an. Artusan öffnete die Schachtel Pralinen und reichte sie herum, während Niyaz aus den Tiefen des Autos Melonen hervorholte und sie mit einem Dolch zerteilte. Hami-Melonen, so gelb wie Zitronen, sind in ganz China berühmt. Früher wurden jedes Jahr Schiffsladungen voll Melonen nach Osten an den kaiserlichen Hof in Peking geschickt. Wir ließen unsere Füße ins Wasser baumeln, das über ein Bett aus weißen Steinen gurgelte. Die Melonen waren so süß wie Trauben, und die Luft schmeckte nach Wiesen.

Wir unterhielten uns über das Thema Ehe. Marco Polo hatte über die fröhlichen Ehefrauen in Hami geschrieben, damals bekannt als Kumul, die mit Duldung ihrer Ehemänner Fremde einluden. »Der Ehemann geht fort und bleibt für zwei oder drei Tage irgendwo anders, und der Fremde bleibt bei seiner Frau … und wird sehr verwöhnt. Und die Frauen sind fröhlich und zufrieden und von diesem Brauch äußerst angetan.«

Niyaz war davon begeistert, stellte sich für die Rolle des Fremden zu Verfügung, aber seine Ehefrau sollte damit nichts zu tun haben. Er fuhr geschickterweise einen heuchlerischen Kurs bei der Ehe. Seine Frau sei verheiratet, aber er wäre noch Single, erklärte er hilfreich. »All die schönen Frauen«, seufzte er, »wer kann da schon widerstehen.«

»Hören Sie nicht auf ihn«, sagte Artusan. »Er hat Angst vor seiner Frau. Sie würde seiner Ansicht nach einen Fremden aufnehmen.«

Artusan war strikt gegen die Ehe, trotz der Tatsache, dass ihre eigene Hochzeit für die nächste Woche anberaumt war. Sie war 26 Jahre alt, in der uigurischen Gesellschaft gefährlich alt, und der Druck der Familie hatte Wirkung gezeigt. Sie beschrieb ihren künftigen Ehemann als einen fetten Mann, der in einer Bank arbeitete, und sprach über die bevorstehende Hochzeit, als handelte es sich um einen Frisörtermin, den sie jederzeit absagen konnte.

»Ich weiß nicht.« Sie zuckte die Schultern und schnitt ein Gesicht. »Vielleicht heirate ich doch nicht.« Wenn man die ausgeklügelte Art der uigurischen Hochzeitszeremonien bedenkt, erschien es ein wenig spät, noch einmal darüber nachzudenken. Während wir uns unterhielten, reisten schon die Verwandten aus den entlegenen Winkeln von Xinjiang an. Ein neues Haus war gebaut, Mitgiften waren ausgetauscht und Schafe geschlachtet worden.

Sie hoffte wenigstens, dass ihr Verlobter nicht erwartete, sie würde die Rolle einer traditionellen Ehefrau übernehmen. Dies schien eine anspruchsvolle Kleinigkeit. Noch bis vor ganz kurzem wurde der Status eines Mannes in Xinjiang daran gemessen, erstens wie viele Schafe er besaß, und zweitens, wie viele Frauen. Es war eine muslimische Gesellschaft, in der Gehorsam als die einzige weibliche Tugend galt.

»Komm mit mir«, sagte Niyaz und pulte sich mit dem Dolch in den Zähnen herum. »Ich werde dein Liebhaber. Dann verschwinden wir alle zusammen nach Inglistan. Und ich mache in London den Chauffeur für Mr. Stanley.«

Sie wäre beinahe schon einmal nach England gegangen, erzählte sie. Sie hatte an der Universität von Urumqi Englische Literatur studiert, und sie hatte sich für ein Stipendium für ein Studienjahr in Cambridge beworben. Sie war eine der besten Studenten, trotz der Tatsache, dass die Hochschulausbildung in Chinesisch erfolgt. Aber der Preis ging an ein chinesisches Mädchen – eine schlechte Studentin nach Ansicht von Artusan –, deren Vater ein hohes Tier in einem der Provinzministerien war.

»So sind die Chinesen«, sagte sie müde. »Sie bedienen sich einfach. Man könnte meinen, in Xinjiang müsste so ein Stipendium an einen uigurischen Studenten gehen. Aber nein, die Chinesen nehmen es.« Mit einer plötzlichen Heftigkeit spuckte sie aus. »Wir haben die Chinesen satt.«

Offensichtlich war diese Erfahrung ein einschneidendes Ereignis in ihrem Leben gewesen. Bitterkeit umgab sie wie ein Schal. Die ungewollte Heirat schien ein Akt der Kapitulation, eine Art, sich ihren Ärger und ihre Enttäuschung zu bestätigen.

Zu Mittag aßen wir in einer Jurte, die mit weinfarbenen Teppichen ausgelegt war. Filzmatten in Gold und Himmelblau kletterten die Wände hoch. Wir saßen mit verschränkten Beinen und mit den Rücken an Reisetruhen, so farbenprächtig wie Vergnügungsbuden und fast ebenso groß.

Ein großer Kegel Sonnenlicht fiel uns vom Kaminloch in der Decke in den Schoß, während wir auf unseren Gastgeber warteten.

Mit dem Klang von Pferdehufen kam er heran und betrat das Zelt mit einer Reitgerte in der Hand, wie ein Darsteller in der chinesischen Oper. Er schien aus einem anderen Klima zu kommen. Obwohl der Tag warm war, trug er zwei Hemden und eine schwere, am Hals geknöpfte Jacke. Er war ein kleiner, schroffer Mann mit schläfrigen Augen und Wangen, die mit der Patina von geplatzten Adern überzogen waren.

Neuigkeiten aus Hami wurden ausgetauscht. Unser Gastgeber sah in ihr die große Stadt mit all ihren dazugehörigen Übeln, das war klar. Offenkundig hielt er die Uiguren für benachteiligte Leute, Leute ohne Herden. Ich stellte ein weiteres Rätsel für ihn dar. Er fragte mich, wie viele Söhne ich hätte, und als ich antwortete, keine, fragte er sich bestimmt, womit ich meine Zeit verbracht hätte. Dann erkundigte er sich, wie viele Schafe mir gehörten. Ich versuchte ihm zu erklären, dass es in einer Londoner Wohnung schwierig sei, Schafe zu halten. Ziemlich gnädig verzichtete er auf weitere Befragung, überzeugt, dass ich das gleiche anomale Leben führte wie die Uiguren, ein Leben in Städten und Häusern.

»Mir gehören hundert Schafe«, sagte er, »und zehn Pferde.« Er entschuldigte sich für seine relative Armut und erklärte sie damit, dass seine Eltern beide sehr jung gestorben waren.

Diese Bescheidenheit, was sein Vermögen betraf, erwies sich als ein Verhandlungstrick. Er nahm an, ich sei ein reisender Händler. Während er meine Fragen über die Sommer- und Winterweiden beantwortete, wartete er darauf zu hören, was ich zu verkaufen hatte. Als er begriff, dass ich aus reiner Neugier nach Barkul gekommen war, war er fassungslos. Da war ich, ein Mann ohne Söhne oder Viehbestand, der aus einem Ort kam, von dem er noch nie gehört hatte, und der die Gobi aus einer Laune heraus durchquerte. Artusan stand voll und ganz hinter mir, aber alles, was sie sagte – dass ich ein Schriftsteller sei, dass ich den ganzen Weg von Schanghai hergekommen sei –, diente nur dazu, seine Ansicht zu bestätigen, dass er einem Idioten Gastfreundschaft gewährte.

Eine Frau brachte Essen in einem großen weißen Leinentuch, schlug es zurück und präsentierte einen wenig verlockenden Haufen harter Brotkrusten. Schalen mit saurer Milch, garniert mit der Asche vom Feuer, wurden vor uns hingestellt. Die Idee war, das Brot so lange in der Milch einzuweichen, bis es essbar war.

Später, voll mit altem Brot und saurer Milch, gingen wir hinaus in die Sonne, wo zwei Pferde für uns gesattelt standen. Der älteste Sohn unseres Gastgebers, ein galanter Kerl mit einer scharlachroten Narbe und dem Gesicht eines Romantikers, sollte uns nach Barkul begleiten. Als ein aufgeklärter junger Mann konnte er mich als Gesellschaft akzeptieren, auch wenn ich kein reisender Händler war. Er fragte mich wenig nach England und China, war aber fasziniert von der Vorstellung, dass ich in Dunhuang gewesen war, was anscheinend an den äußersten Grenzen seines Horizonts lag.

Niyaz, der die Pferde in etwa so ansah wie einen Lada aus zweiter Hand, kam nicht mit, aber Artusan stieg mit beachtlichem Vertrauen in den Sattel. Mein eigenes Reittier war eine kleine schwarze Stute, die sich im Laufe des Nachmittags als eine Mata Hari der Pferdewelt entpuppte. Nur mit aller Gewalt konnte man sie davon abhalten, mit jedem Hengst, dessen Duftmarke in der Nachmittagsbrise schwang, durchzubrennen.

Wir ritten über sanft geschwungene Weiden. In der Ferne trieben Schafherden am schrägen Horizont. Sie wurden von Schafhirten zu Pferde gehütet. In dieser leeren Steppe tauchten Menschen so geheimnisvoll wie Wolken auf und verschwanden wieder. Als wir die Köpfe drehten, machten wir ein junges Mädchen aus, das auf einem fröhlich aufgeputzten Pferd vorbeiritt und zwei Lastkamele hütete. Als wir wieder hinsahen, war sie schon über einen gelben Hügel verschwunden. Ein alter Mann tauchte mit einer kleinen Schafherde auf, die an einem Bach Pause machte und trank. Er trug einen großen Astrachan-Hut und einen Mantel, der mit einer weißen Seidenschärpe gegürtet war, und saß auf einem langbeinigen Hengst. Mata Hari, eine Märtyrerin der Lust, stellte sich selbst dar. In dem darauf folgenden Aufruhr wurden der alte Mann und ich beinahe mitten in den Bach abgeworfen.

Wir ritten weiter durch Lager, wo uns die Nomaden mit Gläsern saurer Milch begrüßten, die wir im Sattel tranken. Es war die beste Saison im kasachischen Jahr, Frühsommer, wenn die Weiden saftig und die Herden fett sind. An einem Ort walkte eine Gruppe Frauen Filz, indem sie die Wolle mit dünnen Prügeln schlugen. An einem anderen Ort trug mir eine Gruppe von vier Würdenträgern, die im Schneidersitz die Aussicht genossen, respektvolle Grüße an meine Mutter und meinen Vater auf, als ob sie sie kannten. Kinder riefen uns scheu etwas nach, und ein großer Reiherschwarm flog über uns hinweg Richtung China. Die langen Flügel machten beim Schlagen ein kratzendes Geräusch.

In einem Kiefernhain wartete Niyaz mit dem Auto. Die Türen standen offen, und er hatte eine Kassette mit Uiguren-Musik aufgelegt. Die Worte waren alle hoffnungslos romantisch, »deine Augen, deine Lippen ... komm zu mir heute Nacht im Mondenschein ... Ich werde dich immer lieben ... auch wenn du mich verlässt ...« In der nach Kiefern duftenden Lichtung tanzten wir abwechselnd mit Artusan. Der kasachische Reiter setzte sich auf seine Fersen und klatschte im Takt. Als wir ihn schließlich aufforderten mitzumachen, tanzte er ein Solo und stampfte heftig mit seinen hohen Stiefeln. Es erinnerte mich daran, dass das Wort Kosak eine Verballhornung von Kasache ist.

Später ritt der Junge durch die Bäume davon, unsere beiden Pferde zog er hinter sich her. Wir fuhren die Straße hinunter und folgten ihr zurück bis zum Pass. Im Wagen, angeregt durch die Musik, meinte ich: »Vielleicht ist eine Heirat ohne Liebe eine gefährliche Sache.«

Artusan schüttelte den Kopf. »Das glaube ich nicht. Liebe ist etwas für Lieder, für Jugendliche. In der Ehe ist Liebe gefährlich. Da liegen zu viele Erwartungen drin.«

Als der alte König 1930 gestorben war, sah der chinesische Gouverneur von Xinjiang dies als günstige Gelegenheit, seine Macht auf Hami auszudehnen. Er ließ Maqsuds Sohn Nasir nach Urumqi bringen und unter Hausarrest stellen. Chinesische Beamte wurden nach Hami gesandt, wo sie mit Steuerprogrammen und Landreformen begannen, die, bei all ihrer ausgeklügelten Rhetorik, die Muslime systematisch enteigneten zu Gunsten chinesischer Siedler. Der Entzug ihrer politischen und religiösen Führerschaft, der Diebstahl ihres Landes und die Erhebung hoher Steuern verursachten Unruhe unter den Uiguren. Als dann ein chinesischer Steuereintreiber ein Uiguren-Mädchen raubte, brach eine offene Revolte aus.

Damit begann das Blutvergießen in Xinjiang. Die örtliche Bevölkerung in Hami wandte sich gegen die Chinesen und brachte Zivilisten ebenso um wie Soldaten. Als man chinesische Truppen schickte, um die Stadt zurückzugewinnen, wiederholten sich die Brutalitäten, diesmal waren die Uiguren die Opfer. Die Kasachen gesellten sich zu ihren uigurischen Vettern, aber sie waren den gut bewaffneten chinesischen Truppen, die nun in beträchtlicher Zahl anrückten, nicht gewachsen. In die Ecke getrieben, riefen die Turki-Muslime von Xinjiang die chinesischen Muslime von Gansu und im Besonderen den jungen Bandenführer Ma Chung-yin zu Hilfe. Die Religion erwies sich als stärker als die ethnische Zugehörigkeit, und Ma Chung-yin nahm einen dramatischen Anlauf durch die Gobi, um die chinesische Garnison in Hami zu belagern. Das war erst der Anfang einer Kampagne, in der Ma an der Spitze einer marodierender Bande von Freischärlern quer durch Xinjiang galoppierte und die politischen Prioritäten und nationalen Hoffnungen in einer Orgie aus Plünderung und Blutvergießen ertränkte. *Ma* ist das chinesische Wort für Pferd, und so war der Spitzname des kleinen Generals »Großes Pferd«.

Das war das Ende des Pferdes in der chinesischen Geschichte. Der kurzlebige Erfolg von Mas Kampagne war abhängig vom Können seiner Kavallerie in den Weiten Xinjiangs. Letzten Endes wurde das Pferd durch die Waffen der neuen Zeit überholt: Flugzeuge, Panzer und Maschinengewehre.

Sven Hedin, der Erforscher Zentralasiens im letzten Viertel des 19. Jahrhunderts, unternahm seine letzte Reise in die Region mitten in diesem Chaos und beschrieb seine Erlebnisse in einem Buch mit dem Titel *Die Flucht des großen Pferdes*. Hedin verglich ihn mit den vier apokalyptischen Reitern, einen Reiter auf einem hellen Pferd, der Tod und Zerstörung bringt. Ich dachte traurig an die Himmlischen Pferde, die wunderbaren Geschöpfe der Tang-Keramik und die tanzende Figur des Fliegenden Pferdes in Lanzhou. Die alten Götter, so schien es, starben aus.

Die Gepäcknetze im Bus nach Turfan waren voller Sättel, und die Passagiere schaukelten in ihren Sitzen wie Reiter. Den ganzen Tag rumpelten wir am Rand der Takla Makan entlang, durch rote und schwarze Berge, die gelegentlich zu Seen aus hellem Sand abfielen. Zu unserer Rechten zerrissen die Gipfel des Tien Shan die Wolken. Zur Linken war die Wüste so ausgebleicht wie das trockene Bett eines uralten Ozeans. Von den ehemaligen Stränden blickten wir auf versteinerte Wellen. Ich stellte mir Walknochen und Meeresfossilien vor, sah aber nur Kameldornbäume im Wind tanzen.

In Shanshan hielt der Bus für wenige Minuten an, und ich traf einen Chinesen, der im Schatten keuchte und Wassermelonen schlürfte. Mit einem panischen Gesichtsausdruck blickte er hinaus in die Wüste, als wollte er nicht glauben, wie grausam sie war. Er begrüßte mich wie einen lang verlorenen Freund. In diesen barbarischen Gegenden war der fremde Teufel plötzlich ein Verbündeter.

Er war Entomologe und von irgendeinem Ministerium nach Xinjiang geschickt worden, vermutlich vom Ministerium für Insekten, um eine Motte zu studieren, deren Larve Obst befällt. Obwohl sie in Xinjiang eine beachtliche Plage darstellte, hatte sie sich bisher noch nicht »in den Mund hinein« verbreitet, womit er das eigentliche China meinte. Es müsste ein Hindernis errichtet werden, murmelte er. Er hob seine klebrigen Hände vor sich in die Höhe und deutete eine Große Mottenmauer an.

Nach der Wüste ist der Geruch von Bäumen und Wasser wie der süße Duft des Paradieses. Es geschieht in einem Moment, in einer Drehung des Kopfes. Plötzlich rollten wir eine von Pappeln gesäumte Straße hinunter zwischen Getreidefeldern und Weingärten. Bewässerungskanäle blubberten, die Feldwege waren bewachsen, und Männer lagerten im Schatten alter Bäume, hatten die Füße auf die Karrenräder hochgelegt. Wir glitten von einer Welt in die andere, so abrupt wie Alice ins Wunderland. Beim Reisen gibt es wenige so köstliche Augenblicke wie die Ankunft in einer Oase. Überwältigt murmelte ein herzlicher Zeitgenosse mit einem pinkfarbenen Hut in mein Ohr: »Trauben!« Das Wort klang plump und unanständig.

Jahrhundertelang war Turfan »das glänzende Juwel der Seidenstraße«, ein Schlüsselstützpunkt auf der Straße nach Cathay. Im Winter ist es der kälteste Ort Chinas. Im Sommer ist es der heißeste, so heiß, dass man sagt, man könne ein Ei im Sand braten. In Turfan regnet es nie, und die Oase wird durch ein erstaunliches System unterirdischer Kanäle bewässert, so genannter *karez*, die das Wasser vom Tien Shan unter dem Wüstenboden zu den wartenden Feldern bringen. Das ist eine Idee, die von Persien über die Seidenstraße kam.

Wasser gibt es in Turfan überall, so seidig und schmeichelnd wie eine Verführung. Abseits von den hässlichen Hauptboulevards, die die Chinesen gebaut haben, kann man dem Geräusch, dem Anblick und dem Geruch des Wassers nicht entkommen. In Straßenkanälen paddeln Gänse, Kinder spielen und Frauen waschen helle Berge von Wäsche. Das Wasser duckt sich unter den Mauern hindurch, fließt durch jeden Innenhof, wie ein Gott des Haushalts. Am Abend sorgt ein Sprengwagen dafür, dass der Staub sich legt. Es ist ein fröhliches Gefährt, aus dessen Lautsprechern Weihnachtslieder klingen. Der Fahrer, ein verwahrloster Weihnachtsmann mit einem Teekannenwärmer-Hut summte die Melodie von *Hark the Heralds Angel Sing* mit. Wir hatten Mitte August in den Wüsten Zentralasiens.

Trauben sind für Turfan das, was Orangen für Sevilla sind. Die berühmten kernlosen hellen Trauben, die vor 2000 Jahren, in Schnee verpackt, in einer mit Blei ausgeschlagenen Kiste an den kaiserlichen Hof geschickt worden waren, wachsen immer noch im Überfluss. Pergolen spendeten jedem Innenhof Schatten, und in manchen Teilen der Stadt waren ganze Straßen mit Wein überdacht, der die Eselskarren und Radfahrer mit einem sanften Licht besprenkelte.

Das Wasser, die Hitze und die endlosen Weingärten verleihen der Stadt Turfan eine gewisse Schläfrigkeit. Ihr ständiger bildlicher Ausdruck ist das Bett. In den heißen Monaten schlafen die Leute im Freien, und die Betten – breite, altertümliche schmiedeeiserne Konstruktionen – standen überall, am Straßenrand, auf den Feldern und in den Weingärten, auf den flachen Dächern und in den Innenhöfen, auf dem Bürgersteig und an den Straßenecken. Selten waren sie unbelegt, und man war versucht, auf Zehenspitzen durch die Stadt zu gehen, wenn ganze Familien, zusammengebündelt wie junge Hunde, während der Mittagshitze schliefen.

Diese Atmosphäre der Trägheit kann auch die Moral der zielstrebigsten Reisenden untergraben. Eine holländische Familie kam in meinem Hotel an, bis an die Zähne bewaffnet mit Landkarten, Reiseführern und Stadtplänen. Nach drei Tagen hatte sich die ganze nordeuropäische Tatkraft in asiatische Lässigkeit verwandelt, denn sie lagen den ganzen Tag auf Teppichen unter den Pergolen, tranken Portwein und lasen Gedichte oder billige Thriller. Die Mutter hielt noch am längsten durch – wusch Kleider, zog Erkundigungen ein, studierte Zugfahrpläne –, aber schließlich wurde auch sie schwach. Als ich sie eines Morgens dabei antraf, wie ihre Tochter ihr die Füße massierte, während ihr der Ehemann Weintrauben schälte, wusste ich, die Fassade der Betriebsamkeit war endgültig eingestürzt.

Der Basar von Turfan, im Herzen der Altstadt, hätte genauso gut auf der anderen Seite der Seidenstraße sein können – Aleppo, Damaskus oder Isfahan. In rubinrotes Licht getaucht, das durch die farbigen Markisen drang, welche die Gassen überspannten, quoll er über von Teppichen, Seidenballen, Seilknäueln, Satteltaschen und endlosen Bergen grüner Trauben. Die Männer trugen hohe Stiefel, lange Mäntel, Dolche und bestickte Mützen. Die Uiguren-Mode ist, was Schleier anbetrifft, ziemlich dürftig – ein kleines braunes Tuch über den Kopf geworfen, sodass die Gläubigen aussehen wie Bankräuber, wenn sie beim Gericht an den Pressefotografen vorbeigedrängt werden. Weibliche Bescheidenheit erstreckt sich aber nicht über alle Teile des Körpers in gleicher Weise. Die Frauen bewahren ihr Geld in den Spitzen ihrer Strümpfe auf, und jede finanzielle Transaktion bringt es mit sich, dass sie ihre Röcke anheben und rote Schlüpfer und milchige Schenkel enthüllen. Mit der Zeit wurde mir die Unterwäsche der Frauen von Turfan so vertraut, wie mir ihre Gesichter fremd waren.

Ich war der große Schlager im Basar mit meiner Mischung aus neu angeeignetem Uigurisch, versetzt mit einem oberflächlichen

Türkisch, an das ich mich von einer Reise durch Anatolien noch erinnern konnte. Nach den Schwierigkeiten mit Mandarin war ich begeistert auf Uigurisch umgestiegen und büffelte jeden Abend. Die Uiguren waren unverändert entzückt von meinen ungeschickten Anstrengungen. Chinesen sagen: »Es gibt nichts Schlimmeres als einen Ausländer, der Chinesisch spricht.« Die Uiguren klatschen in die Hände und schließen dich in die Arme. Im Basar versammelte sich eine Menschenmenge mit hochgezogenen Augenbrauen. War ich aus der Türkei?, fragten sie. Ein muslimischer Glaubensbruder aus Istanbul?, fragten sie. Geschmeichelt fügte ich mich in diese vergnügliche Fiktion.

Notlügen sind wie Treibsand. Ich war schon bald das Gesprächsthema Nummer eins auf dem Basar. Jeder Standbesitzer wollte mir die Hand schütteln, jeder Graubart wollte mir Respekt erweisen. Ich kam am nächsten Tag zurück und stellte fest, dass die Geschichte völlig unerwartete Ausmaße angenommen hatte. Ich war ein schwerreicher Türke auf der Suche nach einer Ehefrau; ich war ein islamischer Gelehrter auf Tour in den Moscheen von Xinjiang; ich war ein großer *effendi*, der nach lang verlorener Verwandtschaft suchte. Aus Angst vor Enttarnung flüchtete ich mich in heftige Sightseeing-Aktivitäten.

Die verlorenen Städte Zentralasiens sind die Geister der Seidenstraße, unruhige Seelen, unangemessen begraben. In diesen Gegenden, wo das Leben immer zerbrechlich ist, Klima und Schicksal gleich grausam sind, bleibt das Rätsel ihres Untergangs ungelöst. Prinzen verloren ihre Throne, der Handel wurde unterbrochen, Brunnen trockneten aus, die *karez* wurden blockiert, die Wüste wurde launisch – keiner kann sicher sein. Überwältigt von Sand und Unglück, weisen die Stümpfe von Gebäuden, abgeschliffen vom Wind der Jahrhunderte, nur versteckt auf ihre Vergangenheit hin.

Hingegen erschließen die aufgefundenen Objekte viel klarer die Identität einer Stadt – Manuskripte, Schmuck, Münzen, Kochgeschirr, Kleidung, die keiner einzupacken sich die Mühe machte, als wäre das Ende ganz plötzlich gekommen. In den leeren Straßen, wo die Kamele nach Buschwerk schnüffelten, hatte man den Eindruck, als ob die Einwohner eines Nachmittags, vor einem Jahrtausend, aufgestanden und fortgegangen wären in die Wüste.

Bei den Ruinen von Gaochang, einst die große Handelsstadt Khocho, durchsiebten vor dem Ersten Weltkrieg vier deutsche Expeditionen den Sand wie die Goldwäscher mit ihren Pfannen. Scherben von illustrierten Manuskripten, Fragmente von Seidenmalereien und Bronzefiguren wurden an die Oberfläche geschwemmt, kulturelles Treibgut in einem trockenen Meer, wunderbar strahlend. In einer Saison entdeckte allein von Le Coq 17 verschiedene Sprachen in 24 Schriften, ein Anwesenheitsappell asiatischer Sprachen, die alle hier an der Seidenstraße zusammengekommen waren.

Diese Städte erfreuten sich einer wunderbaren Vielfalt, Abdrücke anderer Welten, vom Mittelmeerraum bis zum Südchinesischen Meer. Es gab dort wenig Orthodoxien, die den Reiz der mit den schnaubenden Kamelen und den erschöpften Kaufleuten eintreffenden neuen Ideen einschränkten. So wie Khocho für die Verbannten und Ausgestoßenen anderer Reiche zur Heimat wurde, so beherbergte es auch Religionen und Philosophien, die in ihren Ländern in Verruf geraten waren.

Zwei mehr exotische Varianten waren der Nestorianismus und der Manichäismus. Die Nestorianer wurden beim Konzil von Ephesus aus der Kirche gejagt, weil sie darauf bestanden, dass Christus Mensch war. Einzeln zogen sie weiter ostwärts und wurden ein wenig seltsam. Priester tauschten das Zölibat gegen Bigamie. Der Freitag wurde zum heiligen Tag, und die Kommunion verkam häufig zu einem Trinkgelage. Dschingis Khan wurde von einem Vormund aufgezogen, der Nestorianer war, eine Sache, mit der eine Religion kaum prahlen kann.

Der Manichäismus war eine ziemlich mysteriöse synkretistische Religion aus Persien, gleichermaßen verfolgt von Muslimen und Christen, mit einer dualistischen Ansicht von der gleichen Natur Gottes und Satans. Zwischen dem fünften und dem siebten Jahrhundert breitete sie sich mit beachtlicher Schnelligkeit aus. Ihre Missionare waren unterwegs von Nordspanien bis Peking. Verfolgung führte zu einem ebenso schnellen Zusammenbruch, und an dem abgelegenen Ort hier fand dieser Glauben eine seiner letzten Zufluchtsstätten. Die prachtvoll illustrierten manichäischen Schriften, die in Khocho ausgegraben wurden, sind alles, was von einer ehemaligen Weltreligion übrig geblieben ist.

Mein eigener Zufluchtsort war das Emin-Minarett. Es gefiel mir so gut, dass ich mich die meisten Nachmittage dorthin zurückzog, wenn die Händler vom Basar nach mir schauten, begierig, mir ihre Töchter aufzudrängen. Ich radelte durch die schattigen Nebenstraßen, wo Kinder sich stritten und den Eselskarren hinterherliefen und wo die Frauen ihre Wäsche auf Steinblöcken ausschlugen. Das Minarett stand jenseits der Stadt in einem grünen Meer von Weingärten.

Die Moscheen von Turfan gaben sich volkstümlich, als flotte Ablenkungen an der Straßenecke, in Pastellgrün und -rosa gestrichen. Die Wände bildeten merkwürdige Winkel, und ihre Innenhöfe waren mit malerischen alten Männern in Reitstiefeln verziert. Im Gegensatz dazu ist das Emin-Minarett ein bedeutendes Bauwerk und würde überall als ein beeindruckendes Denkmal gelten. Es steht in einer Stiltradition, die besonders in Zentralasien und im östlichen Iran verbreitet ist, wo Minarette so imposant errichtet wurden wie der Leuchtturm von Pharos. Das Emin-Minarett, im

18. Jahrhundert erbaut, ist ein Nachkömmling. Es läuft von einer dicken Basis aus über Ränge aus Fischgrät-Mauerwerk spitz zu. Seine Vorläufer stehen in Khusrawgird (Iran), Sang Bast (Iran) und Ghazna (Afghanistan). Mit einer strengen Symmetrie sind sie wiederum architektonische Nachfahren der Beobachtungstürme der Seidenstraße, deren Ruinen immer noch am Rand der Takla Makan zu sehen sind. Diese Querverbindungen machen aus dem Emin-Minarett einen beachtlichen Reisenden. Einmal Persien hin und zurück.

In der angrenzenden Moschee, einer Studie in weißer Geometrie, stifteten liebeskranke Tauben Unruhe in der Dunkelheit. Säulen und Bögen wichen zurück wie in einem Spiegelkabinett. Es war ein einsamer Platz, wo man gut Gedichte in die Staubschicht schreiben konnte.

Niemand hat je positiv von Urumqi gesprochen, und auch mir ist es unmöglich, mit dieser elenden Tradition zu brechen. Die Hauptstadt von Xinjiang ist ein staubiger, verkehrsreicher Ort von geschmackloser Modernität. Überall in Xinjiang zerstören chinesische Stadtplaner traditionelle Uiguren-Städte durch breite öffentliche Boulevards, Kreisverkehre mit Ringelblumen und schrecklichen Statuen in der Mitte und durch die kommunalen Gebäude, die gekachelt sind wie Toiletten.

Ich wohnte in einem Hotel im monumentalen Sowjetstil, das in die Hände der kriminellen Unterwelt gefallen zu sein schien. Schwarzmarkthändler füllten die Lobby, die Empfangsdamen hatten anscheinend einen Zweitberuf als Prostituierte, und die Angestellten vom Serviceschalter verkauften Seifen und Handtücher, als wäre es Hehlerware.

Ich teilte mir ein Zimmer mit einem Pathanen von der Nordwestgrenze. Khusal war einer aus den wachsenden Banden pakistanischer Händler, die die wahren Erben der Seidenstraße sind. Sie überqueren die Pässe des Karakorum nach Kashgar, dann fächern sie sich auf entlang der alten Straße, um mit allem zu handeln, was sie tragen können, und das ist bei einem Pakistani eine beachtliche Menge. Man sieht sie überall in Xinjiang, wie sie Säcke, groß wie Gartenlauben, auf die Gepäckständer der Busdächer wuchten.

Khusal war das erste Mal nach China gereist und stand noch unter Schock. Er fand die Chinesen absolut unverständlich. »Sie sprechen nur Chinesisch«, beklagte er sich.

»Ich glaube, sie tun etwas ins Wasser«, sagte er, »um sich ruhig zu stellen. Sie sind wie tot. Sie schauen einen an, als wäre man gar nicht da.« Er rang die Hände. »Die Männer!«, rief er plötzlich, » Was ist nur mit ihnen los? Wenn wir in Pakistan schöne Frauen sehen, geraten wir in Wallung. Die Haare stehen uns zu Berge. Hier dagegen, nichts. Die Männer sind gestorben, haben nur ihre Schatten dagelassen.«

Khusal selbst war in eine Frau verliebt, die er im Bus getroffen und deren Telefonnummer er sich beschafft hatte. Ihr Name war passenderweise Ringle. Er verbrachte den ganzen Tag mit dem Versuch, sie anzurufen. Für gewöhnlich antwortete bei seinen Telefonaten jemand, der Chinesisch sprach und dann aufhängte, weil er ihn nicht verstand. Gelegentlich war auch seine geliebte Ringle dran. Das Fehlen irgendeiner gemeinsamen Sprache machte es unmöglich, ein Rendezvous zu vereinbaren, aber sie behalfen sich hervorragend mit dem Telefonieren in der internationalen Sprache der Liebe. Khusal zog sich mit dem Hörer unter die Bettdecke zurück, und für die nächste Stunde kam nur ein verschämtes Gurren und Kichern darunter hervor.

Danach litt er unter der posttelefonischen Tristesse. Er saß mürrisch auf dem Bett. »Ich bin allein«, seufzte er, »und keiner versteht mich.«

In Urumqi empfiehlt sich als Tagesausflug ein Besuch bei den Toten. Xinjiang ist beachtlich mit Leichen gesegnet. Das Klima eignet sich dafür. Der trockene Sand und die Wüstenluft konservieren sie so zuverlässig wie Formaldehyd. Ehemalige Bürger kommen einem nach Jahrhunderten in einem beängstigenden Erhaltungszustand entgegen. Man könnte denken, es wären lebendige Menschen.

Sich unter die Toten zu mischen ist natürlich eine zweischneidige Sache. In Kairo bekommen die Pharaonen keinen Besuch mehr; man hielt das Ganze für unschicklich. Die chinesischen Behörenden haben da keine Skrupel. Jedes Museum in Xinjiang hat seine Leichen. Sie sind unverändert eine Attraktion. Wer hält sich schon lange mit alten Pötten und rostigen Münzen auf, wenn im Nebenraum die Leute zu besichtigen sind, die sie benutzt haben?

In Urumqi bewohnten sie eine Zimmerflucht im oberen Stockwerk. Mit ihrer schwachen Beleuchtung hatte diese die Atmosphäre einer gepflegten Aussegnungshalle. Die Besucher dämpften ihre Stimmen und nahmen den Hut ab. Die Toten lagen jeder in seinem eigenen Glaskasten, die Augen voneinander abgewendet, wie eine Familie, die gerade einen Streit hatte.

Die Oberhäupter dieses Clans waren ein älteres Paar noch im Morgenmantel. Die Frau, mehr als tausend Jahre alt, sah aus, als wäre sie vor dem Fernseher eingeschlafen, die Hände über dem Bauch gefaltet, der offen stehende Mund enthüllte vier scharfe Schneidezähne. Der alte Mann sah nach einem ruhigen Typen aus, der alles geben würde für ein geruhsames Leben. Der Tod stand ihm gut. Unter den anderen war eine auffallende junge Frau, ein wenig kokett mit tiefem Dekolletee, ihr Hemd beiläufig aufgeknöpft.

In einem anderen Kasten lag ein in roten Stoff gewickeltes Baby mit einer blauen Haube aus Wolle. Auf seinen Augen lagen Kieselsteine. Ein Schild erklärte dazu: »Apparat zum Milchsaugen – 1000 vor Christus.«

9
HIER GIBT ES DRACHEN

Ili wippt gefährlich am Rand Chinas. Es liegt am äußersten Ende des westlichen Arms der Himmelsberge, mehr als 3000 Kilometer von Peking entfernt. Die Grenze der alten Sowjetunion ist nur 56 Kilometer entfernt. Als die Russen im 18. Jahrhundert die Stadt besetzten, merkte Peking nichts von dem feindlichen Einfall, bis man aus Petersburg davon informiert wurde.

Für die Chinesen gab es kein vollkommeneres Unglück als die Ausweisung nach Ili. Es war die äußerste Verbannung. In der Masse gefeuerter Beamter, die zu diesem Grenzposten entsandt worden waren, befand sich auch Qishan, der Gouverneur von Manchu. Er hatte den Fehler begangen, Hongkong den Briten zu überlassen. Ein ähnliches Schicksal widerfuhr ironischerweise Charles Elliot, dem britischen Unterzeichner des Vertrages. Unzufrieden damit, dass er nicht bessere Bedingungen mit den Chinesen ausgehandelt hatte, schickte Lord Palmerston ihn als Geschäftsträger nach Texas.

Nicht nur die Chinesen suchten die Abgeschiedenheit von Ili. Ströme Verbannter aus ganz Zentralasien haben aus der Stadt einen Mischmasch enteigneter Gemeinden gemacht. Die professionellen Briefschreiber, die ihr Geschäft auf den Bürgersteigen vor dem Postamt betreiben, arbeiten in einem Dutzend Sprachen.

Von Urumqi nach Ili braucht man mit dem Bus zwei Tage. Die Straße führt über eine Hochebene mit heftigen Winden und mageren Weiden, wo Schäfer und Reiter die langen Horizonte überwinden. Gegen Ende des zweiten Tages erklomm der Bus langsam den Pass zum Saryam-See im Schoß der verschneiten Berge. Alle Passagiere stiegen dort aus, um ihre Waschlappen in dem Gletschergewässer anzufeuchten. Die Straße fiel plötzlich an der anderen Seite des Passes durch Kiefernwälder hinab ins Tal des Flusses Ili, wo die Reiter aus den Bergen sich durch Anpflanzungen ihren Weg bahnten.

Russland wirft hier einen langen Schatten. Jeder, dem ich begegnete, bestand darauf, mit mir Russisch zu sprechen, als wäre es die Umgangssprache der nichtchinesischen Welt. In den hinteren Gassen von Ili haben die Häuser blaue Wände, die Fenster haben Fensterläden und geschnitzte *Nalichniki*-Fensterrahmen. An diesem entlegenen Ort waren sie auf beruhigende Weise europäisch.

Ich nahm einen Eselskarren von der Busstation zum Hotel. Der Fahrer war ein zahnloser Geselle, der sich für einen Formel-1-Weltmeister hielt. Wir nahmen die erste Kurve auf einem Rad, und beinahe wäre ich aus dem Anhänger gekippt. Um auf der Geraden voll aufdrehen zu können, rammte der Rennfahrer dem armen Esel einen Stock ins Hinterteil, eine Technik, die eine erstaunliche Beschleunigung zur Folge hatte. Beinahe abgehoben, flogen wir durch die Stadt, überrannten Hunde und sorgten dafür, dass die Radfahrer davonstoben. Weit voraus konnte ich Fußgänger sehen, die, an seine Fahrweise gewöhnt, die Beine in die Hand nahmen und flüchteten. Von alldem unbeirrt führte mein Weltmeister über die Schulter einen Plappermonolog. Ich entnahm daraus, dass er ein allein stehender Mann war, im Besitz eines schönen Vermögens und mit dem dringenden Bedürfnis nach einer Frau.

In Ili herrschte Grenzlandstimmung. Die Straßen waren voller russischer *tarantas* (Pferdekarren) mit roten Markisen und klirrenden Pferdeglocken. In den Hauptstraßen grasten Schafe in Beeten mit Ringelblumen. Ein Kino, das hinter einer Schutthalde lag, sendete einen nicht enden wollenden Soundtrack aus Geschützfeuer und gequältem Stöhnen. Die Pferde waren vor den Türen der Geschäfte angebunden, und Betrunkene trieben sich in den Straßen herum. Sie fielen von ihren Fahrrädern, krachten gegen Laternenpfähle und übergaben sich auf den Türstufen der Restaurants, womit sie etwaigen Gästen eine ziemlich entstellte Version der Speisekarte präsentierten.

Im Eingangstor des Ili-Hotels stand eine ängstlich dreinschauende Leninbüste. Das Hotel war in russischem Stil erbaut, mit blauen und gelben Datschen zwischen Birken. Die Halle des Hauptgebäudes sah aus wie das Bühnenbild zu einem Tschechow-Stück: tiefe Brokatsofas, große Doppeltüren, ein baufälliger Kronleuchter und Kiefernzweige, die gegen die Fenster schlugen. Das Personal war nirgends zu finden, daher quartierte ich mich selbst in einem Zimmer ein, mit Blick auf Hühnerställe und Berge. Später kam eine Empfangsdame. Sie wollte 100 Dollar pro Nacht für das Zimmer, gab sich aber schließlich bereitwillig mit meinem Gegenvorschlag in Höhe von fünf Dollar zufrieden.

An meinem zweiten Abend in Ili hatte ich einen Besucher im Hotel. Er schickte eine der Putzfrauen zu mir aufs Zimmer mit seiner Karte, die ihn als Gao Fen, Professor für Keramik, auswies. Unten saß ein schlanker, bebrillter Mann in einer Sofaecke versunken.

»Mr. Stanley?«, fragte er und erhob sich mühsam. »Ich bin ein Freund von Wang.«

Bevor ich Schanghai verlassen hatte, hatte mir Wang Gaos Adresse gegeben und gesagt, ich sollte ihn aufsuchen, wenn ich in Ili wäre. Die beiden Männer waren im Jahre 1967 im selben Zug nach Xinjiang deportiert worden und hatten gemeinsam fünf Jahre in einem Arbeitslager in Wusu zugebracht. Von Turfan aus hatte ich an Gao geschrieben, um mich vorzustellen, und gefragt, ob ich ihn treffen könnte.

Wir setzten uns und versanken in den Polstern. Der melancholische Duft von Staub und altem Samt hüllte uns ein. Gao war eine zerbrechliche Gestalt, die im Sofa verschwand. Er mochte etwa 75 Jahre alt sein. An diesem verrückten Ort schien er vollkommen chinesisch, zurückhaltend, vorsichtig und korrekt. Seine Augen schwammen unter blauen Lidern. In seinem Schoß lagen seine langen Finger fest verknotet.

Er war dankbar für die Neuigkeiten über seinen alten Freund, dass er noch lebte und bei guter Gesundheit war. Aber nachdem er einmal diese beiden grundsätzlichen Dinge geklärt hatte, erkundigte er sich nicht weiter, als wären Wang und Schanghai nun eine so entfernte Welt, dass es zwecklos war, sich mit weiteren Nachrichten von ihnen zu beschäftigen.

»Sind Sie aus Schanghai?«, fragte ich.

»Suzhou«, antwortete er. Das war eine altertümliche Stadt in Ostchina, eine Stadt, die für Kultur und Gelehrsamkeit stand. In alten Zeiten war es der Ort, wohin sich Mandarine zurückzogen zu einem Leben, das der Kontemplation, der Kalligrafie und den Klassikern gewidmet war. Sie legten die herrlichsten Gärten an, für welche die Stadt heute noch berühmt ist. Suzhou könnte eine Metapher für die Kultiviertheit und das Raffinement des Landes innerhalb der Großen Mauer sein.

»Was haben Sie in Suzhou gemacht?«, fragte ich.

Seine Hände öffneten sich und glitten hinauf über seine Knie, die Handflächen nach oben, langfingrig und leer.

»Ich war ein Sammler.« Seine Stimme war ein Flüstern. »Ich habe Porzellan gesammelt.«

Während des Wahnsinns der Kulturrevolution wurde viel von Chinas künstlerischem Erbe zerstört. Die Museen und Galerien wurden geplündert und die Tempel zerschlagen. Es war der Triumph der Barbarei, der wirklichen Bedrohung, die die chinesische Zivilisation für Jahrtausende heimgesucht hat. Sie kam nicht von jenseits der Großen Mauer, sondern von den Kindern der Nation,

Banden jugendlicher Rotgardisten. Die edelsten Ming-Vasen, unschätzbare bemalte Schriftrollen, Buddhastatuen wurden auf gleiche Weise angegriffen wie bunte Bänder im Haar eines Mädchens oder eine Bluse, die als zu bürgerlich befunden wurde. Künstler und Kunstkenner litten mit ihrer Kunst. Denunziert, geschlagen und eingesperrt, viele haben es nicht überlebt. Wer überlebt hatte, musste die Umerziehung durch Arbeit über sich ergehen lassen, viele in Gulags, die über Xinjiang verstreut waren.

Gao rief sich den Tag im Sommer 1966 ins Gedächtnis zurück, als er am Paired Garden nahe seiner Wohnung in Suzhou vorbeikam und Studenten dabei antraf, wie sie die Pflanzen zerrissen und die Frühlingsblüten als Objekte bürgerlichen Vergnügens verwüsteten. Er hatte ihnen sprachlos zugesehen. Die Spruchbänder und die sich versammelnde, Parolen grölende Menschenmenge sagten ihm, dass der Wahnsinn offiziell war oder mindestens so offiziell wie alles in diesen Tagen. Die Partei hatte offenbar den Blumen den Krieg erklärt.

Gao hatte in einem der alten, weiß gewaschenen Häuser gewohnt, die über die Kanäle Suzhous blicken. Die Roten Garden fielen in seiner eigenen Wohnung über ihn her, verhörten ihn, hielten ihm Strafpredigten in Schichten, Tag und Nacht, und zwangen ihn, endlose Selbstkritiken und Bekenntnisse zu schreiben. Wenn er nicht genügend Begeisterung zeigte, schlugen sie ihn. Aber unendlich viel schlimmer als die Schläge war für ihn die Zerstörung seines Porzellans.

Es war eine Familiensammlung, die drei Generationen zusammengetragen hatten. Sein Urgroßvater, ein Provinzbeamter, hatte mit einigen Stücken begonnen, die er in Nanking erworben hatte, einem Satz von fünf grün glasierten Bechern aus der Song-Dynastie. Jede Generation hatte dem etwas hinzugefügt. Es war ein Erbstück, und die Erhaltung und Wertsteigerung, die jede neue Generation betrieben hatte, war Teil der sehr chinesischen Ehrerbietung gegen die eigenen Vorfahren. Gao hatte sich dem verschrieben und war so ein Experte der darin am besten repräsentierten Perioden geworden.

Die Roten Garden hatten ihn gezwungen, eigenhändig die Sammlung Stück für Stück zu zerschlagen. Die Scherben warfen sie in den Kanal.

Gao sprach langsam, als er mir das erzählte, als erlebte er den Schock erneut. Er war ein zurückhaltender Mann, und wie er erzählte, hatte er über die Zerstörung seiner Sammlung noch nicht mit vielen Menschen gesprochen. Die Erinnerung war zu schmerzhaft, um öffentlich ausgebreitet zu werden, und er konnte die Sinnlosigkeit des Berichtens nicht ertragen. Nichts würde sie ihm zurückbringen. Zudem, sagte er, hätten so viele Leute Mitglieder ihrer Familien verloren, und da sei es schwierig, über den Verlust von Vasen zu sprechen. Aber jetzt war er ein alter Mann. Wenn er starb und diese Tragödie ein Geheimnis blieb, wäre ihr Triumph vollkommen. Jetzt wollte er, dass so viele Menschen wie möglich davon erfuhren.

»Es waren keine Fremden, keine Außenstehenden«, sagte er und presste seine Handflächen gegeneinander. »Es waren die Kinder aus unserer Nachbarschaft. Ich habe sie aufwachsen gesehen. All die Zerstörung machte ihnen Vergnügen, wie Kinder ein unschuldiges Vergnügen daran haben, Dinge kaputt zu machen.« Seine Hände öffneten sich gegen seine Hemdbrust in einer beschützenden Geste. »Jugend ist eine schreckliche Sache. Schrecklich.«

Er hatte als Konterrevolutionär vor Gericht gestanden und war nach Xinjiang verbannt worden, wo er fünf Jahre lang in einer Kohlengrube gearbeitet hatte. 1972 wurde er entlassen. Ich fragte ihn, warum er nicht nach Suzhou zurückgekehrt war.

»Ich werde nie mehr nach China zurückgehen«, sagte er. »Nie mehr!«

»Wären Sie in Suzhou nicht glücklicher?«

»Ich kann nicht zurück und unter Menschen leben, die das getan haben. Sie sind immer noch da, als wäre nichts geschehen. Sie geben die ganze Schuld der Viererbande. Aber es war nicht die Viererbande, die mein Porzellan zerschlagen und mich mit Stöcken verprügelt hat. Es waren meine Nachbarn, die Kinder meiner Nachbarn, die das getan haben. Jetzt sagen sie, ich sei frei. Also bin ich auch frei, sie abzulehnen. Ich bleibe lieber hier, so weit weg von ihnen, wie es nur möglich ist.

Gaos Verbannung stellte ihn in eine chinesische Tradition, in der Intellektuelle, konfrontiert mit einem widerwärtigen Regime, sich absetzten. Konfuzius befürwortete Konformismus oder Rückzug, ein Modell, das von den endlosen Kampagnen und Säuberungsaktionen der Partei wieder Aktualität gewann. China trat ins 20. Jahrhundert ein mit einer außerordentlichen kulturellen Kontinuität, aber so gut wie keiner Tradition intellektueller Auseinandersetzungen. Auf die Revolution der Ideen, die die moderne Welt freisetzen würde, war es nicht vorbereitet. Während der Kulturrevolution zeigten unzählige Menschen Mitleid gegenüber den Opfern und halfen ihnen, oft unter hohem persönlichem Risiko, aber es gab nur wenig öffentliche Opposition. Gute Menschen behielten ihren Kopf unten und warteten, bis das Pendel wieder in die andere Richtung ausschlug.

Gao sank in das Sofa. Sein altertümlich staubiger Geruch hatte, so schien es mir, von diesem Mann eine gewisse Ausstrahlung angenommen, den Duft von Erschöpfung und Bitterkeit. Seine Hände flatterten in seinen Schoß und blieben dort. Die Kulturrevolution war lange vorbei, aber Unterdrückung war so sehr zu einem Teil von ihm geworden, dass er unmöglich eine Zukunft ohne sie sehen konnte.

»Der Anführer der Roten Garden war ein Junge aus meiner Straße«, sagte er. »Ein nettes Kind. Ich kann mich noch gut an ihn erinnern. Er wohnte in einem Haus an der Ecke neben den Gemüseständen. Er spielte immer mit seiner Schwester auf den Türstufen, und wenn ich vorbeikam, vollführten wir ein kleines Begrüßungsritual. Er nannte mich: große Kartoffel, und ich nannte ihn: kleine Kartoffel. Er musste immer darüber lachen.«

Gao konnte nicht darüber hinwegkommen, dass diese Rohheit, diese Grausamkeit von den Leuten aus seinem eigenen Stadtviertel, aus seiner eigenen Straße kam, von innen heraus, nicht von draußen.

Von all den vertriebenen Leuten, die in Ili Wurzeln geschlagen haben, sind die Mitglieder der kleinen belagerten Gemeinde von Russen, die hier seit dem 18. Jahrhundert gelebt haben, als die Stadt kurzzeitig Teil des Zarenreiches war, vielleicht am bedauernswertesten. Als ich fragte, wo ich sie finden könnte, schien niemand von ihrer Existenz etwas zu wissen. Die Russen zogen ihre Köpfe so ein, dass sie nahezu unsichtbar waren.

Ich fand sie nach langem Suchen in einem ruhigen Viertel mit Holzveranden und Butterverkäufern an der Haustür. Ich hätte sie überhaupt nicht gefunden, wenn ich nicht zufällig eine große unverzierte Gebäudefront am Ende einer Straße gesehen hätte. Sie sah aus, als wäre sie der Überrest einer Kirche, ein Giebelstück mit altertümlichen Doppeltüren und einem kleinen Kreuz, das sich immer noch an seiner Traufe festklammerte. Als ich die Türen in ihren durchhängenden Scharnieren aufstieß, fand ich kein Kirchenschiff, aber einen Hof, der von blauen russischen Häusern umgeben war. Ich war in eine verborgene Welt hineingeraten, die einer kirchlichen Ruine entsprossen war. In der Mitte der Pflastersteine standen drei Kinder, blond und blauäugig.

Die Russen von Ili waren der Urtyp einer Gettogemeinschaft. Mehr als 200 Jahre lang haben sie ihre kulturelle Identität bewahrt, eine kleine, isolierte Insel in einem fremdländischen Meer. Ein alter Vertrag garantierte ihnen Fischereirechte auf einem Abschnitt des

Ili-Flusses, und damit schlugen sie sich durch. Viele der politischen Umbrüche in China brandmarkten sie als Verdächtige und Feinde. Der Bruch zwischen China und der Sowjetunion in den frühen 1960er-Jahren, die Kulturrevolution mit ihrer antisowjetischen Rhetorik und die Klassenkämpfe der 1970er haben eine Belagerungsmentalität gefördert. Sie hatten sich nun in das Schiff ihrer Kirche zurückgezogen, die von den Roten Garden zerstört worden war, wie sich Mönche in turbulenten Zeiten in den Altarraum ihrer Abteien zurückzogen. Die Gemeinde zählte nur wenige hundert Seelen, eine Population, die unausweichlich dahinschwand.

Die Häuser waren die Vision europäischer Häuslichkeit. Spitzengardinen hingen in den Fenstern. Hinter ihnen konnte ich gerahmte Bilder ausmachen, eine alte Standuhr, Lampen mit Troddeln an den Schirmen und ein eisernes Bettgestell. Ein Mann erschien in der Eingangstür im Morgenrock und sah mich mit seinem melancholischen slawischen Gesicht schweigend an.

Er sprach weder Chinesisch noch Uigurisch. Da stand nun ein europäischer Bruder, und doch war es der einzige Mensch in Ili, dem ich nicht Hallo sagen konnte. In der Hoffnung, das Eis zu brechen, griff ich auf meine darstellerischen Fähigkeiten zurück. Erstaunt über den Nachfolger dieses Gebäudes, malte ich das Bild einer Kirche und mimte Anbetung, eine Darbietung, die sich als eine Kreuzung aus dem Evangelisten Jimmy Swaggert und Monty Python erwies. Er schüttelte traurig den Kopf, eine Antwort, die unter diesen Umständen alles bedeuten konnte – keine Kirche, keine Chance, sie zu besichtigen, verstehe nicht oder hat keinen Sinn, den Hanswurst zu spielen.

Mehrere Kinder hatten sich um uns versammelt. Mein Publikum mag vielleicht nicht sehr begeistert gewesen sein, aber wenigstens nahm es an Zahl zu. Ich versuchte herauszubekommen, ob der Mann einer der russischen Fischer auf dem Ili-Fluss war. Ich veranstaltete alles Mögliche, warf Netze aus, imitierte Fliegenfischen, zog einige große Fische an Land, wobei ich eine komische Wendung in Bezug auf die Größe des Fangs einflocht, aber der Kreis der Gesichter starrte nur leer zurück. Ich kam mir vor wie ein alternativer Komiker in einem Arbeiterclub in Barnsley.

Schließlich versuchte ich es mit Gräbern, als würde ein Friedhof die Atmosphäre aufheitern. Ich zeichnete eine Reihe Kreuze in den Staub. Der Mann sah mich lange an, es kam mir vor wie eine Ewigkeit. Dann führte er mich um die Ecke eines der Häuser herum, vorbei an angeketteten Hunden und auf der Leine hängender Wäsche. Wir gingen durch das verschwundene Westtor auf den alten Friedhof. Fast völlig vom hohen Gras verdeckt lagen dort zahlreiche Grabhügel. Nur wenige trugen einen Grabstein. Die Kulturrevolution, vielleicht auch die antirussische Stimmung, hervorgerufen durch die Grenzstreitigkeiten, waren über den Friedhof gefegt und hatten die Toten beleidigt. Es gab hier keine Daten nach 1976, dem Jahr von Maos Tod und der darauf folgenden Verhaftung der Viererbande.

Der Mann hielt sich nervös an meiner Seite, während ich durch die Grabsteine streifte und ab und zu über seine Schulter schielte zu einer Straße, die hinter der Mauer zu sehen war. Ich begriff, dass er besorgt war, es könnte mich hier jemand sehen, denn er wollte den Chinesen keinen Vorwand für noch mehr Anschuldigungen gegen ihn liefern. Verdächtiger Kontakt mit Ausländern war ein Punkt, in dem sie besonders empfindlich waren.

Ich wandte mich zum Gehen. Im Eingang weigerte sich der Russe, mir die Hand zu schütteln, aber als ich gegangen war, stapfte er zurück in die Privatsphäre des Hofes und winkte. Ich sollte wissen, seine abwehrende Haltung war nicht als Kränkung gemeint.

Am Abend speiste ich mit zwei betrunkenen Kasachen. Sie gesellten sich unaufgefordert zu mir an einen Tisch unter Weinreben, torkelnd wie Matrosen bei schwerer See. Sie hatten gerade an der Universität von Urumqi ihr Examen gemacht und feierten dies mit dem abendlichen Besäufnis. Einer verschwand kurz unter dem Tisch und kotzte seinem Freund über die Schuhe, dann erschien er wieder, grinsend wie ein Honigkuchenpferd, und versicherte mir eifrig, dass alles in Ordnung sei.

Sprache war ihnen mehr oder weniger zu hoch. Einer sprach anscheinend Englisch. Er hatte ein schmales Gesicht und glattes Haar und sah aus wie Nero nach einer Orgie. Der andere, der weniger vertragen konnte, sprach Russisch. Er machte den Eindruck, als käme er von einem zentralen Vorsprechen für die Hauptrolle in einem zweitklassigen Film, gut aussehend, aber zwielichtig, ein zweitklassiger Vronsky bereits fröhlich auf dem Weg in den Untergang.

Er goss mir ein Glas Fusel ein. Mir strömte das vertraute Bouquet nach Abbeizmittel in die Nase. Er war an dem Punkt, wo er das Zeug nur noch loswerden wollte.

Er fühlte einen Trinkspruch nahen und erhob sich plötzlich, wobei er die Getränke verschüttete und beinahe den ganzen Tisch umwarf.

»Osman Batur!«, rief Vronsky und erhob sein Glas.

Nero sprang auf. »Osman Batur!«, stimmte er ein.

Sie kippten ihre Drinks hinunter und zuckten zusammen. Vronsky schüttete noch mehr in unsere Gläser. Der Tisch, überflutet mit Spiritus, war zu einem Brandrisiko geworden.

»Osman Batur«, begann Nero und setzte sich vorsichtig hin. »Der George Washington der Kasachen.«

»Er war aus Ili, nicht wahr?«, sagte ich. Wie eine gewiefte Bardame hatte ich an meinem Drink nur genippt und den Rest auf den Boden geschüttet, wenn die Kasachen woanders hinsahen.

Nero lehnte sich überrascht zurück und verlor dabei beinahe das Gleichgewicht. »Sie kennen Osman Batur!«, schrie er.

»Er hat mit dem Großen Pferd gekämpft«, sagte ich, »mit Ma Chung-yin«. Nero klatschte seinem Freund mit einem gewaltigen Schlag auf die Brust. Vronsky steckte ihn ein wie ein Läufer im Rugby, hielt sich nur einen Moment am Tisch fest. »Berühmt in Inglistan!«, brüllte Nero.

Sie schossen wieder in die Höhe. »Osman Batur!«, bellten sie. »Osman Batur!« Die Tischgenossen wurden allmählich lästig.

Dann wurden Zigaretten gedreht, und Nero hantierte mit Streichhölzern. Als er eines in den Schnapssee fallen ließ, stand gleich der ganze Tisch in Flammen: ein eindrucksvolles *flambé*. Der chinesische Eigentümer rannte sofort herbei, schwang ein Fleischerbeil, und meine Kumpane flüchteten in die Dunkelheit.

Ich fand sie am Ende der Straße, wo Nero versuchte, Vronsky aus einem Kanal am Straßenrand zu retten, in den er gefallen war. Er ließ seinen Freund sinken und drückte mich an seinen Busen. »Osman Batur!«, rief er aus. »Morgen gehen wir in die Berge. Du musst mitkommen. Reiten, tanzen, den Mädchen nachlaufen. Morgen.«

Erstaunlicherweise fanden sich die beiden Kasachen am nächsten Morgen tatsächlich in meinem Hotel ein. Sie fuhren in einem von einem Pferd gezogenen *tarantas* vor und lagen wie versteinert hinten drin. Der Fahrer schnalzte mit der Peitsche, die Pferdeglocken klingelten, und schon ratterten wir zwischen den Datschen und Pinien hindurch davon, an der Leninbüste vorbei und hinaus durch die Straßen von Ili. Ich hatte keine Ahnung, wohin es ging, aber der Morgen roch nach Abenteuer.

Hinter der Stadt war die Landschaft von Stoppelfeldern und herbstlichen Obstgärten überzogen. Eselskarren, beladen mit Früchten, verstopften die Straße. Wir fuhren durch unsichtbare Duftkammern – Holzrauch, Äpfel, Pferdedung, Erdbeeren, feuchtes Gras. Der Fluss lag rechts von uns, sanft angeschwollene Wasser, so grün wie Jade. Nach einer Weile verschwand er und setzte sich in einer Baumreihe in Richtung Grenze fort. Die Landschaft wurde leerer, die Getreidefelder machten Weideland Platz. Eine Kuhherde war in einen Friedhof eingedrungen, schnüffelte zwischen den Grabsteinen umher und mampfte die getrockneten Blumen, ein Futter aus altem Leid. Die Häuser waren armselige Unterkünfte mit knappen Fenstern, Gras wucherte über ihre flachen Dächer. Sie waren Welten entfernt von den geräumigen Uiguren-Häusern der Oasen mit ihren wunderbaren Innenhöfen. Sie sahen aus, als hätten Leute sie gebaut, denen die Vorstellung von Häusern neu war, die nichts von ihren Möglichkeiten wussten. Es waren die Winterquartiere für die Kasachen, Teilzeitheime für Nomaden. Wir betraten einen alten Grenzbereich zwischen den Sesshaften und den Hirten, zwischen den Bauern und den Nomaden, zwischen Festlegung und Bewegung. Alte Erntemaschinen walzten wie lahme Dinosaurier durch die letzten Weizenfelder, während Reiter durch die Stoppelfelder in Richtung Berge galoppierten.

Zum Frühstück hielten wir in einer schmuddeligen Stadt, wo Vronsky und Nero ihren Kater mit Schüsseln voll Nudeln und schwarzem Tee niederkämpften. Pferde dösten an den Pflöcken, an die sie angebunden waren, und weiße Sonnensegel waren über die kaputten Bürgersteige gespannt. Ich schaute in einen der Läden und entdeckte eine Reihe von Cowboys, die mit übergeschlagenen Beinen am Tresen saßen und Pferdepeitschen im Schoß baumeln hatten. Am Ende der Straße spielten junge Männer mit flachen Kappen an Tischen im Freien Billard. Jenseits stand ein großes Ziegelportal. Ich erwartete eine Moschee, fand aber einen staubigen Garten, einen alten Mann zwischen Rosenstöcken und einen Blick auf die Berge.

Das *tarantas* hielt draußen an, und ich stieg ein. Eine Stunde später überquerten wir den Ili-Fluss bei Yamatu, der Überfahrt des Wilden Pferdes.

Ich verbrachte drei Tage in den Bergen. In Tekes warteten Pferde auf uns, und wir ritten einen langen Nachmittag durch Weiden mit Thymian und Kuhpetersilie. Die Hügel waren sanft wie Rasenkegelbahnen. Champignonfarbene Jurten waren über ein Weideland mit bedächtigen Kühen verteilt. Von Zeit zu Zeit kamen wir an kleinen Karawanen von zartfüßigen Eseln vorbei. Sie waren hoch bepackt mit Schaffellen und auf dem Weg hinunter nach Ili. Die Tage waren frisch, und die Luft schmeckte nach Herbst.

Als wir uns auf die Pferde schwangen, kehrten Vronsky und Nero ins Leben zurück. Die Pferde gehörten Vronskys Vater, und er galoppierte uns voraus auf einem Braunen, frei im hohen Gras. Die beiden Männer waren ein Jahr fort gewesen und ritten nun durch die Landschaften ihrer Kindheit.

Zu Hause, das waren die Sommerweiden bei Baluk-Su. Jurten waren über die hohen Berghänge verstreut, und Stimmen schwebten auf der dünnen Luft zu uns herunter, lange bevor wir sie erreichten. Willkommensrufe kreisten wie Vögel um die Berge. Als wir die Jurten erreicht hatten, wurden gerade Schafe geschlachtet. Man bat uns, in einem weißen Zelt auf Lagen von Teppichen Platz zu nehmen. In unserem Rücken waren die üblichen Stapel Blechtruhen, die Werkzeuge für das Nomadengeschäft, der Hausrat für die Reisen. Eine verwirrende Männerprozession traf ein, um die beiden verlorenen Söhne zu begrüßen. Sie zogen ganze Horden von rotgesichtigen Kindern hinter sich her. Es war eine große Heimkehr, und ich schien zu der Feststimmung noch beizutragen. Sie waren ein Jahr fort gewesen und hatten bei ihrer Rückkehr einen Fremden mitgebracht.

Nach einer gewissen Zeit kam das Essen. Es bestand völlig aus Schaf, und es wurde klar, dass kein Teil des Tieres verschwendet wurde. Die Füße wurden als Vorspeise serviert, die Eingeweide waren ein großer Erfolg, ich glaube, ich entdeckte einen Gefolgsmann, der auf den Ohren herumkaute, und es gelang mir nur mit

Mühe, die Augäpfel abzuwehren. Andere Teile waren zum Glück weniger leicht zu identifizieren.

Wir schliefen unter dem Schafsfell. Ich träumte fast unvermeidlich wieder von Fu Wen. Wir ritten zu Pferde auf der Stadtmauer von Xi'an. Dann trug Fu Wen einen Schulmädchenmantel und eine Baskenmütze, und wir rannten durch die Lücken in den Hecken der Gärten meiner Kindheit. Wir galoppierten durch Spiele der Fantasie. Später kam eine Kamelkarawane für mich an, und ich ritt fort von ihr und den Gärten, vorbei an meinem alten Zuhause und hinein in eine Landschaft mit wilden Oliven und Gletschern, mit einer unbehaglichen Mischung aus Herzschmerz und Erleichterung. Ich wachte kurz danach auf und war erschüttert. Es war immer noch mitten in der Nacht, der Regen rauschte mit besänftigendem Ton über die Außenhaut der Jurte.

Am Morgen war ich steif wie ein Leichnam. Am Tag zuvor hatte ich mich noch wie ein richtiger Reiter gefühlt. Jetzt stakste ich auf hölzernen Beinen hinaus in einen herrlichen Morgen. Alles tat mir weh.

Aber der Tag war viel zu schön, um ihn zu verschwenden, und so machte ich mich nach einem Frühstück aus trockenem Brot und saurem Tee wieder auf und ritt allein in die hohen namenlosen Täler. Das Pferd schien meine Begeisterung zu teilen, stellte seine Ohren auf und schnupperte Morgenluft. Es war lebhaft, fast verspielt. Es wusste, dass ich ein Anfänger war, aber es war sehr verständnisvoll.

Ich folgte einem langen grasigen Tal, das Geklingel der Schafglocken gab den Berghängen eine Stimme. Ein Bach plätscherte zwischen dünnen Pappelreihen, und dunkle Rinder wateten durch die Auwiesen. Wolkenschatten jagten einander die ansteigenden Hänge hinauf zu den hohen Gipfeln, und ich fühlte mich völlig, beinahe beunruhigend glücklich. Wund vom Reiten, ging ich zum

Wandern über, folgte den Schafspuren, mein Pferd schnupperte an meinem Rücken.

Der Morgen war voller Vögel – Steinschmätzer, Schwarzkehlchen und Golddrosseln. Blauracken hüpften im Gras herum, und auf dem Weg vor mir erschienen vereinzelte Wiedehopfe, staubige Gestalten, die ungeduldig von einem Bein aufs andere hüpften. Ich folgte einem Weg durch eine Schlucht mit glatten grauen Kieseln, die rund um eine gewaltige Felserhebung aufstieg. Wie eine zerfallene Festung überragte sie den Ort. Dahinter geriet ich in weiteres schräg abfallendes Weideland, das an seinen westlichen Ufern zu Steilhängen aus rostfarbenem Fels abfiel, die purpurrot und weiß geädert waren. Duftende Wolken von Mädesüß zogen über die Wellen aus grünem Gras, und die Brise, die von den Bergen herunterkam, brachte den Geruch nach Wasser mit. Noch weiter oben warf ich mich in ein Feuer gelber Blumen, während mein Pferd mit dem Mittagessen anfing. Unterhalb konnte ich unser Lager sehen, die grauen Kleckse vom Feuer, die Laufställe der Lämmer, die sich bewegenden Figuren und die Pferde, die zwischen den Jurten angebunden waren. Hoch über mir zitterte ein Turmfalke in der blauen Luft. Zu allen Seiten drängten sich die Berge hintereinander und stiegen weiter auf zur Mongolei im Norden und nach Tadschikistan im Süden. Von hier oben konnte man glauben, beides zu sehen, wenn man nur den Kopf drehte.

Es schien möglich, alles zu glauben. In diesen Bergen war Vernunft fehl am Platz. Es kostete wenig Anstrengung, sich Berggeister vorzustellen, die Flöte spielend über die Weiden tanzten und Töne und Seidenfäden hinter sich herzogen wie die Apsaras von Dunhuang. Das war Chinas Version vom Land Punt oder dem Königreich von Priester Johannes – eine Provinz der Mythologien. Ich stellte mir alte chinesische Landkarten vor, mit einem ungenauen Umriss dieser Berge mit der Warnung oder dem Versprechen:

Hic sunt dracones (»Hier gibt es Drachen«). Die Himmlischen Pferde, die aus dieser Region kamen, wurden angeblich von Drachen geboren, und man hält es für vollkommen glaubwürdig, wenn man in einem Bett von Mädesüß liegt, dass die Chinesen überzeugt waren, die Pferde brächten sie ins Paradies. Überall hier in den Bergen waren die Vorfahren der Kasachen mit ihren Pferden bestattet, so wie die alten Ägypter mit Booten. Keiner wollte die Peinlichkeit erleben, zu Fuß in der anderen Welt anzukommen.

Der Klang von Hufschlag riss mich aus meinem Träumen. Ich richtete mich auf und sah, wie mein Pferd zum tieferen Ende der Wiese galoppierte. Es stieg plötzlich hoch, warf den Kopf nach hinten, schwang dann herum und galoppierte ein Stück weiter, bevor es wieder innehielt. Ich blickte hangaufwärts zu einer Felsklippe. Ein Dutzend Schafe rannte durch das gelbe Gras am äußersten Ende der Wiesen, blaugraue Gestalten, deren Rücken durch das hohe Gras walzten. Der Anblick der Berge, die rauchige häusliche Szene dort unten, alles schien plötzlich abzufallen, als meine Aufmerksamkeit auf die rennenden Geschöpfe gerichtet war, die das Paradies ihrer Weiden verließen. Durch ihre Flucht war die Welt plötzlich gespannt und erwartungsvoll.

Dann trotteten die Wölfe ins Blickfeld, zwei silbrige Tiere und eines von blassgoldener Farbe. Sie bewegten sich recht lässig über den ansteigenden Boden am Fuße der Felsen und rückten großflächig vor. In der klaren Luft konnte ich sogar auf die Entfernung von 500 Metern sehen, wie aufrecht ihre Nackenhaare standen, die Ohren anlagen und sie die flüchtenden Schafe mit den Augen fixierten.

Als die Schafe das höhere Terrain erreicht hatten, beschleunigten die Wölfe ihre Schritte. Panik hatte die kleine Schafherde ergriffen. Sie scherte aus, bis sich schließlich und fatalerweise die einzelnen Tiere voneinander trennten und die Gruppe auseinander fiel. Mit der gewohnten Präzision der Jäger holten die Wölfe nun das langsamste ein, das jetzt wie eine Katze rannte. Sie erwischten es an einem Schotterhang, schnappten nach seinen Fersen, brachen ihm die Gelenke und warfen es in einem Durcheinander von Staub und Fell nieder. Es wehrte sich kurz, trat schwach nach den Wölfen, bevor es sich dem Schock und dann dem Tod ergab.

Der Rest der Herde stand zitternd auf einem unzugänglichen Felsvorsprung und wandte den Blick ab.

Am Abend gab es Tanz. Ich stellte mir wilde Kasachenmusik vor, ein fieberhaftes Spielen der Instrumente und lautes Stimmengebrüll. Ich hatte auf den Tanz des schwarzen Hengstes gewartet, bei dem Purzelbäume geschlagen werden und die Männer auf den Händen stehen.

Stattdessen gurrte Glenn Miller von einem Kassettengerät, und im Mondschein bildeten sich gesetzte Paare. Das ist es, was das Land verbindet, dachte ich mir. Die einzige Verbindung zwischen Wang auf dem Bund in Schanghai und den Bergnomaden 3000 Kilometer weit entfernt ist der Foxtrott und der überall beliebte Twostep. Hier oben in den Bergen des Himmels waren sie augenscheinlich ein ebenso guter Grund dafür, eine Heimat zu haben.

10
DIE UNTERHALTUNGSKÜNSTLER

Wenige Ziele sind so reizvoll wie die, welche andere Menschen übersehen haben. Nach Kuqa kam niemand, nicht einmal die Chinesen. Es war eine durch und durch uigurische Stadt mit schattigen, von Wasserkanälen begrenzten Straßen und kunstvollen türkis- und pinkfarbenen Torwegen, die in die lange Stadtmauer aus Lehm eingelassen waren. An den Abenden spielten die Jungen, ihre flachen Mützen auf dem Kopf, an Tischen im Freien Billard, bis der Muezzin sie zum Gebet rief. An Basartagen füllten sich die Straßen mit Landvolk, und an den Flussufern der Altstadt herrschte ein Hin und Her von Wagen und Pferden, Kamelen, hellen Sonnensegeln und hartem Feilschen.

In Abwesenheit von Gästen verfiel das Hotel zusehends. Es bestand aus einer Ansammlung niedriger Gebäude, die sich um einen Vorplatz mit überreifen Chrysanthemen scharten. Das Pförtnerhaus diente als Rezeption. Mein Zimmer war voller Frösche, Flüchtlinge aus dem Bach unterhalb der Mauer, und morgens musste man vorsichtig sein, wo man hintrat. Einmal fand ich einen Frosch schlafend in meinem Trinkbecher. Er war übergewichtig und schüchtern.

Die Waschmöglichkeiten bestanden aus einem Steigrohr im Kohlenschuppen. So vorsichtig ich auch war, wenn ich über den Kokshaufen in der Dunkelheit zurückkletterte, sah ich danach immer aus wie ein Bergarbeiter am Ende seiner Schicht. Ich ging dazu über, mich spätabends im Froschbach zu waschen, wo ich ein Bad aus Mondlicht nahm unter einer Laube aus Weidenzweigen. Bei einer solchen Schamlosigkeit musste man in dieser muslimischen Stadt vorsichtig zu Werke gehen, und wenn ein Eselskarren an der Straße darüber vorbeifuhr, tauchte ich in Wolken von Luftblasen ein.

Die einzigen anderen Gäste in meinem Hotel waren im Nebenzimmer ein chinesisches Quartett. Es bestand aus zwei Frauen und zwei Männern, die ihre Unterkunft offensichtlich mit einem unerschöpflichen Vorrat an Seifenpulver teilten. Jeden Morgen kam ein Eselskarren, den sie hoch mit hellblauen Schachteln von chinesischem *Dash* beluden, dann machten sie sich auf zum Markt. Das Bedürfnis nach Waschpulver war in Kuqa allem Anschein nach unstillbar, und sie kehrten jeden Abend mit dem leeren Eselskarren zurück. Ich kaufte mir auch ein paar Schachteln zu einem Spottpreis. Es löste wunderbar den Kohlenschmutz.

Das Quartett war eine Geheimloge, es schlug gesellschaftliche Annäherung aus und blieb für sich. Die Art und Gewohnheit, Seifenpulver in abgelegenen Hotelzimmern zu horten, suggerierte Kriminalität. Ich sah in ihnen die Vordermänner einer ausgeklügelten Seifenpulververschwörung. Ihr heimlicher Lebensstil passte dazu. Abends betranken sich die Männer in ihrem Zimmer zwischen den *Dash*-Paketen, während die Frauen Hand in Hand auf der staubigen Straße draußen vor dem Tor spazieren gingen und die Köpfe zusammensteckten.

Die *Dash*-Gang muss von der Art, wie man in Kuqa mit Kriminellen umgeht, eingeschüchtert gewesen sein. An Basartagen fuhren Zuchthäusler als Prunkstücke fröhlicher Umzüge aus Polizei- und Armeefahrzeugen durch die Stadt. Die Parade wurde von einem Armeelaster angeführt, von dem aus eine Kameracrew die Vorgänge filmte. Als Nächstes kamen 20 Polizeimotorräder mit Blinklichtern. In den Beiwagen saßen die kahl rasierten Gefangenen, mit Handschellen an die Benzintanks angeschlossen, verbissene Kerle, nicht dazu aufgelegt, bei dem Spaß mitzumachen. Hinter ihnen hellte sich die Stimmung auf mit endlos vielen Jeeps voll fetter Polizisten, die sich in den Zähnen herumstocherten und der Menschenmenge zuwinkten. Auf sie folgten Lastwagenladungen von Soldaten mit Schutzhelmen und aufgepflanzten Bajonetten. Trotz ihrer Kampfbereitschaft teilten sie die Karnevalsstimmung, lachten und winkten wie Prominente. Mit nicht unbeträchtlicher Geschwindigkeit und heulenden Sirenen tourte der Umzug unerbittlich durch die Stadt, wie Politiker in Wahlkampfzeiten. Mittags wurde eine Essenpause gemacht, dann starteten sie in den Nachmittag. Später erzählte mir der Geschäftsführer im Hotel, dass die Soldaten die Gefangenen bei Sonnenuntergang erschossen hatten.

Eines Nachmittags tauchte ein Japaner in meinem Hotel auf, von oben bis unten in Weiß gekleidet und einen schweren Koffer hinter sich herziehend. Man gab ihm das andere Bett in meinem Zimmer, und er schoss mit dem Kopf durch die Tür wie ein Schachtelteufel. Er war entzückt zu hören, dass ich in England lebte. Ich sei, verkündete er, sein erster englischer Mensch.

Obwohl Shusaku für einen Japaner ziemlich groß war, hatte er eine schwerelose Art, eine Leichtigkeit des Seins. Er schwebte durch den Raum wie eine große weiße Motte, seine Hände leicht am Handgelenk aufgestellt. Er war ein Unbedarfter im Ausland mit einem breiten, vertrauensvollen Gesicht hinter einer randlosen Brille. Trotz des Kohlenschuppens war er immer makellos weiß gekleidet. Jeden Morgen nahm er eine reiche Auswahl an Vitaminpillen und Nahrungsergänzungsmitteln zu sich. Jeden Abend wusch er seine Kleider. Einmal wachte ich mitten in der Nacht auf, als er bei Taschenlampenlicht seine Socken wusch. Es war ein ausgesprochenes Glück für ihn, dass er einen Vorrat an preisgünstigem Seifenpulver in unmittelbarer Nähe hatte.

Sein Englisch war ausgefallen. Die Konversation war etwas mühsam aufgrund seiner Art, alles, was ich sagte, sehr langsam zu wiederholen, als suchte er nach verborgenen Feinheiten. Sich selbst überlassen, führte er ununterbrochen Selbstgespräche, Unterhaltungen, die von kleinen Ausrufen der Überraschung oder des Entzückens unterbrochen wurden. Seine Welt war voller Überraschungen, und was immer er auch tat, es war begleitet von diesen erschrockenen Bezeugungen des Erstaunens. Das einzige Buch, das er bei sich trug, war die Bibel. Er war ein glühender Freund des Alten Testaments, vor allem des Buchs Genesis. Aber er war Buddhist. Seine Reise nach China stellte eine Pilgerfahrt dar, sie folgte dem langen Weg des Buddhismus durch China nach Japan.

Wir teilten uns ein Mietauto, um die Kizil-Grotten zu besuchen, die 80 Kilometer westlich liegen, wo sich der Fluss Muzart durch die kahlen Berge schlängelt. Es sind die ältesten buddhistischen Schreine Chinas. Sie gehen zurück auf das dritte Jahrhundert. Obwohl sie weniger ausgedehnt und weniger berühmt sind als die Schreine in Dunhuang, glauben viele Gelehrte, dass sie die edelste buddhistische Kunst in Zentralasien bergen.

An diese Reisen in die Vergangenheit zu den stillen, in der Wüste ausgesetzten Königreichen mit ihren bilderreichen Vorstellungen vom Paradies war ich nun gewöhnt. Man überschritt eine plötzliche Grenzlinie: gerade noch grüne Wege, nun eine grelle, steinige Wildnis. Die letzten Bäume von Kuqa staken in Sandverwehungen, und die Wüste war von Gräbern bedeckt, markiert mit Stöcken und Stofffetzen, den Bannern ewiger Verbannung. Shusaku presste sein Gesicht an das Autofenster und gab einen langen Seufzer der Überraschung und Ehrfurcht von sich.

Weit draußen in der Wüste kamen wir an einem zerfallenen Wachtturm vorbei, der einen Fluss aus schiefergrauen Kieseln überblickte. Beiderseits des trockenen Flussbetts lagen die kahlen Überreste der Stadt Subash, berühmt im vierten Jahrhundert. Die Ruinen glitten in die Wüste hinein, rund um den Fuß eines gigantischen

Stupa. Innen im Tempel, zwischen Eidechsen und Vogelskeletten, traf ich Shusaku singend an.

Noch ein Stück weiter führte die Straße um Felsformationen, die aussahen wie Banden versteinerter Riesen. Dann drehte sie ab durch die Salzwasserklamm, eine rote Schlucht mit salzhaltigen Flecken um die Ränder eines erschöpften Flusses, und schließlich mündete sie in eine weitere Wüste, die von kamelfarbenen, windnarbigen Bergen flankiert wurde. Um die Mittagszeit fielen wir von den Hügeln in ein Panorama aus Wasser – ein Fluss, eingerahmt von purpurroten Bergen. An seinen Ufern breiteten sich Maulbeer- und Pappellichtungen aus.

Irgendwo trafen wir auf einen Polizisten, der sich unsere Pässe zeigen ließ, als wären wir in ein neues Land eingereist. Nach Erfüllung seiner Pflicht verschwand er in einem Gebäude, um bald darauf in einer anderen Verkleidung wieder aufzutauchen, als Verwalter und Führer. Die dunkle Brille hatte er abgelegt. Die Polizeijacke wurde von einer Strickjacke und das Pistolenhalfter von einem Bund antiker Schlüssel ersetzt. Glücklicher in seiner neuen Rolle, plauderte er über Rosen und das Nirwana, als er uns den steinigen Pfad zu den Höhlen hinaufführte. Wie er die eisernen Gitter und die Holztüren öffnete, huschte Sonnenlicht über die Fresken.

In der Lankavatara-Sutra heißt es: »Alles kommt aus der Vorstellung, wie die Gegenstände aus dem Ärmel eines Zauberers.« Diese buddhistischen Höhlen waren eine heraufbeschworene Welt, die Mönche aus dem Ärmel geschüttelt hatten, so überraschend und befriedigend wie Tauben. Schändung hatte die Fresken teilweise zerstört; in einer Höhle wanderte ein Gemenge aus nackten Gliedern und runden Bäuchen ohne Köpfe herum; in einer anderen eine Reihe von Gesichtern ohne Körper. Wenn man bedenkt, wie viele Leute diese Höhlen mutwillig beschädigt haben, ist es erstaunlich, dass überhaupt noch etwas davon übrig ist. Bauern aus der Gegend haben die Malerei abgeschlagen, um sie als Dünger zu verwenden. Europäische Archäologen haben ganze Fresken von den Wänden geschnitten und in ihre Museen gebracht. Diebe haben für den Schwarzmarkt noch mehr weggeschleppt. Muslimische Fanatiker haben die Darstellungen in religiösem Zorn angegriffen, und dann folgten die Roten Garden.

Shusaku war überwältigt. Er flitzte zwischen den Gemälden herum, schwindelnd vor Staunen. Aber trotz seiner Begeisterung hielt ihn kein Bild lange gefangen. Er war ein Süchtiger nach dem ersten Eindruck, dem ersten Moment der Überraschung verfallen. Gelegentlich riss er sich aus ihrem Bann los, gerade lange genug, um zu rufen: »Das da. Schauen Sie nur!« Doch bevor ich darauf eingehen konnte, war er schon wieder fort. Zum Schluss ergriff ihn ein Wahn, er rannte um die Gräber herum, das Gesicht dicht vor den Fresken, und kicherte unkontrolliert.

Die Welt, aus der die Grotten hervorgegangen sind, war kaum ein provinzielles Kaff. Als Xuan Zhang auf seinem Weg nach Indien hier Pause machte, war Kuqa die Hauptstadt eines bewässerten Königreichs von der Größe Englands, mit eigener Sprache und eigener Kultur. Zwei riesige Buddhas, die an die Kolosse von Memnon erinnerten, standen vor ihren westlichen Toren. Xuan schrieb, dass »die Luft sanft und die Einwohner elegant in gemusterte Seide gekleidet« waren. Trotz der zahlreichen Klöster und einer starken Priesterschaft galt Kuqa als weltlicher Ort, eine dekadente und verschwenderische Feudalgesellschaft. »Tugenden werden nicht geschätzt, aber Reichtum wird verehrt«, kommentierte Xuan abschätzig.

In der buddhistischen Kunst Zentralasiens repräsentiert Kizil eine eher westliche Schule mit geringen chinesischen Einflüssen, die in Turfan und vor allem in Dunhuang so deutlich sind. Hier sind die Einflüsse meistens indisch oder iranisch, Letzterer trägt eine unübersehbar hellenistische Handschrift. Die dekorativen Motive und die Mode, nach der die Figuren gekleidet sind, waren die des sassanidischen Hofs im Persien des vierten Jahrhunderts. Die prominenten Bürger von Kuqa, die die meisten Kunstwerke in Kizil bezahlt haben, stolzieren noch immer eitel zwischen den Paradiesdarstellungen auf den Wänden umher. Mit ihrem geölten Haar, den dünnen, gezwirbelten Schnurrbärten und den mehrschichtigen Kleidern kamen mir diese Ritter und ihre ansehnlichen Frauen seltsam vertraut vor.

Die Ära der Sassaniden war die *belle époque* Asiens, ein glanzvolles Zeitalter, das von einer neuen Art Adliger – gesittet, raffiniert und ritterlich – beherrscht wurde. Ihr Einfluss war weit verbreitet, und durch das Medium der Araber und der Kreuzritter haben die Ideale der Sassaniden den aufkommenden Sehnsüchten der Feudalherren in einem Europa Form gegeben, das aus dem finsteren Mittelalter auftauchte. Dort hatte ich die Großen und Guten von Kuqa schon gesehen. Verbunden durch einen gemeinsamen Einfluss, hatten sie die gleiche elegante Zuversicht wie normannische Ritter. Die Patrone der Grotten von Kizil waren die Vettern der Steinbildnisse in englischen Gemeindekirchen am anderen Ende der Welt.

Am Abend nahm ich Shusaku zu einem Konzert mit. Die Grotten waren beinahe zu viel für ihn gewesen, und ich dachte, er brauchte eine Ablenkung. Im Auto hatte er noch besessen über *karma* geplaudert, bevor er in einen unruhigen Schlaf gesunken war.

Die Idee eines Konzerts war anscheinend neu für Shusaku, und er bereitete sich auf den Abend vor wie auf eine Expedition. Er rüstete sich aus mit einem Schweizer Armeemesser, einem Hemd zum Wechseln und einer Feldflasche mit sterilisiertem Wasser. Das Konzert fand in einem Freiluftkino statt. Das Publikum – junge Uiguren mit flachen Mützen – saß auf niedrigen Bankreihen, aß Nüsse und spuckte sich die Schalen gegenseitig in den Schoß.

Der erste Sänger war ein Mann im Dinnerjackett, ein großer Mann mit einer großen Stimme. Das Publikum ignorierte ihn. Es war anderweitig beschäftigt, mit Plaudern, dem Kauf von noch mehr Nüssen, der Begrüßung der Freunde und mit Kartenspielen. Lärm von Gewehrfeuer kam über eine niedrige Mauer aus dem Fernsehapparat, der in einem Café nebenan aufgestellt war, und eine lange Reihe von Leuten stand auf den Bänken an der Seite, um sich den Western anzusehen.

Die Aufmerksamkeit kehrte vorübergehend zurück für den nächsten Auftritt – eine junge Dame in einem glänzend-goldenen Ballkleid. Das am Saum eng geschnittene Kleid ließ sie wie eine Meerjungfrau aussehen. Es ließ sie auch wie eine Meerjungfrau auf der Bühne hin und her schlappen. Das war schade, denn sie sang wunderbar.

Ihre beiden Darbietungen waren Aufwärmauftritte. Der Star, den zu sehen ein jeder gekommen war, war Miriam Nazir. Sie wurde von dem Mann im Dinnerjackett hysterisch angekündigt. Ein Scheinwerferkegel schwenkte über die Bühne und dann über das Publikum. Wir drehten uns auf unseren Sitzen um und sahen, wie sich die Tür eines alten Busses öffnete, der hinter dem Kino parkte. In den Lichtstrahl trat eine dralle Frau in einem Flitterkleid und lächelte wie Mae West. »O!«, flüsterte Shusaku. »Was für Zähne!«

Der große Auftritt ging schief. Als Miriam ihren Weg den Mittelgang hindurch Richtung Bühne nahm und ihren Leuten zuwinkte, zwang sie ein Hindernis – ein Nussverkäufer, der mit seinen Kunden feilschte – dazu, in eine der Sitzreihen auszuweichen. Viele der Zuschauer waren nur mühsam dazu zu bewegen, Platz zu machen, und Miriam, brillant angestrahlt, sah aus wie eine verrückte Frau, die am Ende einer langsamen Schlange mit den Armen wedelte.

Aber sie war nun mal ein altes Zirkuspferd, und als sie der Reihe G entkommen war, eroberte sie die Bühne im Sturm. Nach den Auftaktsongs unternahm sie mehrere Ausflüge ins Publikum und patrouillierte durch die Gänge, wie ein Varietékünstler, der alles auf eine Karte setzt. Ich sah in ein alterndes, aufgedunsenes Gesicht, als sie vorbeikam, grell geschminkt. Sie grüßte mich überraschenderweise in Englisch. »How do you do«, sagte sie mit rauer Stimme und schüttelte mir die Hand.

Nach ihrem Auftritt war der Abend zu Ende, das Publikum erhob sich und drängte zu den Türen, als wäre ihm plötzlich in den Sinn gekommen, dass es etwas Besseres zu tun hatte. Auf dieser Welle mitgerissen, schwemmte es Shusaku und mich einem stattlichen Mann am Ausgang vor die Brust. Er reichte uns eine Nachricht. Sie war in roter Tinte auf dünnes Reispapier geschrieben und zweifach gefaltet: »Es war nett, Sie getroffen zu haben. Bitte kommen Sie zu mir zum Tee. Gruß, Miriam.«

Der stämmige Türsteher schob uns zum Bus, trommelte zweimal an die Hecktür und riss sie auf, ohne auf Antwort zu warten. Er schubste uns hinein und knallte die Tür hinter uns zu.

Wir befanden uns in einem kleinen, vom Rest des Busses mit einem Vorhang abgeteilten Raum. Darin standen Stühle und ein Tisch mit einem Spiegel, einem vollen Aschenbecher und einen zerknüllten Papiertaschentuch mit blutrotem Lippenstift. In einer Ecke stand ein Eimer, in dem leere Limonadenflaschen zwischen Zigarettenkippen schwammen. Shusaku schraubte seine Feldflasche auf und nahm einen Schluck Wasser.

Gleichzeitig tauchte Miriam hinter dem Vorhang auf, während sie noch einen majestätischen Morgenmantel zuknotete. Aus der geselligen Künstlerin war eine hochmütige, geringschätzige Person geworden. Sie reichte uns eisig die Hand, forderte uns auf, Platz zu nehmen, und fegte die gebrauchten Taschentücher auf dem Tisch in den Wassereimer.

»Rauchen Sie?«, fragte sie. »Marlyboros, Johnny Players, Benson and Heavens?«

Wir lehnten ab. Sie seufzte und nahm ein Päckchen billiger chinesischer Zigaretten aus der Tasche ihres Morgenmantels. Wir saßen da wie Schulbuben auf der Strafbank. Shusaku hatte die Hände im Schoß gefaltet.

»Chai«, schrie Miriam plötzlich. Sie stand auf und trat dreimal gegen die Tür. »Tee, Tee, Tee.«

Sie setzte sich wieder hin, zündete sich ihre Zigarette an und schenkte uns ein schwaches Lächeln. Sie musste einmal sehr schön gewesen sein. Nun fiel ihr Gesicht zusammen, verließ die feinen Knochen, die ihr zu ihrem Namen verholfen hatten. Die Wangen waren mit Rouge verschmiert, und die Augen hinter Gittern aus Maskara blickten steinern. Sie wirkte erschöpft. Ihre Finger waren klein und gespreizt und mit schweren Ringen und Nikotinflecken geschmückt.

»Ihre Show hat mir gefallen«, sagte ich in dem Gefühl, sie aufbauen zu müssen. Shusaku nickte fieberhaft.

Sie winkte geringschätzig ab. »Dieses Publikum«, seufzte sie. »Affen! Sind Sie schon einmal in Urumqi gewesen? In Urumqi, da sind die Leute Kenner.« Das letzte Wort klang beinahe wie ein Fluch. »Natürlich gehe ich auf Tournee. Ins Ausland, meine ich. Alma Ata, Taschkent, Samarkand.« Die Namen beschworen eine Faszination, die beinahe ebenso verblasst war wie ihre eigene. Sie lehnte sich nach vorn, und ein goldenes Halsband, das auf den breiten Feldern ihres Busens lag, versank unanständig in ihrem Dekolletee.

In diesem Moment brach hinter dem Vorhang hysterisches Gelächter aus. Ein Mann und eine Frau kreischten zwischen Atemholen, als kitzelten sie sich gegenseitig. Der Bus bebte.

»Ich bin von Kindsköpfen umgeben«, stöhnte Miriam und rang die Hände. »Mit wem kann ich denn reden?«

Das Gelächter hörte plötzlich auf, und der Vorhang öffnete sich. Es waren die Meerjungfrau und der stattliche Mann. Er trug immer noch sein Dinnerjackett, aber sie hatte einen blauen Trainingsanzug angezogen. Zwei lange Rattenschwänze fielen ihr über die Schulter. Schwüle Raffinesse hatte einer mädchenhaften Schüchternheit Platz gemacht. Der stattliche Mann schüttelte mir die Hand, während die Meerjungfrau kicherte und den Vorhang umklammerte, als hätte man sie in der Dusche überrascht. Miriam blickte sie finster an wie Eindringlinge. Dann flog die Tür auf, und der Türsteher hievte sich mit einem Teetablett und einem Grunzen in den Bus.

Wir waren nun zu sechst, wo schon zwei zu viel waren.

Mit dem Tee teilte der Türsteher Zigaretten aus wie Spielkarten. Wir versuchten abzulehnen, aber eine solche Unhöflichkeit hätte er nicht geduldet. Er steckte uns die Zigaretten in den Mund und zündete sie an. Shusaku stotterte. Die Meerjungfrau hatte sich von ihrem Vorhang losgerissen und schlürfte nun den Tee.

»Aber ich habe Sie noch gar nicht vorgestellt«, rief Miriam. Sie lieferte die Namen der beiden Sänger. »Ich habe sie vor einigen Jahren in Urumqi aufgelesen. Nach der Kulturrevolution war es schwer, gute Sänger zu finden. Er war Reinigungskraft am Theater. Er tat mir Leid.«

Der Große stand auf und warf seinen Stuhl um. »Sie haben mich zu einer Reinigungskraft gemacht.« Sei Gesicht hatte sich verfinstert. »Ich war Tänzer. Ich habe an einem Institut unterrichtet. Die Chinesen haben mich zum Putzmann gezwungen.«

»Reiß dich bitte zusammen.« Miriam fuchtelte mit der Zigarette zu ihm hin. »Denk an unsere Gäste.«

Der Tänzer-Putzmann war sich unsicher, wie er mit Würde wieder zu seinem Stuhl kommen sollte, bis der Türsteher, der wie der Schwergewichtschampion von Xinjiang aussah, bellte: »Setz dich hin.«

Die Meerjungfrau gab einen kleinen Quiekser der Belustigung von sich, dann versuchte sie, ihn zu vertuschen, als hätte sie einen fahren lassen.

Miriam wandte den Blick zu ihr.

»Ist das so lustig?«, fragte sie. »Wo wärst du denn heute? Zimmermädchen in einem Hotel?«

Darüber brach die Meerjungfrau mit einer beunruhigenden Plötzlichkeit in Tränen aus und floh hinter den Vorhang. Der Tänzer-Putzmann rannte ihr nach, Miriam rief ihnen Verwünschungen hinterher, und der Türsteher teilte eine neue Runde Zigaretten aus. Kurz danach entschuldigten wir uns und gingen. Miriam empfand unseren Aufbruch als eine Kränkung und weigerte sich, uns Lebewohl zu sagen.

Shusaku war von dem Abend nachhaltig erschüttert. Er verbrachte die ganze Nacht mit Seufzen über die Unterhaltungskünstler. Am Morgen schrieb er ein paar buddhistische Sutras auf ein Stück weißes Papier und brachte es hinüber zum Kino. Aber der Bus war fort. Sie waren nach Khotan abgereist. Sie hatten noch drei Wochen ihrer Tour vor sich.

In den letzten Feldern von Kuqa schoben sich Sanddünen durch das Getreide wie Buckelwale. Morgengrauen überzog die leere Straße, und die Kälte der Wüste kroch durch die schlecht schließenden Fenster in den Bus. Im Norden lag eine niedrige Reihe zerknitterter Berge. Im Süden reichten grüne und schwarze Sumpfgebiete an die Straße heran. Sie beschenkten uns kurzzeitig mit dem Anblick von Moorhühnern, die durch hohes Schilf flitzten. Später zog sich das Sumpfgebiet zurück und verschwand wie eine weitere Fata Morgana, einen weiten Schwung aschfarbener Leere zurücklassend.

Es war ein vergnügter Bus. Das Handgepäck bestand aus Apfelkisten, und jeder trug einen Hut. Die vorderen Reihen waren besetzt von einer fliegenden Einheit der chinesischen Luftwaffe, zehn Piloten in zerknitterten blauen Uniformen und mit einer Kollektion schlecht sitzender Mützen. Sie frühstückten trockenes Brot, spielten ein paar Partien Rommee, dann schlugen sie Karten auf und studierten unseren Kurs. Es schien niemanden im Geringsten zu verwundern, dass die Luftwaffe in öffentlichen Bussen fuhr.

Mein Nachbar war ein mürrischer Kerl mit einem Hut aus Schafswolle. In seinem Schoß wiegte er einen alten Arztkoffer, der Fetzen von altem Zeitungspapier enthielt, aus denen er sich seine Zigaretten drehte. Die außerordentlich geschickte Art, wie er sie rollte, war eine ziemliche Verschwendung angesichts der Tatsache, dass sie auseinander fielen, wenn er sie rauchte, und dabei unsere Schöße mit brennendem Zeitungspapier überschüttete. Er war Sänger und starrte missmutig aus dem Fenster, wobei er Klagelieder sang, so flach und eintönig wie die Landschaft. Jedes Lied hatte einen fast unerschöpflichen Vorrat an Strophen.

In Akku wurde er ersetzt durch einen anderen missmutigen Gesellen mit einem Hut aus Schafswolle. Der war seinem Vorgänger so ähnlich, dass es Brüder gewesen sein könnten, die beim selben Hutmacher arbeiten ließen. Der zweite Mann fand mich erstaunlich und konnte seine Augen nicht von mir lassen. Er berührte mein Haar, fingerte an meiner Hose herum und bestand darauf, dass ich meine Schuhe auszog, damit er sie begutachten konnte. Als ich ein Buch aus meiner Tasche holte, um zu lesen, nahm er es mir schweigend aus der Hand und starrte es minutenlang verständnislos an. Aber ich gewöhnte mich an ihn; seine große Tugend war, dass er nicht sang. Von Zeit zu Zeit schlief er über mich gebeugt ein.

Auf der anderen Seite des Mittelgangs saß ein fetter Mann im Anzug eines dünnen Mannes. In seinem beengten Sitz wölbte er sich eindrucksvoll, und ich fürchtete um die Nähte seines Jacketts. Sogar sein Hut sah aus, als wollte er jeden Moment unter Druck wegfliegen.

Die Unterhaltung drehte sich um Währungen, und ich zeigte eine Zehn-Pfund-Note, die eine erfreulich ehrfürchtige Aufnahme fand. In seiner Eigenschaft als Mann von Welt – er war schon einmal in Pakistan gewesen – nahm der fette Zeitgenosse die Sache in die Hand und erklärte den anderen Passagieren, wie es sich damit verhielt. Er identifizierte die Queen als den großen englischen Padischah, Lilibut den Ersten. Ich erklärte, dass es in Wirklichkeit Florence Nightingale sei, eine berühmte Krankenschwester. Diese Neuigkeit schickte die Währung in einen sofortigen freien Fall. Die Passagiere starrten auf meinen Zehner, als wären es albanische *leks*. In China sind Krankenschwestern Bürgerinnen von sehr geringem Ansehen.

Die interessanteste Figur war ein Prachtbursche, der gegenüber der Luftwaffe mitten in einem Schwarm Frauen saß. Er trug einen hohen Samthut mit Fuchspelzbesatz, der an die Busdecke stieß. Dicke Augenbrauen klebten wie Markisen über hellen, tief liegenden Augen und einer römischen Nase. Wenn er lächelte, blinkten Goldzähne. Er trug hohe Stiefel und einen Übermantel mit geblümtem Futter.

Er setzte sich auf der anderen Seite des Mittelgangs neben mich mit einer Reihe diätetischer Fragen. Er war erleichtert zu hören, dass ich keine Esel oder Hunde aß, war aber enttäuscht wegen der Schweine. Der Chinese, sagte er, und schnitt ein Gesicht, isst alles, was sich bewegt.

Er war betroffen, dass ich keine *khanum*, keine Frau, hatte. Ein Mann müsse eine Frau haben, erklärte er. Der gesamte Bus, entzückt über das Novum, dass ein Fremder wenigstens ansatzweise Uigurisch sprach, reckte die Hälse. Sie stimmten alle zu. Ein Mann muss eine Frau haben, erklärten sie im Chor.

Mein Freund war schockiert, dass ich so weit gekommen war, ohne eine Frau.

»Sie müssen sich sofort nach einer umschauen«, rief er. »Es ist höchste Zeit.«

Er beugte sich über den Mittelgang. »Ich werde ihnen sagen, worauf Sie achten müssen. Ich kenne mich aus. Ich habe vier Frauen.«

»Erstens«, fuhr er fort, »ein kleiner Mund und große Augen. Zweitens darf eine Frau nicht zu groß sein oder zu klein. Drittens die Nase. Wenn sie zu groß ist, macht sie vielleicht Schwierigkeiten beim Küssen.«

»Schließlich«, erklärte mein Freund, »muss man unbedingt auf die Brüste achten.«

Er sah mich Zustimmung heischend an. Ich versicherte ihm, dass ich keinesfalls die Absicht hätte, nicht auf die Brüste zu achten.

»Gut«, sagte er. »Die Brüste sind sehr wichtig. Es ist äußerst wichtig, dass sie elastisch sind. Elastische Brüste, das ist es.« Die anderen Passagiere nickten unisono.

Später kehrte er zu der Gesellschaft der Frauen vorn im Bus zurück. Seine Frauen waren unnahbare Gestalten, die Arme hatten sie sich gegenseitig um die Schultern geschlungen. Wenn er sich zwischen sie kuschelte, wurde der Patriarch zum kleinen Jungen. Sie nahmen ihm den Hut ab und strichen sein Jackett glatt. Sie schickten ihn Äpfel aus dem Gepäckträger holen. Sie beruhigten ihn, wenn er unruhig wurde, und legten ihn in die Ecke schlafen.

Bei einer polizeilichen Straßensperre in der Nähe von Artush ergab sich ein Problem mit den Papieren des Fahrers. Er hatte keine. Ich hatte mich schon seit einer Weile gefragt, ob er überhaupt ein Fahrer war. Er fuhr mit geringer Geschwindigkeit und legte eine unübliche Rücksicht gegenüber anderen Fahrzeugen an den Tag. Und er benutzte äußerst selten die Hupe. Das war in höchstem Maße verdächtig.

Der Polizist nahm ihn fest und kettete ihn an einer Bank hinter der Wachhütte an. Scharf darauf, nach Kashgar zu kommen, bildeten die Passagiere eine Delegation der Diplomatischsten unter ihnen, um seine Freilassung zu erwirken. Ich war Teil ihrer Hoffnung, dass die Störung der Reise eines Ausländers unseren Einspruch beeinflussen könnte, wenn alles andere nichts half. Es funktionierte. Der Fahrer bekam die Erlaubnis, bis nach Kashgar – etwa eine

Stunde entfernt – weiterzufahren. Wir setzten die Fahrt fort wie ein Präsidentenkonvoi, mit Polizeifahrzeugen vorn und hinten, deren Blaulichter blinkten.

In den weitläufigen Oasen von Kashgaria lagen die Tümpel und Kanäle im goldenen Dämmerlicht. Als wir die Stadt erreichten, war es bereits dunkel, und wir erschnupperten uns den Weg durch die unbeleuchteten Straßen. An einer staubigen Ecke hielt der Fahrer plötzlich an, sprang aus dem Bus und floh in die Nebenstraßen, wo ihn die Polizei verfolgte. Wir stiegen aus und banden unser Gepäck vom Dach los.

Ich nahm einen Eselskarren zum Hotel. In den engen Gassen des Basars saßen bärtige Männer bei Gaslicht in den Geschäften, mitten zwischen ihren Waren. Wir fädelten uns durch dichte Trauben verschleierter Frauen und Männer mit Turbanen, nur unterbrochen von Reitern auf zartfüßigen Eseln. Rauchwolken von den abendlichen Kochbuden hüllten die ganze Szene ein. Endlich ratterten wir eine lange Allee mit alten Bäumen hinunter, vorbei an den Überresten der Stadtmauer, und bogen in eine breite Einfahrt ein. Auf dem Torpfosten konnte ich den Namen erkennen: Hotel Semen.

11
IN GEHEIMER MISSION

»Vor der Erfindung des Telegrafen und des Flugzeugs«, so schrieb der englische Journalist Peter Hopkirk, »war die kleine lehmummauerte Stadt Kashgar einer der einsamsten und unzugänglichsten Orte auf Erden.« Das ist lange so gewesen. Als der griechische Geograf Ptolemäus im zweiten nachchristlichen Jahrhundert Kashgari in seine Weltkarte einzeichnete, platzierte er den Ort und die Region in die gleiche Umgebung wie die Pferde essenden Skythen, die Kannibalen und die Terra Incognita, als wäre es nur dem Gerücht nach eine Stadt. Dennoch war Kashgar die Metropole jener Gegenden. Peter Fleming, der englische Journalist, der 1936 mit der Schweizer Reiseschriftstellerin Ella Maillart von Peking nach Kashgar reiste, sagte über die Stadt: »Ihr ausgefallener Name bedeutet Zivilisation.«

Kashgar bot einen der Schauplätze für den viktorianischen Kalten Krieg, der in Zentralasien zwischen dem Russischen und dem Britischen Reich ausgetragen wurde, das so genannte *Great Game*. In einer Zeit, als Chinesisch-Turkestan so abgelegen war wie die Antarktis, fanden beide Mächte Gefallen an der Idee, es für eine lebenswichtige Einflusssphäre anzusehen, insbesondere angesichts Pekings schwächlichem Zugriff auf die Gegend. Die Russen, die sich schon einen beträchtlichen Teil von Westturkestan einverleibt hatten – vom Kaspischen Meer bis Alma Ata –, eröffneten 1882 ein Konsulat in Kashgar, besetzt mit dem berühmten Grafen Nikolai Petrovsky, einem »militanten Britenhasser«. Aus Angst, der nördliche Zugang nach Britisch-Indien könnte bedroht sein, entsandten die Briten acht Jahre später ihren eigenen Beauftragten.

An dem einsamen Ort bildeten die beiden Konsulate das Zentrum einer kleinen europäischen Gemeinde, zu der auch eine Hand voll schwedische Missionare, vergnügungssüchtige Calvinisten und ein holländischer Priester gehörten, mit denen sich George Macartney, der britische Beauftragte, Lateinisch unterhielt. Den Forschern, Archäologen, Missionaren und Spionen, die quer durch die Wüsten von Xinjiang herbeiströmten, boten die Konsulate eine Oase der Zivilisation: Bäder und frische Bettwäsche, eisgekühlte Getränke, Lehnstühle und illustrierte Zeitschriften, alles dargeboten in einer Landhausatmosphäre.

Unter dem Firnis gesellschaftlicher Nettigkeiten brodelten in Kashgar aber Intrigen der internationalen Spionage. Die beiden Konsuln waren vor Ort, um ein Auge aufeinander zu haben, und ihre Beziehungen prägte eine wunderbare Heuchelei. Zwischen den Einladungen zum Diner öffneten sie über Wasserdampf die Korrespondenz des jeweils andern. Zwischen Tennisturnieren und Gartenfesten gaben sie sich alle Mühe, dass der jeweils andere des Landes verwiesen wurde. Hausgäste wurden als Spione verdächtigt, Diener waren Doppelagenten, und Bankette, von russischem Wodka belebt, wurden mit Attentaten gewürzt.

Die beiden alten Konsulate, die eine halbe Meile voneinander entfernt liegen, beherbergen nun die beiden wichtigsten Hotels der Stadt. Bei dieser Umgestaltung schneidet Chini Bagh, das britische Konsulat, schlecht ab. Ein minderwertiger mehrstöckiger Kasten ist in seinen Vorgarten gesetzt worden, der pakistanischen Händlern und ruhrkranken Rucksacktouristen Obdach bietet, und das alte Haus ist zum »Duftenden Restaurant« reduziert worden.

Das russische Konsulat hatte mehr Glück. Düstere Reihen von Birken und Zypressen säumen noch immer die Einfahrt entlang der abblätternden Datschen. In den Empfangsräumen sind die großen Fenster gegen Licht und Staub abgeschirmt, und die roten Samtvorhänge über den Türen geben den Ein- und Ausgängen etwas Theatralisches. Eine hohe Gartenmauer hinter alten Rosensträuchern und einem verfallenden Gewächshaus hält die eigentliche Stadt nach wie vor auf Abstand. Spitzenreiter unter den Annehmlichkeiten des Hotels Semen ist das Bad von Oberst Petrovsky, eine altertümliche Konstruktion von russischen Ausmaßen. Nach dem Kohlenschuppen in Kuqa hätte ich mir keinen größeren Luxus in Kashgar vorstellen können.

An einem langweiligen Boulevard, unweit des Busbahnhofs, steht eine monolithische Maostatue, eine der letzten in China. Sie hebt eine Hand im Freundschaftsgruß zu den Gassenjungen, die schlaffe Fußbälle in die steinige Fläche des Volksparks kicken. In den neueren Zeiten der Veränderung wurden Versuche unternommen, den Großen Vorsitzenden zu entfernen, aber er ist so gebaut – gewitzter Politiker, der er war –, dass sein Abbruch die benachbarten Gebäude bedrohen würde. Also bleibt er stehen und führt den Vorsitz über eine Stadt, die er einst zerstören wollte.

Der Machtwechsel in China 1949 war eine Tragödie für Kashgar. Eine entfernte chinesische Verwaltung wurde plötzlich von einem energischen Regime abgelöst, dessen Vorstellung von Regierung über gelegentliche Telegramme weit hinausging. Junge chinesische Kader kamen an, in der Absicht, eine schöne neue Welt nach ihrer eigenen Vorstellung zu schaffen. Sie rissen die alten Stadtmauern nieder und pflügten ihre gefürchteten Prachtstraßen durch Kashgars Kaninchenbau aus kleinen Gassen. Ihre Rede von Kameradschaft zielte darauf ab, die Unterschiede zwischen Chinesen und Turki zu verwischen, die so wichtig für das uigurische Selbstverständnis sind. Der Marxismus machte Angestellte aus Menschen, die an eine Wirtschaft gewöhnt waren, welche sich rund um den Basar abspielte. Die Kulturrevolution stellte einen Angriff auf die

Turki-Kultur dar, gezielt auf die Moschee. Die uigurische Sprache durfte nicht mehr in arabischer Schrift geschrieben werden, der Islam stand auf dem Pranger, der Koran wurde geächtet, die Mullahs wurden verhaftet und aufs Land geschickt. Die Id-Kah-Moschee, das Wahrzeichen der Stadt, wurde von den Roten Garden geplündert.

Kashgar überlebte auf die gleiche Weise, wie es einst Dschingis Khan überdauert hatte. Es zog den Kopf ein und wartete, dass der Sturm vorüberging. In den heutigen, entspannteren Zeiten hat die Moschee ihren Platz im uigurischen Leben zurückgewonnen, und der Basar, jetzt frei von allen Einschränkungen, ist wieder das Zentrum des wirtschaftlichen Lebens. Die wachsende Freiheit hat allerdings einem antichinesischen Gefühl eine Stimme gegeben. Massive chinesische Siedlungsprogramme hätten die Turkis zu einer Minderheit in ihrem Land machen können, aber in Kashgar sind bisher nur zehn Prozent Chinesen. Die meisten sind Regierungsbeamte und Soldaten. Sie verwalten eine Bevölkerung, die unter der chinesischen Herrschaft zunehmend unruhig geworden ist.

In den staubigen, sonnenbeschienenen Gassen von Kashgar paradieren Angehörige aller Völker Zentralasiens mit ihren typischen Kopfbedeckungen: die Usbeken mit breiten Gesichtern und schmalen Filzhüten, die Kasachen, rotgesichtig vom Gebirge, unter praktischen flachen Mützen, Tadschiken mit Habichtgesichtern in Gehröcken und mit Turban, die Uiguren in langen Baumwollgewändern und mit hübsch bestickten Pillenschachteln, die Kirgisen wie Sturmtruppen in hohen Stiefeln unter Schaffellhauben. In dieser Menschenmenge fallen die Han-Chinesen auf, nicht so sehr wegen ihrer Farblosigkeit oder des Mangels an Prahlerei, sondern weil sie keine ansprechenden Kopfbedeckungen ihr eigen nennen. Der Hut ist in Zentralasien das, was in Nordamerika das Auto ist: Es ist unmöglich, ohne auf die Straße zu gehen.

In den Werkstätten von Kashgar stellt Hutmacherei die einzige Konkurrenz zur Fabrikation von Truhen dar. Ganze Straßenzüge sind den Truhenherstellern vorbehalten. Fieberhaft hämmern sie Muster in das goldfarbene Blech, das bunt die Kästen schmückt, und stellen die Ergebnisse ihrer Arbeit vor ihren engen Läden auf der Straße zur Schau. Es ist ein gutes Leben, dessen Grundlagen in einer Truhe und einem anständigen Hut bestehen.

In den benachbarten Straßen hämmerten Stiefelmacher, geschwärzt von Schuhwichse, Absätze auf hohe Reiterstiefel. Um die Ecke beschlug ein Hufschmied Pferde. Jedes war festgebunden und durch ein ausgeklügeltes Seilsystem zur Unbeweglichkeit verdammt. Stellmacher stapelten riesige Speichenräder auf, und Tischler, bis zu den Knien in Sägespänen, bauten Betten. In einer Gasse, wo Kinder Reifen jagten, polierten Sattler die federgeschmückten Pferdegeschirre.

In flachen Buden entlang der Marktstraßen lagerten Juweliere und Kuriositätenhändler auf Kissen zwischen antiken Handspiegeln, vorrevolutionären Rubeln, Schnupftabaksdosen und Ohrgehängen wie Pferdeschmuck. In der Straße der Kleiderhändler, wo die Buden mit hellen Stoffbahnen abgeteilt waren, herrschte ungewöhnliche Stille, eine Ruhe inmitten von Seiden und lebendigen Baumwollballen. Die Händler dösten über ihrer Ware, während vermummte Frauen flüsternd miteinander konferierten.

In den Marktstraßen verdickte sich das Gedränge zwischen fröhlichen Häusern mit Balkonen. Die Fahrer der *tarantasse* knallten unter den roten Markisen mit ihren langen Peitschen, die Eselskarrenführer machten sich den Weg frei, indem sie *»boish, boish!«* riefen, und Radfahrer mit am Lenker hängenden Hühnern bimmelten mit ihren Fahrradklingeln. Ein Mann in einem Filzmantel und mit einem Piratenbärtchen trottete auf einem langbeinigen Kamel vorbei, ein anderer trieb Fettschwanzschafe durch die Beine von

Eisenwarenhändlern hindurch, die ihre Nägel eimerweise verhökerten. Obstverkäufer bauten aus purpurroten Feigen, getrockneten Aprikosen und Rosinen große Pyramiden, Zuckerhändler machten sich mit Hacken über Zuckerblöcke her, Waffenhändler zeigten schillernde Auslagen voller verzierter Messer, während vor den Nudelläden die Köche lange Teigwürste ausrollten, auszogen und sie zu Nudeln zerteilten wie Magier, die einen Seiltrick vorführen.

Vor der Id Kah, der größten Moschee Chinas, wedelten Irre und Philosophen mit ihren zotteligen Bärten; unter dem Glockenturm sammelten sich die Taubenliebhaber zu einem improvisierten Markt und zogen preisgekrönte Vögel aus den Tiefen ihrer Hosentaschen. Die besten weißen Tauben gingen für ein Pfund weg.

Auf dem Platz hatte sich eine Menschenmenge versammelt und sah einem Kerl mit bloßem Oberkörper, einem Zweispitz und roter Schärpe zu. Er war eine Kreuzung aus einem Quacksalber und dem örtlichen Arzt für Allgemeinmedizin. Während seine beiden Söhne Räder schlugen, bot er der Menge behüteter und verschleierter Gestalten eine Wunderkur in Form klebriger Papierfetzen an, die in erhitzter Form auf steifen Schultern, schlimmen Rücken, schmerzenden Knien, Warzen Anwendung finden und die auch gegen Sprachfehler helfen sollten. Als Höhepunkt seiner Show zerbrach der Unterhaltungskünstler Ziegelsteine auf dem Bauch seiner Söhne und machte sie anscheinend für ihr Leben zu Krüppeln. Aber nach einer kurzen Anwendung des klebrigen Papiers waren sie wieder kerngesund. Die Menge begehrte lautstark den Kauf des Wundermittels.

Bei Sonnenuntergang rief der Muezzin, und die Männer marschierten in langen Reihen durch das Portal der Moschee in einen weiten Hof, der angeblich 8000 Gläubige fassen kann. Zwischen den Lindenbäumen und den vom Ansturm mit Matten bedeckten Säulengängen versammelten sie sich, einer folgsam hinter dem anderen, murmelten Unterwerfung, knieten sich nieder und verneigten sich gleichzeitig in Richtung Mekka. Als sie sich wieder nach draußen begaben, warteten an den Toren Frauen und hielten Brotlaibe hoch. Die Gläubigen spuckten auf die Brotlaibe, die dann für die Kranken nach Hause gebracht wurden.

Nach den Gebeten wateten die Männer durch Wolken von Holzkohlenrauch zu den Essensständen und Imbissbuden, die gegrilltes Lamm, warmes Fladenbrot und Tee feilboten. Mit Einbruch der Dunkelheit zündeten die Standbesitzer riesige Sturmlampen an, und die Männer ließen sich nieder zu einer zweiten Portion und zum Klatsch vom Basar. Das Abendessen war, wie das Gebet, eine rein männliche Angelegenheit.

Etwas von der Spionageatmosphäre, der Balance aus Melodram und Farce, hing der alten Stadt immer noch an. Der Ort war voller Geheimorganisationen, Verschwörungen, Spione und Informanten. Ich war erst drei Tage in Kashgar und stand schon auf der Liste als ausländischer Agent.

Ich kaufte Briefmarken im Postamt, als ein junger Mann mit einer flachen Mütze und einem widerspenstigen Schnurrbart sich an mich heranschlich unter dem Vorwand, ein Anschlagbrett zu prüfen.

»Treffen Sie mich im Teehaus hinter der Id Kah«, flüsterte er, bevor er sich wieder wegschlich.

Normalerweise akzeptiere ich keine Befehle von fremden Männern in Postämtern, aber ich hatte eine Ahnung, wer er war. Ich hatte in meinem Hotel schon mit einem Empfangsdiener über Politik diskutiert. Er hatte mir gesagt, er wolle mich mit jemanden in Kontakt bringen, der mir meine Fragen besser beantworten könne. Seine geheimniskrämerische Art hatte mich dazu gebracht, eine ebenso geheimniskrämerische Annäherung zu erwarten.

Ich traf meine Kontaktperson auf dem Teehausbalkon über einer Straße mit Hutläden und Lastkamelen. Anvar war die gefährlichste aller Gestalten: ein Revolutionär, der im Hof eines anderen lebte. Er war uigurischer Nationalist, der auf den Umsturz der chinesischen Herrschaft in Xinjiang und die Errichtung eines unabhängigen Ostturkestan hinarbeitete. Er fragte mich, ob ich das Schild auf dem Kreisverkehr bei meinem Hotel gesehen hätte.

»Es ist in Chinesisch. Es mahnt die Siedler, ihre zweite Heimat aufzubauen«, sagte er. »Welche Leute haben das Recht auf eine zweite Heimat? Das hier ist Turkestan. Es ist unsere Heimat, nicht eine zweite Heimat für die Chinesen.« Er sprach Englisch mit mir, so dass unsere Nachbarn auf dem Balkon nichts verstehen konnten.

Der Tee kam, und Anvar zog zerknitterte Papiere aus dem Futter seines Jacketts. Ich machte mich auf politische Traktate gefasst, aber er fing an, mir Gedichte vorzulesen. Zwischen den Gedichten erzählte er mir Geschichten vergangener Revolten und geplanter Aufstände. Beides ging für mich ineinander über, die Gedichte und die Revolution, sodass die Verse über Liebe und Verlust wie Kampfaufrufe klangen und die Geschichten über Guerillakrieg verträumt und schwärmerisch. Eine bekannte schlechte Angewohnheit, diese Vermischung von Politik mit privaten Kümmernissen und Leidenschaften.

Wie viel poetische Freiheit in die Berichte von früheren Unruhen in Xinjiang eingeflossen ist, war für mich schwer auszumachen. Vieles von dem, was er mir erzählte, konnte ich später durch andere Quellen verifizieren, aber die Einzelheiten waren teilweise fragwürdig, als wären die Geschichten schon Teil der Mythologie, auf der Nationen aufgebaut wurden. Die Themen waren Verrat, Rache und Heldentum. Sie hatten biblische Qualitäten. Sogar Pferde spielten ihre Rolle.

Anfang 1990 hatten sezessionistische Kräfte einen Aufstand geplant, der in dem Dorf Aktu, etwa 48 Kilometer südlich von Kashgar, beginnen sollte. Wie andere Uiguren, die mir von den Ereignissen in Aktu berichtet hatten, flüsterte auch er mir den Namen zu, als wäre das Wort allein schon Hochverrat.

Monatelang waren Waffen und Munition gesammelt worden, viel davon vor Ort erworben, anderes über die Grenze von Pakistan geschmuggelt. Aufrührer organisierten sich in Zellen und begannen zu trainieren, und geheime Verständigungswege wurden eingerichtet. Aktu war natürlich befestigt, und auf ein Signal hin würden sich die Männer aus ganz Kashgaria dort sammeln, um die Stadt mittels eines Aufstands einzunehmen, der sich über die anderen Zellen auf ganz Xinjiang ausbreiten sollte.

Die Verschwörung scheiterte im Basar von Kashgar. Einer der Aufständischen war in die Stadt geschickt worden, um ein Pferd zu kaufen, und hatte sein Herz an eine wunderbare graue Stute verloren, ein hoch gewachsenes Geschöpf einer Rasse, die heute in China selten ist und von den berühmten Turcoman-Pferden aus Ferghana abstammt. Die Verkaufsverhandlungen liefen schlecht, er konnte den Pferdehändler nicht auf sein Angebot drücken. In der Hitze der Auseinandersetzung hatte der Uigur ihn inständig gebeten und gesagt, seine Leute brauchten das Pferd unbedingt, er müsse es ihm lassen zum Wohle Turkestans. Diese Bemerkung wurde aufgeschnappt. Die chinesische Geheimpolizei unterhielt ein ausgedehntes Netzwerk an Informanten.

Es folgte eine Reihe von Festnahmen, und unter Folter wurde der geplante Umsturz aufgedeckt. Als die Nachricht die schon in Aktu versammelte sezessionistische Führung erreichte, beschloss sie, sofort loszuschlagen, bevor die Chinesen die Gelegenheit zu einer Razzia hätten. Sie stürmten den Armeeposten und das Amt für öffentliche Sicherheit und töteten die chinesischen Beamten. Aber die im übrigen Xinjiang erwarteten Aufstände blieben aus. Die Chinesen, jetzt vorgewarnt, erhöhten ihre Sicherheitsmaßnamen und verhafteten die üblichen Verdächtigen. Die Männer in Aktu waren isoliert. Panzer und Flugzeuge wurden losgeschickt und die Stadt einem massiven Bombardement ausgesetzt; Männer, Frauen und

Kinder wurden getötet. Der Aufstand war beendet, noch bevor er richtig begonnen hatte. In Kashgar und anderen Städten Xinjiangs brachen Krawalle aus, aber sie wurden schnell und unbarmherzig niedergeschlagen. Der 1990er-Aufstand bot den Chinesen den Grund, die Gegend um Kashgar für Ausländer zu sperren und die Grenze nach Pakistan zu schließen. Sie blieb bis 1992 geschlossen.

Als Anvar seine Geschichte zu Ende erzählt hatte, setzte sich ein Mann an den Nebentisch. Er war angezogen wie der Spion in der Vorstellung einer Laienspielschar. Er trug einen Filzhut und eine dunkle Brille. Den Mantelkragen hatte er hochgeschlagen. Er rauchte, ohne die Zigarette aus dem Mund zu nehmen, und sah aus wie George Raft, der Schauspieler mit der Vorliebe für Gangsterrollen, an einem schlechten Tag.

Während er Tee trank und Zigaretten aß, rückte er ständig mit seinem Stuhl und schob ihn immer näher an unseren Tisch heran. Anvar hatte begonnen, über unverfängliche Dinge zu reden, das Wetter, seine Familie. George Raft saß nun so gut wie auf meinem Schoß.

Als wir aufstanden, um zu gehen, folgte uns der Laienspielspion. Auf der Straße schritt Anvar schnell voran und wich dem Gedränge aus. Wir bogen um eine Ecke und schlüpften in ein Speisehaus voller langer Tische und Dampf und gingen geradewegs durch bis zur Küche. Die Köche, vermutlich an Anvars Kommen und Gehen gewöhnt, blickten kaum auf, als wir die Hintertür öffneten und in eine Gasse traten, in der Hufschmiede arbeiteten.

Ich hatte viel Spaß dabei, mit George Raft in einem entlegenen Nest in Zentralasien Räuber und Gendarm zu spielen. Ich hatte sogar Gelegenheit, den alten Restaurant-Hintertür-Trick anzuwenden.

Aber Anvar war alles andere als erfreut. Er zitterte.

»Wer war das?«, fragte ich.

»Geheimpolizei«, sagte er.

»Der war aber nicht sehr geheim.«

»Sie mögen keine Leute, die mit Fremden reden.«

Er war verängstigt, blickt sich ständig über die Schulter. Seine Hände zitterten. »Ich muss gehen. Kommen Sie morgen zu mir«, sagte er. »Ich brauche Ihre Hilfe. Ich hinterlasse Anweisungen in Ihrem Hotel.«

Am selben Abend händigte mir der Empfangsdiener eine kleine, handgemalte Karte aus. Es war die Wegbeschreibung zu Anvars Haus.

Am nächsten Morgen fand ich den Platz in einem der älteren Bezirke, wo die Häuser über die gewundenen Gassen hinausgewachsen sind und eine Art Straßentunnel gebildet haben. Eselskarren kamen unerwartet um die Ecke gebogen, und Kinder hüpften zwischen den staubigen Sonnenstrahlen umher. Durch die angelehnten Türen warf ich einen Blick in Innenhöfe mit Weinranken und langen Veranden mit Teppichen. Als ich vorbeiging, schauten mir Frauen nach.

Anvar lebte in einem Innenhof. Das Haus war verlassen und verschlossen. Der Eigentümer, sagte er, erlaubte ihm, im Hof zu bleiben, weil er ein Mitglied der Organisation war. Seine Bettrolle lag auf der Veranda, eine kleine Katze schlief zu seinen Füßen. Ein Primuskocher war da und ein hohes, mit Papieren bedecktes Holzpult. Anvar packte gerade und nahm seine Kleider vom gestrichenen Geländer, wo sie trockneten.

»Ich muss weg«, sagte er. »Eine Botschaft aus Urumqi ist angekommen.«

Er warf seine Kleider in einen Sack und verfrachtete seine wenigen Habseligkeiten, eine Schale, ein Wasserkessel, eine Laterne, in ein Versteck auf dem Dach. Ich fragte mich, ob sein hastiger Aufbruch etwas mit George Raft zu tun hatte.

Am Schreibpult schob er Papiere zusammen. »Würden Sie ein paar Briefe für mich aufgeben?«

»Natürlich«, sagte ich.

»Nach Pakistan. Für mich ist es nicht sicher, wenn ich sie hier in China abschicke. Sie beobachten mich.« Er faltete die Blätter und schob sie in Umschläge. »Schreiben Sie die Adresse?« Ich schrieb die Anschriften auf die Kuverts. Sie waren an Kontaktpersonen im Ausland, in Amerika, in Pakistan und in Saudi-Arabien, gerichtet. Einer ging an den Militärattaché einer ausländischen Botschaft in Peking. »Es sind geheime Briefe. Über unsere Organisation. Ihr Gepäck werden sie nicht durchsuchen, weil Sie Ausländer sind. Jedenfalls werden sie denken, es seien Ihre Briefe, und deswegen keine Scherereien machen.«

Ich steckte sie in meine Tasche. »Ich muss mich jetzt beeilen«, sagte er. »Danke. Ich bin Ihnen für Ihre Hilfe sehr dankbar.«

Er blickte durchs Schlüsselloch, um zu sehen, ob die Straße leer war. Dann schüttelte er mir die Hand und ließ mich hinaus.

Es heißt, dass 100 000 Menschen den Sonntagsbasar in Kashgar besuchen. Lange vor Morgengrauen waren die Straßen vom Verkehr verstopft. Pferde- und Eselskarren standen Schnauze an Schwanz. Junge Männer überholten eilends, aufrecht stehend mit ihren Peitschen, wie bei einem Wagenrennen. Reiter und Kamelreiter kürzten den Weg über die Felder ab, um dem Gedränge zu entgehen. Jeder kam *en famille*, unverheiratete Töchter und zusammengeschrumpfte Großmütter saßen oben auf dem Eselsfutter zwischen Hühnern und den Säcken mit ihren Erzeugnissen. Jahrelang war der Basar verboten gewesen, aber jetzt, unter einem entspannteren wirtschaftlichen System, hat die alte Orgie des Kaufens und Verkaufens ihren Spitzenplatz im gesellschaftlichen Kalender Kashgars wieder erlangt. Ein Ort zum Sehen und Gesehenwerden.

Man bekommt alles auf dem Basar von Kashgar – einen neuen Kamin, einen Hut aus Fuchspelz, Saatgetreide, eine Garderobe, ein paar Schafe, einen Spucknapf, einen Mantel, Dachsparren, Hufeisen, ein Pferd, eine Wiege, ein Kamel. Gegen Mitte des Vormittags sind die Massen beinahe undurchdringlich, die Parkplätze für die Karren ein chinesisches Puzzle aus umgedrehten Gespannen, und die geballte Menge Esel, die unter schattigen Bäumen angebunden ist, trägt schon Eselskämpfe aus und beißt sich gegenseitig ins Hinterteil.

Wie auf jedem östlichen Basar halten die Branchen zusammen, die beste Möglichkeit, den Markt zu kontrollieren. Reihen bärtiger Apotheker, umgeben von kleinen Säcken mit merkwürdigen Pulvern und Wurzeln, warteten mit mürrischen Gesichtern und mit Mörsern und Stößeln auf die Kranken. Schneidereien, die im Freien Anproben fantastischer Westen anboten, verschmolzen mit Reihen von Barbieren, die beflissen die Kopfhaut bärtiger Patriarchen rasierten, welche dann in die Hutmacherallee eilten. Um die Ecke in der Unterwäscheabteilung handelten verschleierte Frauen in Gesundheitsstrümpfen um rosa Negligees mit gewagten Dekolletees. Zwischen den Hufeisen- und Fahrradschlauchhändlern war der Platz der Farbenverkäufer. Ihre weißen Bärte waren mit Farbstoffen befleckt, und sie löffelten kleine Häufchen pulverisierter Farbe auf Quadrate aus Zeitungspapier.

Die aufregendste Abteilung des Basars war der Pferdemarkt. Im Zentrum lag ein nackter Streifen Erde, auf dem potentielle Käufer, begierig, die Ware zu testen, in Staubwolken auf und ab galoppierten, ihre Reittiere dahin und dorthin schwenkten, um ihre Empfindlichkeit zu prüfen. Ein starrköpfiges, unempfindliches Maultier warf drei Melonenkarren um und galoppierte durch die Menge. Es trug einen älteren Herrn. Keiner von beiden wurde wieder gesehen.

Viele der Reiter waren draufgängerische Jungs, von den Besitzern angemietet, um ihre Ware vorzuführen. Sie drehten und wirbelten ihre Reittiere herum wie Skateboarder. Graubärte agierten wie wandernde TÜV-Prüfer, streiften durch die Menge und teilten unschlüssigen Käufern bereitwillig ihre Meinung zu einem Tier mit, wobei sie dessen Zähne und seinen Schädel untersuchten. Die Kaufverhandlungen waren hart und begleitet von der ganzen Bandbreite an Basartheatralik, mit Launen und Verstimmungen, plötzlichem Weggehen und widerstrebendem Zurückkommen. Zwischenhändler zahlten fünf Prozent an Käufer und Verkäufer und pendelten unruhig zwischen Schmeichelei und Einschüchterung auf der Suche nach einer gemeinsamen Grundlage. Um die anderen im Unklaren über ihre Konditionen zu lassen, hielten sich die Männer an den Händen und kommunizierten ihre Angebote und Gegenangebote durch Fingerdruck. Wenn ein Handel perfekt war, pressten Käufer und Verkäufer die Handflächen auf den Boden zum Zeichen für ihre Ehrlichkeit.

In diesem Gedränge aus Reitern und Tieren traf ich meinen Freund aus dem Bus wieder, den ältlichen Patriarchen, der mich in Sachen Frauen beraten hatte. Er trug einen purpurroten, mit einer pinkfarbenen Schärpe gegürteten Morgenrock und ein Messer mit eingravierten Schlangen. Er schüttelte mir heftig die Hand, erfreut, mich zu sehen, als wäre der Bus ein Trauma, das uns verband. Sein Pferd, erklärte er, sei gestorben – er sehe sich nach Ersatz um.

»Ein Mann ohne Pferd ist nur ein halber Mann«, erklärte er.

Ich fragte ihn nach den verschiedenen Rassen.

»Es sind im Wesentlichen zwei«, sagte er. »Das Ili-Pferd und das Barkol.« Er deutete zu einem Grauen hin, das die Bahn heraufgaloppierte mit einem achtjährigen Jockey auf dem Rücken. Es drehte sich vor uns um und hatte Schaum vor dem Mund. »Das ist ein Ili. Sie sind zuverlässig und haben einen guten Charakter. Es sind große Pferde, aber sie laufen nicht sanft. Der Boden in Ili ist steinig. Die meisten anderen sind Barkol- oder Yanqi-Pferde. Die laufen sanft, denn Barkol ist ein sandiges Land. Sie sind schwierig, unbeständig, aber sie werden nie müde. Die Chinesen sagen, die Löcher in ihren Herzen seien schief. Aber was verstehen die Chinesen schon davon? Die haben doch Angst vor Pferden.«

Mein Freund war wild auf einen reizenden Braunen, einen Ili, ein großes, hageres Pferd mit einem kraftvollen Wechsel der Gangart und einer edlen Haltung. Er bestieg es und ritt die Bahn auf und ab. Er saß prächtig da, ein würdiger alter Mann, aufrecht und ernst. Mit der kleinsten Bewegung der Zügel konnte er das Pferd dirigieren. Pferd und Reiter schienen füreinander geschaffen zu sein. Ich konnte sehen, dass der alte Mann sein Herz an das Pferd verloren hatte. Eine jugendliche Leidenschaft überzog sein Gesicht. Er diskutierte vom Sattel aus mit dem Zwischenhändler, als könnte er sich nicht zum Absteigen entschließen, für den Fall, dass ihm das Pferd und das Geschäft durch die Lappen gingen. Ich fürchtete, seine Begierde war zu deutlich sichtbar, um einen guten Preis zu erzielen, und überließ ihn seinen Kaufverhandlungen.

Die heißest ersehnten Waren auf dem Basar gehörten zu den wertlosesten. Pakistanische Händler verkauften billigen Modeschmuck, und das fieberhafte Verlangen der Damen nach diesem Tand war unglaublich. Sie kämpften darum, ihn in die Finger zu bekommen, und rissen die Händler beinahe in Stücke. Es war ein vertrautes Bild, wie die Pakistani von Trauben verschleierter Frauen durch den Basar verfolgt wurden. Ich fand einen versteckt im Holzlagerplatz.

»Das Geschäft läuft gut«, sagte ich.

Er zuckte die Schultern. »Was an einem Ort alltäglich ist, ist irgendwo anders eine Seltenheit.« Marco Polo hätte es nicht besser auf den Punkt bringen können. Es könnte das Motto der Seidenstraße gewesen sein.

Gegen Ende des Tages traf ich meinen Freund aus dem Bus an einer Knödelbude wieder. Bullen rasten vorbei und zerstreuten die Massen. Der alte Mann trug eine bunt bemalte Wiege unterm Arm.

»Haben Sie das Pferd nicht gekauft?«, fragte ich ihn.

»Nein«, antwortete er und setzte ein tapferes Gesicht auf. »Ich habe eine Wiege gekauft. Meine Tochter ist in anderen Umständen.«

Ich staunte über seine Prioritäten.

»Vielleicht bin ich zu alt für ein neues Pferd«, meinte er. »Wenn ein Mann stirbt, ist es besser, er hinterlässt eine Wiege als ein Pferd. Abgesehen davon«, er zwinkerte mir zu, »ist die Wiege billiger.«

Der Tag war vorüber. Die Buden wurden abgebaut und die Wagen mit Waren beladen. Auf allen Straßen aus Kashgar hinaus galoppierten Eselskarren in die Dunkelheit.

12
YAKS, HOCHZEITEN UND GRENZEN

Im Herbst taucht in Kashgar der Pamir selten hinter den Schleiern aus Staub und Dunst, dem Atem der Wüste, auf. In seiner Abwesenheit träumte ich von einem sesshaften Leben.

Es war Erntezeit. Auf den Feldern von Kashgar sortierten Frauen in der warmen Sonne Getreide, Kinder bündelten und stapelten die Maisgarben. Hohe Stöße tiefgelber Kolben standen vor den Haustüren. In den späten Nachmittagsstunden wanderte ich die Feldwege entlang und legte mich unter Olivenbäume. Schafe schnüffelten über das Stoppelfeld hinter mir, und ein Mann trug Gabeln voll Heu in schattige Mulden, wo ein Weg anfing. An der Straße entlang kletterten Mädchen in Kopftüchern und Hosen in den Bäumen und pflückten Walnüsse. Die Feldarbeiter gingen allmählich nach Hause, die Hacken über der Schulter und freundlich muhende Kühe vor sich. Ein Mann ratterte in einem Eselskarren vorbei, eine Hand hielt die Zügel, die andere schaukelte ein winziges Baby. Ich beneidete ihn. Ich klammerte mich an das letzte Licht, die letzten Stimmen, die durch die abendlichen Bäume tropften, die letzten Gestalten, die Schafe durch die Straßengräben trieben. Ich beneidete sie alle, ihre Bindung an diese Felder, ihr Zugehörigkeitsgefühl. Vernarrt in das ländliche Idyll, verspürte ich kein eingeengtes Leben und kein Verlangen zu entkommen.

Am nächsten Tag hob sich der Dunst, und ich sah den Pamir das erste Mal. Er war schneebedeckt und üppig. Ich vergaß sofort die kleinen Hütten am Rande der Getreidefelder, die freundlichen Kühe, die prallen Mädchen mit ihren roten Kopftüchern.

Die Berge riefen.

In Kashgar nähte ich die Briefe von Anvar in das Futter meiner Jacke, kaufte auf dem Basar einen Filzhut und sagte meinen Freunden im Hotel Semen Lebewohl. Der Bus nach Pakistan ging vom Chini Bag ab, dem alten britischen Konsulat, und die Zollformalitäten wurden hier erledigt, da die Grenzposten zu abgelegen und unzuverlässig waren. Die Passagiere waren ausnahmslos pakistanische Händler, die mit ihrer chinesischen Beute heimkehrten – Thermosflaschen, Betttücher, Teegeschirr, Teppiche, Seiden. Die Materialmenge war so groß, dass man zwei Busse brauchte, einen für die Passagiere, den anderen, vom Zoll sorgfältig versiegelt, für die breiten, unförmigen Säcke, die die Pakistani gern Gepäck nennen.

Die Abfahrt war eine turbulente Angelegenheit und dauerte einige Stunden. Im Zollhäuschen warfen sich die chinesischen Beamten und die Pakistani gegenseitig Beschimpfungen an den Kopf, in Sprachen, die kein Mensch verstand. Beim Einsteigen herrschte ein fürchterliches Gedränge. Die Pakistani wurden angesichts eines Busses unbeherrschbar, und der Schaffner, ein stämmiger und zunehmend gewalttätiger Chinese, behandelte sie wie Vieh.

Einer hatte seinen Pass verloren, und er und der Schaffner kämpften im Mittelgang und zogen sich gegenseitig an den Haaren. Endlich gelang es dem Schaffner, ihn hinauszuwerfen, und der Bus fuhr los. Aber der Pakistani ohne Pass gab nicht auf und rannte durch die Straßen von Kashgar dem Bus hinterher, bis es seine Freunde schafften, ihn durch ein Rückfenster hereinzuziehen. Andere Passagiere protestierten, weil sie die Scherereien fürchteten, die ein Passagier ohne Pass an Bord mit sich brachte, und es brach ein Scharmützel zwischen zwei Parteien aus. Schließlich wurde der Mann durch das Fenster zurückgestopft und in einen Straßengraben außerhalb der Stadt fallen gelassen. Die Streitfrage hatte, wie ich bemerkte, Parteien nach ethnischer Zugehörigkeit geschaffen, Pathanen gegen Punjabis. Der Streit schien alle in gute Laune zu versetzen. Ein Band mit pakistanischer Musik wurde in ein neues, noch in Plastikfolie verpacktes chinesisches Gerät eingelegt, und eine Welle süßer Erwartung, ein Duft von Heimat zog durch den Bus.

Zum Mittagessen hielten wir in Upal, einem verrufenen Ort voller Fremdenhasser und Unzufriedener. Junge Männer ohne Schuhe und in geflickten Jacken lungerten an den Straßenecken und beäugten uns grollend. Tierkadaver hingen draußen vor den Speisehäusern. Drinnen überfielen Wespenschwärme die Tische. Durch den Eingang beobachtete ich, wie eine Bande großer, übel wollender Krähen einen Hund attackierte, der in einem Graben hockte. Auf der anderen Straßenseite steckte sich ein umherziehender Zauberer vor einem entzückten Publikum Stäbchen in die Nase und verschluckte Golfbälle.

Hinter der Stadt führte die Straße an einem breiten Flussbett hinauf, in dem der Fluss Ghez mäanderte und Trampeltiere zwischen dem Geröll grasten. Das Tal war von Vorbergen eingerahmt, zerklüftet, narbig und uralt, wie versteinerte Dinosaurier. Am anderen Ende waren Dörfer mit der gelben Glut von Pappeln gezeichnet. Es war Herbst, und es war ein gutes Gefühl, auf Achse zu sein. Weit voraus strahlten die schneebedeckten Gipfel.

Im Bus saßen fast ausschließlich Männer. Es gab nur eine Frau, und der Schaffner hatte sie neben mich gesetzt, da er wusste, die anderen Männer würden etwas dagegen haben, einen Platz mit ihr zu teilen. Sie trug einen schwarzen Tschador und einen roten Schmuckstein in der Nase. Ich war nicht sicher, wer ihr Ehemann war. Von den drei oder vier Kandidaten benahm sich keiner so, als stände er in irgendeiner Verbindung zu ihr.

Sie wurde von ihren beiden Söhnen begleitet, einer etwa zehn, der andere vielleicht 14 Jahre alt. Der jüngere lag zusammengerollt in ihrem Schoß. Sie verbrachten die ganze Fahrt damit, miteinander zu kuscheln, gurrten einander in den Nacken, ihre Arme waren verschränkt. Der ältere Junge saß zwischen uns. Er hatte mit dem Schoß seiner Mutter bereits abgeschlossen, sich aber noch nicht in die faszinierende, unzugängliche Welt der Männer integriert, die er sehnsüchtig beobachtete. Es schien mir eigenartig, dass sein Eintritt in die Pubertät das Ende und nicht den Anfang der Intimität mit Frauen bedeutete.

Es heißt, der Bau des Karakorum Highways habe ein Menschenleben für jeden Kilometer Straße gekostet. Gemeinsam von den Pakistani und den Chinesen gebaut, ist sie eines der spektakulärsten Feste der neuzeitlichen Ingenieurskunst. Sie verläuft von Kashgar nach Rawalpindi, eine Strecke von 1280 Kilometern über das schwierigste Berggebiet der Welt. Allein auf pakistanischer Seite befinden sich 100 Brücken. Es dauerte 20 Jahre, bis sie fertig war, und es haben jeweils bis zu 30 000 Arbeiter an ihr gearbeitet. Die Arbeit geht immer noch weiter, denn die Berge scheinen vorzuhaben, diesen gepflasterten Emporkömmling auszulöschen. Lawinen, Steinschläge und Absenkungen, oft ausgelöst durch Erdbeben und übergreifende Gletscher, bedeuten, dass ständig Ingenieurteams daran arbeiten, sie offen zu halten.

Mit dem späten Nachmittag näherte sich das Tal des Ghez. Der Fluss, der die Straße gegen rotgelb gefärbte Klippen zwängt, hat ihre Ränder angeknabbert und Asphaltstücke abgetragen. An manchen Stellen sind die Klippen eingebrochen und haben die Straße mit Geröllkaskaden blockiert, manche davon so groß wie Häuser. Die Fahrzeuge verließen den Asphalt und suchten sich auf dem steilen Grund einen Weg über diese Hindernisse.

Wir hielten in einer tiefen Schlucht zwischen roten Klippen an einem Kontrollpunkt. Während chinesische Soldaten unsere Pässe kontrollierten, schlüpften wir in eine niedrige, fensterlose Hütte, um dem Wind aus dem Weg zu gehen und eine Tasse Tee zu trinken.

Wir waren unter Kirgisen, und die Männer, die am Straßenrand hockten, hatten hakennasige Gesichter und trugen breite Fellmützen. Von einem hohen Felsvorsprung am anderen Ende des Flusses schauten die windzerzausten Umrisse dreier Frauen auf uns herunter. Während wir warteten, zog sich die Sonne von der Straße zurück, und schon hatte uns eine kältere, ödere Welt fest im Griff. Über uns glänzte der Kongur im letzten Licht.

Nach dem Kontrollpunkt stieg die Straße steil durch die sich windenden Schluchten und die abschüssigen Geröllfelder an. In dieser trostlosen Landschaft war der Bus kalt und still geworden. An den engsten Passagen schienen die Felswände an den Fenstern zu kratzen. Die Abenddämmerung fiel ein, und der Himmel teilte sich seinen rosafarbenen Glanz mit den Untiefen des Flusses tief unter uns.

Später tauchten wir in breites Tal ein, einfarbig, baumlos und still. Die graue Luft schmeckte nach Stein. Es sah aus, als hätten wir die Grenze der Bewohnbarkeit überschritten. Vor uns umrissen geisterhafte Schatten den ausgedehnten Pamir. Der aschfarbene Fluss hatte sich in schieferfarbene Seen ergossen. Hohe, graue Dünen kletterten die Flanken der zinnfarbenen Berge hinauf. Kohlschwarze Wolken zogen von Süden her auf. In dieser großen und eindrucksvollen Weite war nicht ein einziges Zeichen von Leben oder Farbe, ausgenommen die Reihe rotbrauner Enten, die in dem kalten Wasser unter uns herumpaddelte.

Etwa eine Stunde später hielt der Fahrer an, und ich stieg aus in einen beißenden Wind. Ich hatte mir vorgenommen, hier an den Gestaden des Karakul ein paar Tage zu verweilen. Die Pakistani, fassungslos über die Entfernung und Höhe, flehten mich an, im Bus zu bleiben. Durch die schmutzigen Fenster schielten sie hinaus auf das Dach der Welt und erschauerten. »Sie können hier nicht bleiben«, wiederholten sie und schüttelten einmütig die Köpfe. »Bitte, kommen Sie mit nach Pakistan.« Ich setzte ein tapferes Gesicht auf und winkte Lebewohl. Der Bus rumpelte davon, seine Rücklichter blinkten zum Abschied, dann war er um die weiße Schulter des Muztagh verschwunden.

Karakul bedeutet »Schwarzer See«. Er liegt in einem unberührten Tal, zwischen den Schultern des Kongur und des Muztagh. Ich stolperte einen steinigen Hang hinunter und fand drei schäbige Jurten am Seeufer, ein primitives Motel. Auf mein Rufen öffnete sich eine Tür in einer langen Blechhütte. Eine Frau, vom Heiligenschein einer Lampe umgeben, sah heraus, dann knallte sie die Tür wieder zu. Aus der Hütte kam verzweifelt wehklagendes Gelächter.

Die Belegschaft dieses Etablissements hatte schon seit Wochen keinen Gast mehr gesehen. Sie waren seit April hier, waren in dieses Weideland heraufgekommen wie die Frühlingsherden der Schafe. Jetzt, im Oktober, war der Pamir zu ihrem Gefängnis geworden, und sie zählten die Tage bis zum Saisonende und damit zur Rettung. Die vier chinesischen Männer und vier Turki-Frauen dort sprachen nicht mehr miteinander, es herrschte ein Kampf der Geschlechter, angereichert mit ethnischen Animositäten. Die Männer verbrachten ihre Zeit damit, in ihren Hütten herumzuliegen, ohne Ende Karten zu spielen, und standen nur auf, um vor der Tür draußen zu pinkeln. Auf der anderen Seite des Hofes hatten die jungen Frauen sich der Hysterie ergeben. Aus ihrem Schlafraum kamen heftige Lachsalven, die dann in Tränen übergingen.

In einer rußgeschwärzten Küche an einem Ende der Hütte fand ich einen Koch, einen Einheimischen, der in der Schlacht von Karakul unparteiisch geblieben war. Er war ein freudig entgegenkommender Zeitgenosse, der auf seinem ramponierten Fahrrad kam und ging, wann es ihm beliebte. Seine Arbeitszeit war so schwankend, dass ich dazu überging, Essen zu bestellen, wann immer ich ihm zufällig über den Weg lief. Am ersten Abend bereitete er ein Mahl aus Nudeln, getrocknetem Rindfleisch und Kohl zu, das ich allein an einem Tisch in der Hütte beim Schein einer Sturmlampe verzehrte. Der Wind schlug gegen die Türen und klapperte an der Wellblechabdeckung wie Donner. Der Schlafraum der Mädchen lag hinter einer Blechwand. Sie beobachteten mich durch Gucklöcher und kicherten hinter vorgehaltener Hand.

In meiner Jurte versuchte ich zu schlafen, in voller Kleidung und zugedeckt mit fünf Steppdecken, aber die Kälte hielt mich wach. Ich stand auf und zog mir noch einen Pullover an, einen Mantel und ein Paar Handschuhe. Dann riss ich den Teppich vom Boden und warf ihn über meine Steppdecken. Ich versuchte zu lesen, aber der Wind kroch unter der Jurte hindurch und blies meine Kerze aus.

Am Morgen erschien ein kirgisischer Reiter vor meiner Jurte, gewann aus dem Morgennebel an Gestalt und lud mich zu einer Hochzeit ein. Er trug einen glänzenden silbernen Hut, der aussah wie eine ungekehrte Puddingform, und hatte ein Jagdgewehr über der Schulter. »Kommen Sie irgendwann«, bellte er. »Die Festlichkeiten dauern drei Tage lang.« Ich nahm begeistert an. Mein Terminkalender im chinesischen Pamir war noch relativ leer.

In dieser entlegenen und stillen Gegend stoßen Völker und Gebirge Zentralasiens aufeinander. Im Westen geht es vom Pamir am Hindukusch vorbei durch Afghanistan. Im Norden begrenzen die Himmelsberge die neue Republik von Tadschikistan. Im Osten marschiert der Kunlun Shan aus China und Tibet hinaus Richtung Indien und Himalaja. Im Süden liegt der Karakorum, entlang der Grenze zu Pakistan. Wenige Menschen leben hier, diejenigen, die es tun – kirgisische und tadschikische Nomaden –, sind ständig in Bewegung, ziehen mit den Jahreszeiten die kalten Täler auf und ab. Marco Polo beschrieb sie als »durch und durch schlecht«.

Marco schlief am Karakul auf dem Weg nach Cathay und beschwerte sich über die kalten, launischen Winde. Die beiden großen Berge Kongur und Muztagh ragen an den Enden des Tales empor, ihre Gipfel tauchen nur selten aus den Wolken auf. Sie erscheinen nie beide gleichzeitig, wie zwei Primadonnen, die sich nicht die gleiche Bühne teilen wollen. Beide sind über 7500 Meter hoch. Wenn sie nicht höher aussehen, dann deshalb, weil der See selbst schon fast auf halber Höhe liegt. Das Wetter hier schwankt zwischen blendendem Glanz und nebelverhangenem Trübsinn und lässt den See von azurblau zu bleiern wechseln. Die Temperaturen. die sich zwischen Sonne und Schatten so um die 16 Grad Celsius bewegen, stürzen bei Einbruch der Dunkelheit ins Bodenlose. An einem solchen Ort wird eine Hochzeit zu einem Akt des Überlebens.

Die Hochzeit fand in Subash statt, einem Sommerdorf im Süden des Sees jenseits von Weiden mit Kamelen, Pferden, Yaks und Wasserläufen. Auf dem Weg dorthin kam ich an drei liebestollen Eseln vorbei. Das Liebesleben der Esel war schon immer bemerkenswert. In dieser *ménage à trois* herrschte die übliche anfängliche Unklarheit, wer was mit wem tun sollte, aber als die Geschichte einmal in vollem Gange war, gestaltete sie sich doch recht beeindruckend. Ein Yak-Paar sah dabei zu in einer Haltung, die in der Welt der Yaks wohl als unverfrorene Bewunderung galt.

Ich kam in dem Dorf an, als gerade zwei Schafe geschlachtet wurden, und dachte, als ihre glasigen Augen auf mich fixiert waren, wie seltsam es doch war, dass ihr letzter Blick auf die Welt einem Ausländer mit braunem Filzhut galt.

Im Dorf standen die Lehmhäuser in einem gewissen Abstand voneinander auf kleinen Kuppen wie flügge gewordene Burgen. Dungfladen trockneten an den Wänden, und auf den flachen Dächern waren Schattenrisse symbolischer Figuren. Yaks schnüffelten zwischen den Häusern herum wie große, fremdartige Hunde, und Kinder mit von der Kälte aufgesprungenen Wangen spielten mit Murmeln und jagten sich gegenseitig.

Zwischen den Häusern und dem See war eine Ansammlung von Jurten, wo die Hochzeitsgäste in ihren besten Gewändern auf und ab liefen und Begrüßungen und Klatsch austauschten. Die Frauen waren ein aufregender Farbklecks in dieser graubraunen Landschaft. Die verheirateten Frauen trugen Silberschmuck, weiße Schleier und goldene Zähne. Die ledigen Frauen waren alle gleich gekleidet. In roten Jacken, purpurnen Röcken und scharlachroten Kopftüchern waren sie so hübsch einheitlich wie Börsenmakler.

Die Kleidung der Männer war vielseitiger. Teile von Mao-Anzügen, Tweedjacketts und Mäntel, die selbst in einer Flüsterkneipe in Chicago Aufsehen erregt hätten, wurden kombiniert mit Seidenschärpen, hohen Stiefeln und den Puddingform-Hüten.

Auf der Ebene hinter dem Dorf hatte *buzkashi* begonnen. Das Spiel ist ein Vorläufer von Polo und wurde statt mit einem Ball mit einer toten Ziege gespielt. Es gibt keine Regeln und keine Mannschaften; jeder kämpft für sich allein. Mit ihren Peitschen zwischen den Zähnen versuchen die Reiter ihre Tiere durch das Pferdegedränge zu manövrieren, sie lehnen sich nach unten zu den stampfenden Hufen, um den Kadaver vom Boden aufzuheben. Wenn das jemandem gelingt, geht die Jagd erst richtig los. Wild galoppierende Angriffe fegten über den Platz hin und her, und die Reiter versuchten sich gegenseitig die Ziege zu entreißen. Ist das passiert, wird gepunktet, indem man sie in einem Kreis aus Steinen ablegt. Ursprünglich wurde das Spiel mit einem toten Mann gespielt, einem Kriegsgefangenen oder gleichermaßen abkömmlichen Menschen. Ältere Liebhaber des Spiels bedauern den Ersatz durch eine tote Ziege in etwa so, wie ältere Clubmitglieder heute vielleicht die nur noch eintägigen Trinkgelage nach Spielende an der Bar von Lord's schlecht machen.

Zurück am Seeufer, wurden die Reden gehalten. Bei kirgisischen Hochzeiten ist neu, dass sie gesungen werden. Mit zwei Begleitern ersang sich der Bräutigam seinen Weg ins Eheleben – eine Melodie wie ein Grabgesang – und näherte sich langsam dem Haus der Braut, das von der großen Hochzeitsgesellschaft umringt war. Er war ein kleiner Frauenheld, groß gewachsen und von schüchterner Attraktivität. Sein Kaschmirmantel und die hochhackigen Stiefel wiesen ihn als einen Mann aus, dem es nicht an ein oder zwei Schafen fehlte.

Sich von der Braut ein Bild zu machen war schon schwieriger. Sie trat unter einem roten Tuch aus dem Haus wie eine angeklagte Strafgefangene. Ihre Diener begleiteten sie hinaus und stellten sie neben ihren Verlobten, während der Trauzeuge seine Rede von einem Eselskarren aus begann. Auch sie wurde gesungen, mit improvisierten Strophen über den Bräutigam, dass sich das Publikum vor Vergnügen auf die Schenkel klopfte. Als der Gesang vorbei war, wurde die Braut wieder weggedrängt, immer noch unter ihrem Tuch. Später erzählte mir jemand, dass der Bräutigam den Brautpreis von zehn Kamelen und 20 Ziegen bezahlt hatte, eine Summe, die für gefährlich inflationär gehalten wurde.

Die *buzkashi*-Spieler kamen angeritten wie eine siegreiche Armee, Pferde und Reiter schnauften schwer. Ich wurde mit in eine der Jurten geschwemmt. Dort saßen wir in einer Runde im Schneidersitz und aßen fröhlich Kugeln aus ranziger Yak-Butter. Die Reiter waren in solcher Hochstimmung, wie man sie bei Männern erwartet, die die letzte Stunde in einem ritualisierten Krieg durchlebten.

»Wie sind denn Hochzeiten bei euch?«, fragte mich einer. Die Butter machte das Sprechen schwierig. »So ähnlich«, brachte ich schließlich heraus. »Weniger Butter, mehr Kuchen.« Unerklärlicherweise dachten sie, das wäre komisch, und klopften mir auf den Rücken, was für die Verdauung äußerst hilfreich war.

»Spielt man bei euch im Land auch *buzkashi*?«, fragte mich einer, dessen Gesicht vom Spiel noch gerötet war. Ich versuchte, etwas über Polo zu erklären, aber sie erkannten schnell, dass es sich dabei um einen Sport für Weicheier handelte.

Vom Sport wandte sich die Konversation der Geopolitik zu. Sie waren sich im Unklaren über die Lage Englands, kamen aber überein, dass es irgendwo im Norden von Kashgar liegen musste. Ob England zu China gehört, wollten sie wissen. Ich verneinte, erklärte aber, dass Teile von China zu England gehört hatten. Sie sahen sich gegenseitig aus dem Augenwinkel an. Offensichtlich war ich ein Angeber und ein Idiot.

Nach einer Weile kam der Hauptgang: gegrillter Hammel auf riesigen Platten mit Pilaw. Hinuntergespült wurde das Ganze mit Schüsseln saurer Milch. Später stolperten wir hinaus zum Tanz. Es war Nacht geworden, der See quoll über vom Mondlicht. Kalte Sternbilder hingen zwischen den verschneiten Berggipfeln. Die Musikanten spielten auf dreisaitigen Lauten und winselnden Flöten, welche die Schafe in die Flucht schlugen. Männer und Frauen tanzten in gesonderten Reihen, die Arme hatten sie sich gegenseitig um die Schulter geschlungen in der Art betrunkener Chelsea-Fans. Unter der eisigen Fassade des Muztagh Ata sah es aus, als wären wir die Letzten, die dem Foxtrott entkommen waren. Um Mitternacht kamen antiquierte Lastwagen, um die Nachtschwärmer zu den außerhalb liegenden Unterkünften zu bringen. Ihre Scheinwerfer tanzten in der Dunkelheit davon.

Ich machte mich quer über die dunkle Ebene auf den Weg zurück zu meiner Jurte, der Klang der Flöten blieb mir auf den Fersen. Pferde und Trampeltiere grasten im Mondschein. Den Yaks ging ich aus dem Weg. Sie haben einen schlechten Ruf und hassen angeblich Europäer.

Am folgenden Nachmittag hörte ich den Bus aus Kashgar schon lange bevor er den Karakul erreichte, ein entferntes Jaulen mitten in den stillen Bergen. Ich packte meine Tasche und trottete die Straße hinauf. Als das keuchende Vehikel in Sichtweite kam, hielt ich es an. Dies war die letzte Bedarfshaltestelle im chinesischen Pamir.

Im Bus waren die Pakistani beim Gebet. Das Gemurmel von »*Allah akbar*« lief den Mittelgang auf und ab, als die Gläubigen sich gleichzeitig in ihren Sitzen verbeugten. Ich nahm neben einem heruntergekommenen purpurroten Turban Platz, der gegen die Rückenlehne des Vordersitzes rumpelte. Nach dem Gebet teilte mein Nachbar, voll der Gnade Allahs, sein dürftiges Mahl aus Brot und Rosinen mit mir. Dann fragte er mich über den Aufenthaltsort von Salman Rushdie aus. Als ich Unwissenheit vorgab, lächelte er nur, schüttelte den Kopf und knuffte mich in die Rippen. »Na, kommen Sie«, sagte er, als wüsste er, dass ich den armen Salman in meinem Gästeschlafzimmer beherbergte. »Ich sage es auch niemandem. Allah sei mein Zeuge.«

Der Bus hatte eine Belüftung wie ein offener Lastwagen. Die Bergwinde vom Gipfel des Muztagh Ata heulten durch die schlecht schließenden Fenster und die Löcher im Bodenblech. Die Pakistani wickelten sich Handtücher um den Kopf und schliefen ein. Ich kratzte ein Loch in die vereiste Scheibe und schielte hinaus auf eine dämmrige, weiße Welt. Wir kletterten hinauf in immer höhere, im Mondlicht öde aussehende Täler. Überall um uns herum waren geisterhafte Gipfel. Sterne waren nur wenige da, aber sie glänzten erstaunlich hell, als hätte die Kälte alle, bis auf die allerbesten, ausgelöscht.

Irgendwann gegen Mitternacht hatten wir eine Reifenpanne. Der Fahrer und die besser gekleideten Passagiere stiegen aus, um den Schaden beim Licht einer Taschenlampe zu beheben. Es gab keinen Wagenheber, aber es gelang, die Achse anzuheben und Felsbrocken darunter zu klemmen. Die Kälte war so gemein, dass wir in Schichten arbeiten mussten. Abwechselnd zogen wir uns zum Aufwärmen in den ungeheizten Bus zurück. Rund um uns herum waren nur gleichgültige Berge mit Schnee.

Um zwei Uhr in der Nacht kamen wir in Tashkurgan an und stapften in ein düsteres Hotel, das außen und innen mit gelben Kacheln gefliest war. Ich schlief in voller Montur unter einer Decke, so dick wie ein Yak-Fell, in einem Raum, der durch meinen Atem vernebelt wurde. Am Morgen kamen die Angestellten die gekachelten Gänge entlang und schlossen mit riesigen Schlüsselbunden die Türen auf. Unten in der Halle stießen wir auf die Empfangsdame. In einen Pelzmantel gehüllt saß sie in einem Lehnsessel und starrte die Wand an. Die Pakistani bildeten eine Schlange und brüllten ihr ins Ohr – »Tee, Tee!« –, aber sie reagierte nicht, als wäre sie über Nacht eingefroren. Sie war mit weitem Abstand die Siegerin beim heftigst umkämpften Preis für die miserabelste Hotelempfangsdame in ganz China.

Vor beinahe 2000 Jahren identifizierte Ptolemäus Tashkurgan als das Tor nach Seres, dem Land der Seide. Die Arme der Seidenstraße – die aus Westen kommenden durch Samarkand und Afghanistan und die von Indien heraufkommenden – liefen hier zusammen. Man hat den Eindruck, in den Jahrhunderten dazwischen hat sich nicht viel verändert. Es gibt nur eine einzige Straße mit einer Ansammlung baufälliger Teehäuser und Hufschmiede. Die Pferde werden an die Telegrafenmasten gebunden, und die Vororte bestehen aus Zelten. Die Bevölkerung, hauptsächlich Tadschiken, wird von einer ungemütlichen chinesischen Garnison überwacht. Auch heute noch beklagen sich die Reisenden über die Kälte, das spärliche Essen, die weiten Entfernungen und die hohe Lage.

Während sich die Pakistani in einen Teeladen gegenüber vom Hotel drängelten, ging ich die Straße hinauf, um mir das zerfallene Fort anzusehen, ein Durcheinander von Schutt und Wehrgängen. Vor einem Speisehaus genoss eine angebundene Ziege beim Warten auf den Metzger ihre Henkersmahlzeit, ein Paar ausgebeulte Unterhosen. Schulmädchen in knallroten Jacken und Röcken kicherten, als ich vorbeiging. Die Lautsprecher in den Bäumen begannen mit der Ausstrahlung der üblichen Weckmusik, durchsetzt mit gönnerhaften Ratschlägen und Schnipseln guter Nachrichten. Gnädigerweise war das alles in Chinesisch, einer Sprache, die hier nur wenige verstanden.

Am mittleren Vormittag startete der Bus wieder. Die Pakistani, abgefüllt mit heißem Tee und Fladenbrot, waren bester Stimmung. Heute würden sie wieder zu Hause sein. Mein Nachbar – meine Rolle beim Versteckspiel von Salman Rushdie hatte er anscheinend vergessen – schrieb seine Adresse in mein Notizbuch und bestand darauf, dass ich ihn in Peshawar besuchen käme. Sein Haus sei auch mein Haus, insistierte er. Er wollte mir eine Kalaschnikow besorgen. »Bumm, bumm, bumm«, schrie er. »Kein Trouble.«

Jenseits von Tashkurgan stieg die Straße durch weite Täler mit gelben Weiden bergan. In einheimischen Sprachen bedeutet *pamir* Weide, und die Pässe durch dieses Gebirge bestehen aus einer Reihe breiter, grasiger Täler zwischen hohen Gipfeln. Sir Aurel Stein beschrieb den Khunjerab-Pass verächtlich als »einen Damenausflug«. Spektakuläre Spitzkehren mögen selten sein, aber der Khunjerab hat seine eigenen Schwierigkeiten. Der Name bedeutet »Blutiges Tal«, was sich vielleicht auf die Wakhi- und Hunza-Banditen bezieht, die in vergangenen Zeiten die Karawanen überfielen, oder auf die Angewohnheit der Maultiertreiber, die Schnauzen ihrer Pferde mit Dornen einzustechen, um ihnen das Schnaufen in der dünnen Luft zu erleichtern. Wenn der Karakorum Highway bei 4658 Metern seinen Scheitelpunkt erreicht, ist er die höchste öffentliche Straße der Welt.

Wir kamen an einer Karawanserei vorbei, von der es hieß, sie enthielte die Skelette einer unbekannten Armee. Hier und da standen Jurten in den breiten Tälern verstreut, in Mulden geschützt. In den vereinzelten Dörfern waren die Pferde vor den Türen geparkt, und riesige Doggen mit Stachelhalsbändern zur Abwehr von Wölfen schliefen auf den Stufen in der Sonne. Himalaja-Murmeltiere setzten sich in der Ebene auf und schnupperten Morgenluft. Durch blonde Gräser purzelte ein blauer Fluss dahin. Zwischen den Weiden erstreckten sich Pfützen gefrorenen Wassers, und Pferde mit gefütterten Decken grasten. Eine Yak-Herde rannte wild wie die Schafe von der Straße, als wir uns näherten. Einmal sah ich ein junges Mädchen in Rot ohne Handschuhe mit zwei Eimern einen Weg hinuntertrippeln. Das eisige Wasser schwappte über die Ränder und platschte um ihre Füße. In dieser einsamen Gegend hatte die kleine Gestalt eine so aufregende Wirkung wie ein Karnevalsumzug.

Im Nordwesten lag der äußerste Zipfel Afghanistans nur noch wenige Kilometer entfernt. Eine Karawane beladener Kamele kam den Pass herunter. Mit ihren gepolsterten Füßen traten sie so sanft und lautlos auf wie Vögel. Wir kamen an einem Armeeposten vorbei, der verloren eine rote Flagge schwenkte. Jenseits eines kleinen Tales mit flaumigen, schneebestäubten Wiesen erreichten wir das äußerste Ende von China in einem Becken mit gelbem und rotem Gras unterhalb einer Anordnung wunderbarer Gipfel, die Gewitterwolken um sich versammelten. Die Straße erklomm ihren nördlichen Rand hin zur Wasserscheide und zur Grenze.

Auf der Spitze hielt der Bus an, und wir stiegen aus, um zurück nach China zu schauen, zurück den Pamir entlang zu dem Armeeposten in der Ferne. Seine rote Fahne war nur ein unbedeutender Farbfleck in der klaren Majestät dieses Ortes. Die Berge glitzerten, und der Boden fiel nach allen Seiten hin ab. Mir war schwindelig vor Entzücken, aber vielleicht war es auch nur die Höhe.

Mein Busnachbar war in seinem Sitz zusammengebrochen, grün und bewusstlos. Wir waren 4800 Meter über dem Meeresspiegel.

Auf der anderen Seite des Passes fielen wir nach Pakistan hinein wie in einen tiefen Brunnen. Die Straße stürzte eine Spitzkehre abwärts, dass einem das Herz stehen blieb. Einen Moment lang schien es, als wären wir im Karakorum, ein Name, der so viel bedeutet wie »Schwarzer zerbröckelnder Felsen«. Wir fielen zwischen dunklen Gipfeln in eine Schlucht, die der Khunjerab-Fluss eingeschnitten hatte. Sie war voller Schnee und Geröllhalden, den Hinterlassenschaften von Felsrutschen. Nackte Felswände engten die Straße ein, die sich heldenhaft durch diese Enge wand und nach einem Ausweg suchte. Ich verrenkte mir den Hals an den Fenstern beim Versuch, einen Blick auf die Gipfel hoch über uns zu erhaschen. Manchmal fand die Sonne ihren Weg in die Schlucht, dann begannen die dunklen Wände und der Fluss zu glitzern.

Nach einer Weile bekam der Fluss Ufer, und auf ihnen wuchsen kleine Bäume in herbstlicher Färbung. Endlich öffnete sich die Schlucht in ein Tal, und wir erreichten die Stadt Sust. Beim Zollhäuschen kam ein pakistanischer Soldat an Bord, sehr elegant in gebügelten Flanellhosen, Militärpullover und Baskenmütze. »*As Salamu Aleikum*«, dröhnte er. Der Bus antwortete einstimmig: »*Wa Aleikum as Salamu!*« Wir stiegen aus in ein fröhliches Begrüßungsgedränge. »Wie geht es Ihnen, Sir?«, sagte der Einwanderungsbeamte. »Freut mich, Sie zu sehen.«

Nach Monaten in den fremdländischen Schwierigkeiten Chinas kam mir Pakistan wie das Paradies vor. Ich hatte das Dach der Welt überquert, und plötzlich befand ich mich unter Menschen, die Englisch sprachen, Milch in den Tee nahmen und die neuesten Kricketergebnisse wussten.

13
DIE GEHEILIGTEN FELSEN VON HUNZA

Wäre der Major in einer anderen Zeit geboren worden, man hätte ihn mit ziemlicher Sicherheit ermordet. Vor einem Jahrhundert waren Vatermord und Brudermord absolut an der Tagesordnung zwischen den herrschenden Familien von Hunza und Nagar. Fragen der Nachfolge wurden unweigerlich mit einem Blutbad geregelt, und Familienzusammenkünfte waren üblicherweise ungemütliche Veranstaltungen, bei denen die Männer im Palast herumsaßen, sich breit anlächelnd, während die Mäntel sich über ihren Waffen wölbten. Die Gefolgsleute sattelten schon die Pferde für einen schnellen Abgang.

In der modernen Welt zählt Tradition nichts, und ich traf den Major in einem Aprikosengarten in Gulmit dabei an, wie er seinen King-Charles-Spaniel mit Hundekuchen fütterte. Er war einer der vielen jüngeren Söhne des ehemaligen Mir, des Herrschers von Hunza. Er hatte seinen Abschied aus der pakistanischen Armee genommen und war nun von Gilgit zu diesem herbstlichen Besuch heraufgekommen. In dem alten Gasthaus mit Blick über das Polofeld, welches, typisch für Hunza, auch als Dorfplatz diente, war er untergebracht.

Der Major trug eine Krawatte, eine Strickjacke und ein Bleistiftbärtchen. Er war ein Mann von tadellosem Benehmen. Er läutete nach dem Tee, und wir unterhielten uns über Vergil. Hinter der Gartenmauer fiel das Tal in sauberen Terrassenfeldern ab bis zu dem Punkt, wo die Schlucht des Hunza-Flusses den Karakorum spaltet. Herbstlaub fiel auf uns herab. Ich fragte ihn nach dem Polofeld, wo sich Schulkinder und Kälber quer über das Mittelfeld schleppten.

»Das letzte Mal ist hier so um 1962 oder 63 herum gespielt worden«, grübelte er. »Einige von uns kamen von Baltit herauf; natürlich gab es damals noch keinen Highway. Da hat der Mir noch residiert. Bei so vielen Pferden hier wollten wir einen Schlag wagen. Einer ist ganz schön abgeworfen worden, erinnere ich mich. Ich glaube, es war einer meiner Brüder.«

Der Major war ein Mann von erlesenem Geschmack und Interessen. Er war ein großer Bewunderer der Renaissance, des iranischen Dichters Omar Khayyám, Verfasser der *Robaiyat*, einer Sammlung von Sinnsprüchen, sowie der Filmschauspielerin Joanna Lumley. Und er war ein Freund der legendären Kricket-Kommentare von Brian Johnston in der BBC. Als Joanna Lumley vor einigen Jahren Hunza besuchte, war er zu ihrer Begleitung abgestellt worden. Ich begriff bald, dass man ihn von diesem Thema ablenken musste. Es inspirierte ihn zu unermüdlicher Schwärmerei.

»So elegant«, seufzte er. »Sie war immer so höflich und immer elegant. Kennen Sie Joanna?«

Wie die meisten Leute in den Nordregionen sprach er von den Pakistani, als gehörten sie einem anderen Land an. »Wir sind keine Pakistani«, meinte er. »Wir sind keine Diebe und schlagen unsere Frauen nicht.« Der Major zog über die Regierung her, den Einfluss der muslimischen Parteien und die Scheinheiligkeit des Alkoholverbots. Hunza ist bekannt für sein Hunza-Wasser, ein selbst gemachtes Maulbeergebräu.

»Hier in Hunza sind wir in dieser Hinsicht aufgeklärter«, sagte er. »Wir machen ein wenig Wein, den man zum Essen trinkt. Das ist alles.« Der Major war ein großer Meister des individuellen Gewissens. »Wir sind Ismaeliten, Jünger des Aga Khan, und wir sind fortschrittliche Leute, nicht so ein Gesindel wie die Pakistani.«

Nach dem Essen fand ich ihn grimmig im Mondschein, sein Atem roch nach Maulbeeren. Die Aufgeklärtheit des Nachmittags war nur noch Erinnerung. »Wissen Sie, was das Problem ist mit den Leuten aus Hunza?«, fragte er. »Sie sind Trunkenbolde. Schwachsinnig.« Er wurde rührselig. »Wir haben so ein Glück, dass wir den Aga Khan haben, der uns sagt, was wir zu tun haben.«

Der Major starrte über das Tal zu den mondbeschienenen Bergen und begann Omar Khayyám zu zitieren. Irgendwas über das Einschenken von Wein in Gläser und sich keine Sorgen über morgen oder gestern machen.

»Es wäre leichter, für den Tag zu leben«, erklärte er, »wenn wir nur den Hauch einer Ahnung von morgen hätten. Wir lassen so viele Gelegenheiten verstreichen, weil wir meinen, es kämen andere.«

Ich nahm an, er war in Gedanken immer noch bei Joanna.

Hunza ist ein bemerkenswertes kleines Königreich, eine Schweiz in Miniatur, ohne die Tradition der Toleranz und der exakten Zeitmessung. Kaum 96 Kilometer lang, rühmt es sich dreier unterschiedlicher Sprachen. Es teilt sich das Tal mit Nagar, welches am gegenüberliegenden Flussufer liegt. Die beiden Völker, in Rufweite voneinander entfernt, haben den größten Teil der letzten 400 Jahre eine mörderische Fehde geführt, und erst die moderne Zeit, die in Hunza vor etwa 20 Jahren einzog, hat einen unruhigen Waffenstillstand gesehen. Wenn sie sich nicht über ihre Nachbarn hermachten, lebten sie von den Händlern, die ihren gefährlichen Weg über die Bergpässe auf diesem Arm der Seidenstraße suchten. Sie hielten sich nicht mit Straßenzöllen auf. Es war einfacher, die Karawanen zu plündern, die Waren zu behalten und die Händler in die Sklaverei zu verkaufen.

Vor dem Bau des Karakorum Highways in den 1970er-Jahren war der einzige Zugang nach Hunza und Nagar über einen gefährlichen Weg, der seit den Tagen Alexanders des Großen kaum nennenswert verbessert worden ist. Colonel Biddulph, der die Gegend 1876 besuchte, beschrieb die Hunza-Straße als die »schwierigste und gefährlichste« im Himalaja. An manchen Stellen war sie nur eine Riffkante von wenigen Zentimetern Breite. Von Gilgit kommend, wo die schieren Felsen die Flussklamm einengen, führte eine Reihe Haarnadelkurven und Zickzackrouten die Straße vom Wasserrand in schwindelige Höhen und wieder zurück auf der Suche nach einem Weg vorwärts. Wenn nichts anderes half, wurden Galerien in den Felsen geschlagen oder hölzerne Gerüste errichtet. An den engsten Stellen mussten Pferde abgeseilt werden. Ruhig gehalten wurden sie von Männern, die an ihren Schweifen hingen. Lasttiere kamen nicht in Frage, und die Waren wurden von Trägern in das kleine Land und wieder heraus gebracht.

Eine der Schwierigkeiten, welche die Briten beim Handel mit Hunza hatten, war der Umstand, dass die Abgelegenheit des Ortes bei dem Mir gewisse Wahnvorstellungen über sein Ansehen hatte entstehen lassen. Er hielt sein kleines Königreich für gleichbedeutend mit China und verglich sich selbst mit Alexander dem Großen, von dem abzustammen er behauptete. Als Ende des 19. Jahrhunderts die Briten das erste Mal dort ankamen, hielt er sie für Bittsteller, die Königin Viktoria zu seiner Untergebenen machen wollten. Die Briten ersetzten ihn kurzerhand durch einen gefügigeren Stiefbruder, den der Mir auf seinem Weg zum Thron unvorsichtigerweise übersehen hatte.

Ein Junge holte die Schlüssel zu der alten Mir-Residenz aus einem Nachbarhaus, als hätte man die Nachbarn gebeten, dort gelegentlich nach dem Rechten zu sehen. Es war ein wackeliger hölzerner Komplex mit quer zu den Ecken angebrachten Feuerstellen und kleinen Wandschränken mit Glastüren und schmalen Borden. Der einzige Abfall waren 40 Jahre alte Ausgaben des *Punch*. In den mit Spinnweben überwucherten Kellern fand ich eine rostige Büchse mit Karamelsoße und eine alte Schachtel mit Sämereien von Henry Sutton, Great Yarmouth.

Im Stadtmuseum, einem düsteren Raum auf der anderen Seite des Polofeldes, gab es Truhen aus dem 19. Jahrhundert, so wie sie heute noch auf dem Basar von Kashgar hergestellt werden, einen ausgestopften Schneeleoparden, dessen abgefallenen Schwanz man in die Ecke gefegt hatte, eine Vielzahl garstig aussehender Waffen, die die Hunzakuts gern an Besuchern ausprobierten, und eine amerikanische Smith & Wesson, ein Geschenk an den Mir von Lord Kitchener im Jahre 1903.

Wenn man von China kommt, hat man den Eindruck, man hätte eine große Kluft überschritten. Aber die Schwierigkeiten der Hunza-Straße waren so, dass die Leute von Oberhunza mehr Kontakt mit den Tadschiken über den Khunjerab-Pass hatten als mit den Leuten wenige Kilometer flussabwärts, die dazu bestimmt waren, sich mit den Pakistani einzulassen. Die meisten Ausstellungsstücke des Museums waren Hochzeitsgeschenke aus China, mit den Bräuten aus dem Königreich Sarikol bei Tashkurgan vor einem Jahrhundert hierher gekommen. Seidengewänder und Westen hingen an Nägeln an der Wand. Meine Fremdenführerin führte sie mir vor, indem sie glamourös in diesem überfüllten Raum auf und ab schritt, bis ich mir vorkam wie ein geplagter Ehemann.

Der Major nahm mich mit ins Tal hinunter nach Baltit. Steinschläge kamen aus den Höhen über uns herunter, hüpften über die Straße, um dann über den Rand in den Fluss zu verschwinden. Wir konnten von Glück sagen, dass keine Felsbrocken folgten. Der Hauptgrund für Verkehrsunfälle auf dem Karakorum Highway sind Felsen mit überhöhter Geschwindigkeit. Die Einheimischen glauben, dass die ständige Lawinengefahr sich durch die Straßenbaumethoden der Chinesen wesentlich verschlimmert hat. Offensichtlich haben die Erfinder des Schießpulvers nie einen Felsbrocken versetzt, den sie sprengen konnten, und ihre Leidenschaft für Pyrotechnik hat die ganze Region durcheinander gebracht.

Die Straße hat alles verändert nach Aussage des Majors. Vor 20 Jahren war Hunza einer der abgelegensten Orte Asiens. Die Menschen lebten am Grunde eines tiefen Brunnens und hatten kaum Kontakt mit der Welt draußen. Jetzt, mit dem Karakorum Highway, sind sie jede Woche einmal in Gilgit oben und wieder zurück. Die Entwicklung macht selbst vor den entferntesten Dörfern nicht Halt. Vor 20 Jahren haben Töchter keinerlei Ausbildung genossen. Heute, so der Major, gehen 99 Prozent der Mädchen in die Schule und 100 Prozent der Jungen.

Das war eine Nachwirkung der Seidenstraße. Rund um die Takla Makan hatte die alte Straße die Wucht neuer Ideen zu den entlegensten Oasen gebracht, vom Buddhismus über die unterirdische Bewässerung bis zum Foxtrott. Die Entwicklungsgeschichte Zentralasiens ist eine Geschichte von Reisen. Sobald jemand anfing, seine Koffer zu packen, stand Veränderung ins Haus.

Ich hielt Hunza für das Paradies. Es war Herbst. Die Tage waren hell und warm und die Nächte kalt. Die Obstpflanzungen voller Elstern hatten ebenso wie die Mädchen in roten Kitteln die Farben der reifenden Früchte angenommen, und die Pappeln schüttelten darüber ihr Laub wie Goldstaub. Drüben über dem Tal ließ der große Rakaposhi, auf den hin alle Häuser in Hunza ausgerichtet waren, Wolkenfahnen von seinen verschneiten Schultern flattern. In dunklen Nächten sahen die Lichter von Nagar aus wie gefallene Sternbilder.

Ich spazierte tagelang in dieser Landschaft mit den steilen, terrassierten Feldern, den Herbstfarben und den Berggipfeln herum. Ich wanderte ohne Ziel, kletterte nach Belieben durch hüfthohe wilde Kräuter, über Felsbrocken und Felder, die so steil waren, dass die Bauern den Winterweizen auf allen vieren anpflanzten. Berghirten waren meine Führer. »Krabbelei, Krabbelei«, warnten sie mich, wenn die Wege besonders schwierig waren.

Bei aller Großartigkeit hatte die Landschaft eine erstaunliche Intimität. Ständig wechselten die Perspektiven. Ganze Berge verschwanden plötzlich hinter einer Wegbiegung. Die nächste enthüllte ein unerwartetes Dorf, das in einer Falte der vertrauten Aussicht verborgen war. Manchmal, allein auf abgelegenen Pfaden, begrüßten mich Stimmen, und ich musste nach den Urhebern suchen. Ich fand sie auf einem Dach, durch Bäume hindurch hinunterschauend oder auf einem Feld zu meinen Füßen.

Ich schlief in Berghütten und ernährte mich von trockenen Maulbeeren. Ich wanderte hinauf zu den Weiden unterhalb des Ultar-Gletschers in einem Amphitheater aus Berggipfeln. Über mir stieg die kahle Flanke des Ultar Peak, eines der höchsten unbezwungenen Berge der Welt, mehr als 2400 Meter in den grauen Nebel auf, aus dem helle Schneeflocken ins Sonnenlicht herabrieselten. Ich wanderte nach Altit, wo sich Schafe durch das gefallene Laub in den Obstgärten unterhalb der Festung mampften. Die verfallenden Räume waren voll altem Heu und geschnitzten tibetischen Pfeilern. Unter Ästen mit gelben Blättern kletterte ich Wege aus weichem Staub hinauf zu steinernen Dörfern, auf deren Dächern Teppiche trocknender Aprikosen ausgelegt waren, und in den Bewässerungsgräben gurgelte samtenes Wasser.

Am späten Nachmittag kam ich die steilen Hänge herunter und bummelte an dem Highway entlang nach Hause. Auf dem KKH (Karakorum Highway) war wenig Verkehr. In dieser vertikalen Landschaft bot er einen flachen freien Raum, der vom einheimischen Leben als öffentlicher Platz angenommen wurde. Junge Männer bummeln dort abends Hand in Hand. Jungen spielten Kricket und diskutierten über Imran Khan, den Kricketspieler, Politiker und Nationalhelden. Ein Mädchen, das seine Ziegen nach Hause trieb, traf ein anderes, das in die entgegengesetzte Richtung lief. Für einen Moment herrschte ein völliger Stillstand auf dem Karakorum

Highway, ein Verkehrsstau der Ziegen. Im sterbenden Licht standen Kinder oben auf den Gartenmauern und winkten mir feierlich zu. Sie winkten Lebewohl, als wäre mein Vorbeikommen ein Aufbruch.

Am Highway unterhalb von Baltit befinden sich die geheiligten Felsen von Hunza, ein steinernes Gästebuch, in das Jahrhunderte hindurch Besucher ihre Namen eingeritzt haben. Viele sind in chinesischen Schriftzeichen. Die Letzten wurden von den Bauarbeitern des Karakorum Highways hinterlassen. Die frühesten Namen, das waren die Pioniere der Seidenstraße, chinesische Pilger, die nach Indien kamen auf der Suche nach buddhistischen Schriften. Bezaubert von der Landschaft, fand ich es sonderbar, dass all die von der anstrengenden Reise erschöpften Gestalten, die nach Hause eilten mit den Neuigkeiten vom Nirwana, nicht einmal ihre Köpfe lange genug von der harten Straße hochgehoben und das Paradies hier in Hunza entdeckt haben. Vielleicht haben sie es getan, aber erkannt, dass es nicht ein Paradies war, in das sie gehörten.

Ich erreichte den Bus hinunter ins Tal nach Gilgit. Er war die Odaliske der Buswelt: exotisch, farbenfroh, kurvenreich, weniger ein Bus als ein vom Jahrmarkt ausgebüchstes Fahrgeschäft. Der Fahrer kreischte vor Vergnügen an den schlimmsten Kurven. Die Straße war eine Achterbahn, und die albernen Passagiere machten Witze und hielten sich an den Händen, während wir um Haarnadelkurven schleuderten, Zentimeter vom Abgrund entfernt. Unsere bunten Lichter blinkten, und die Hupe trötete eine Melodie.

Gilgit war eine ordinäre Stadt. Alle Völker des nördlichen Pakistan schubsten sich auf ihren engen Bürgersteigen. Die Berge ragten in die Außenbezirke. Verlassene Kühe wanderten wie verirrte Kinder durch die Straßen, und die Verkehrspolizisten schliefen an ihren Posten ein. Das elektrische Licht am Abend war unzuverlässig, die Ladeninhaber halfen sich mit Kerzen oder Gaslaternen.

Ich logierte in einem Hotel, dessen verwilderter Garten tief im Herbstlaub steckte. Die Bungalows hatten die muffige Luft von Räumen, die seit Jahren nicht mehr geöffnet worden sind. In den Waschbecken nisteten Blaumeisen.

Es war Anfang November, und Gilgit lag in den Geburtswehen seines jährlichen Poloturniers, des glanzvollsten sportlichen Ereignisses, eine Kreuzung aus Wimbledon und dem Europacupfinale. Teams aus allen Ecken der Nordregionen waren eingetroffen mit ihren Pferden, ihren Gefolgsleuten und ihrer Fangemeinde. Jeden Tag um zwei Uhr nachmittags wurden auf dem Poloplatz hinter der Moschee Spiele ausgetragen. Der Rakaposhi blickte auf das Spielfeld mit der gleichen beruhigenden Vertrautheit wie die Gasometer auf ein mitteleuropäisches Fußballstadion.

Im Eingang schlug eine Plakette in zwei Versen einen Ton an, der mit der grandiosen Szenerie in Einklang stand:

Lasst andere Leute andere Spiele spielen,
König der Spiele ist immer das Spiel der Könige.

Sie waren in städtischen Kasernen untergebracht, daher ritten die Teams jeden Nachmittag durch die Stadt zum Spielfeld. Viele waren heimische Teams aus Daiyor und aus der Stadt Gilgit, die besten hatten so etwas wie offizielle Sponsoren. Die Northern Light Infanterie, der Nachfolger der Gilgit Scouts, schickte eine ordentliche Truppe aufs Feld, und eines der besten Teams war das mit dem romantischen Namen Northern Areas Public Works Department.

Eine breite Zementmauer rund um das Spielfeld stellte die Zuschauerränge dar, von wo aus besonders begeisterte Fans aufs Spielfeld bis an die Seitenlinie drängten. Von den überdachten Plätzen über der Mittellinie aus warf ein Würdenträger den ersten Ball ein. Am ersten Nachmittag war dieser Würdenträger ein kleiner alter Mann, so runzelig wie Trockenobst. Irgendjemand behauptete, es sei der Mir von Nagar. Er trug einen Safarihut, einen Tweedmantel, der ihm viel zu groß war, und Hosen, die er über seine zarten Fesseln hochgezogen hatte. Das ganze Spiel über schnorrte er Zigaretten von seinen Nachbarn und hatte Schwierigkeiten, wach zu bleiben.

Beim Polo in Pakistan scheint nur eine Regel allgemeine Anerkennung zu finden: Tore müssen zwischen die beiden Torpfosten geschossen werden. Ansonsten kann jeder tun, was er will. Einen großen Teil des Spiels geht es darum, den Gegner zu behindern, indem man seinen Schläger verhakt oder ihn vom Ball abdrängt. Es hat den Anschein, als hielte nur eine ganz entfernte Art von *gentleman's agreement* die Spieler davon ab, sich gegenseitig umzubringen. Das Spiel ähnelt einem mittelalterlichen Kampf: Staub, Pferde und männlicher Stolz, alles vereint in einem schrecklichen Chaos. Das ganze Spiel über halten die Musiker ein wirbelndes musikalisches Bombardement aufrecht mit winselnden Flöten und donnernden Trommeln. Tore werden durch fürchterliche Crescendos, eine Art verrückt gewordene Fanfare, begrüßt. Die Musik, sagen alte Hasen, ist für die Pferde. Sie feuert sie an.

Die Reiter sind alles tolle Kerle, athletisch und konkurrenzfähig, aber die Pferde sind die wahren Helden des Spiels. Sie hielten das ganze Spiel ohne auszuwechseln durch, in einem Tempo, das englisches Polo eindeutig wie eine Fußgängerveranstaltung aussehen ließ. Zäh und unermüdlich rasten sie von einem Ende zum anderen, schweißgebadet und mit Schaum vor dem Mund.

Der Tag des Cupfinales am Ende der Woche zog klar und frisch auf. Die Spielfelder waren bis auf den letzten Platz besetzt, und die Spieler erschienen zum ersten Mal mit Knieschützern und Helmen. Die Northern Light Infanterie trat gegen das Public Works Department an. Ich traf in der Menge den Major, und er schüttelte mir die Hand, bis mein Arm zitterte. Die Aufregung hatte ihn sprachlos gemacht.

Vom Anstoß an wurde kein Pardon gegeben. Die Spieler deckten sich gegenseitig sehr eng, und der Kampf um den Ball war verbissen. Die galoppierenden Pferde rannten im Mittelfeld ineinander oder, bei weiten Pässen, mit voller Wucht in die Menge. Es ereigneten sich böse Stürze, und ein Zuschauer musste mit blutigem Kopf abtransportiert werden. In diesem Gewühl rempelnder Pferde wurden Poloschläger wie Sensen gehandhabt. Wenn sie abbrachen, rannten Jungen aufs Spielfeld und brachten Ersatz.

Bei Halbzeit führten die Stallburschen die Pferde um den Innenkreis. Eine Frau neben mir meinte zu ihrem Begleiter. »Es sind wirklich die herrlichsten Kreaturen. Pferde sind wie Götter.«

In der zweiten Spielzeit landete durch eine glanzvolle Vorstellung ihres Mittelstürmers, eines schwarzen Hengstes mit weißem Stern auf der Stirn, die Northern Light Infanterie einen späten Vorstoß, der die Verteidigung des Public Works Department zu Fall brachte. Sie gewannen 9:6. Beim Schlusspfiff marschierten die Musiker auf das Spielfeld, spielten wild, das Siegerteam tanzte im Innenkreis, die Arme um die Schultern des Nebenmannes geschlungen, und die jubelnde Menge wurde von Polizisten, in der Absicht zu feiern, mit dem *lathi* ermahnt.

In all dieser Aufregung waren die Pferde vergessen. Während das Stadion jubelte und tanzte, brachten die Stallburschen sie durch das Tor und die leeren Straßen unbemerkt fort. Ihre Hufe klapperten auf dem Pflaster, und sie hoben ihre Beine so unbeholfen wie Tänzerinnen mit hohen Absätzen. Ich ging ihnen nach und fragte mich, was an ihnen so gefühlsgeladen war. Die Pferde ließen ihre Köpfe hängen, als wollten sie endlich ihre Erschöpfung eingestehen. Wie sie sich so zu Stall und Hafer schleppten, kamen sie mir unendlich traurig vor. Vielleicht war es der begräbnishafte Eindruck einer Prozession eines reiterlosen Pferdes oder das Jubelgeschrei, das Lachen in einem anderen Raum.

Wenn die alten Chinesen von Pferden träumten, träumten sie von Reisen, vom Überschreiten von Grenzen. Wenn sie eine Mauer bauten, ging es ihnen um die Unantastbarkeit ihres Zuhauses. Die Mauer war nie ein großer Erfolg, wenn auch nur, weil die Welt voller Reiter war. Vielleicht waren auch die Pferde kein großer Erfolg, aber sie waren so eine wunderbare Vorstellung. Man konnte sich nur von ihnen verführen lassen. Hinter ihnen durch die Straßen von Gilgit herziehend, hing ich dem Traum von den Pferden nach, obwohl er sich manchmal wie eine unerwiderte Liebe anfühlte.

14
ZUM TEE MIT MOHAMMED

Mr. Mohammed Mohammed saß den ganzen Tag oben in der Halle des Hotels, wie ein kleiner Potentat, der Hof hält. Gegen die Hitze abgeschottet, war der Raum in ein wässriges Licht getaucht. Den Tag über strömte ein Rinnsal von Besuchern aus und ein, die ihm ihre Reverenz erwiesen. Am Abend schritt Mr. Mohammed Mohammed mit einem Gehstock und der Haltung einer abtretenden Diva die Treppe hinunter zu einem wartenden Taxi.

Wir nahmen zusammen den Nachmittagstee, ein Ritual, bei dem er darauf bestand, dass Toffees und dekorative Schalen mit Rosenblättern dazugehörten.

»Ich darf doch?« Mr. Mohammed Mohammed goss Tee ein. Die verhüllten Geräusche von Rawalpindi – die Schreie der Straßenhändler, die Autohupen, die Pferdehufe – schwebten zu uns herauf wie Stimmen aus einer anderen Welt.

Mr. Mohammed Mohammed war ein charmanter Zeitgenosse mit einem tollen Lenkstangen-Schnurrbart und einem verschmitzten Lächeln. Sein Format – er muss etwa 126 Kilo gewogen haben – verlieh ihm Präsenz, aber auch eine auffällige Besonderheit. Mit präzisen und anmutigen Bewegungen servierte er den Tee und bot Kekse an.

Er kannte sich mit Engländern aus und wusste, wie wichtig es war, mich gesellschaftlich einzuordnen. Zunächst war er enttäuscht zu erfahren, dass unter meinen Vorfahren kein Mitglied des Oberhauses war. Allerdings wurde ich vor gesellschaftlicher Schmach bewahrt durch meinen Großvater, der ein Schloss erbaut hatte. Mr. Mohammed Mohammed empfand die höchste Achtung für das britische Rind. Er war einmal in England gewesen, kannte Heathrow gut und hatte einmal einen Bus nach Oxford genommen. »So herrlich. Es war wirklich, als wäre man im Farbfernsehen.« Mit dem Rindvieh stiegen meine Aktien beträchtlich.

Als älterer Mann hatte Mr. Mohammed Mohammed das Empfinden, es obläge ihm, mir gelegentlich einen Rat zu erteilen. Es gefiel ihm, meine Erkundungen der Stadt zu lenken, und er versuchte, mich vor der Kompliziertheit pakistanischer Bräuche zu warnen. Eines Nachmittags erklärte er mir, ich müsse mir einen Schnurrbart wachsen lassen. Mein Gesicht schreie förmlich nach einem Schnurrbart, meinte er. Sein eigener war eine luxuriöse Angelegenheit, er stand von seinen Backen ab wie die Schnurrhaare einer Katze, um ihn durch die Türen zu geleiten.

In einem Land beträchtlicher Bärte ist Rawalpindi noch eine Klasse für sich. Es ist Hauptstandort der pakistanischen Armee, und wo die Militärtraditionen des British-Raj auf den *machismo* der Pathanen treffen, blühen der Lenkstangen-, der Bleistift-, der Manchu- und der seltene, aber herrliche Dali-Bart in solcher Üppigkeit, dass sich ein glatt rasierter Mann nackt fühlt.

Rawalpindi ist die Art von Stadt, deren massiver Angriff auf die Sinne den Neuling auf dem Subkontinent ohnmächtig werden lässt. Pakistanische Lastwagen, so dekoriert wie Bordelle, sind ja berühmt, aber die gleiche Fröhlichkeit berührt alles, vom Frühstücksstand bis zur Zahnarztpraxis. Erstere sind glänzende Mosaiken aus platten Coladosen, während Letztere mit grellen Plakaten lächelnder Gesichter gepflastert sind, bei denen hochgezogene Wangen eine Reihe perfekter weißer Backenzähne enthüllen. Der ehrwürdige Morris Minor ist hier kaum wieder zu erkennen, plötzlich ist der alternde Gigolo der Motorwelt mit Flammen-Abziehbildern, Sonnenblenden mit Fransen und mit Hupen ausgestattet, die *Land of Hope and Glory* spielen.

In den engen Straßen des Rajah-Basars sind die Händler nicht im Stande, irgendetwas zu verkaufen, ohne es vorher dekorativ gestaltet zu haben. Die Getränkestände sind dekoriert mit mehreren Reihen auf Hochglanz polierter Früchte, wie Jahrmarktbuden mit bunten Glühbirnen. Fahnen von buntem Tuch werden vor Schneidereien wie zu Wandteppichen verflochten. Die Gewürzhändler häufen ihre Ware zu hohen Farbpyramiden auf – tiefgelber Safran, burgunderrotes Chilipulver, das blasse Grün von gemahlenem Kreuzkümmel. Ingwerverkäufer bauen aus den knolligen Wurzeln gewundene Mauern. Regimenter von Schafköpfen, ausgebleicht und haarlos, schauten in perfekter Formation zu mir auf. Am nächsten Stand sind ihre Herzen, noch rosa und feucht, in einem Fischgrätmuster ausgelegt.

Die Menge, die sich durch diese Gassen drängte, war so erheiternd wie die Waren. Die Frauen, wenn sie den schwarzen Tschador abgelegt hatten, trugen Farben, die empfindsame Seelen in Panik versetzen könnten. Schleier und Kopftücher, eigentlich gedacht, um zu verbergen, wurden als eine andere Form von Verschönerung genutzt. Die Männer, hakennasig unter schiefen Turbanen, trugen Umhänge und alte Enfield-Gewehre.

Dahinter, in einem Gewirr mittelalterlicher Gassen, sandten die hohen alten Häuser reiche Düfte, Geräusche und Menschen in die Straßen aus. Ein alter Mann auf einem Seilbett bestellte mir parfümierten Tee, während Kinder sich gegenseitig um die Ecken jagten. Eine Hochzeit bog in die Straße ein, der Bräutigam in einem Turban mit Federn, goldenen Schnabelschuhen, Blumengirlanden und Glitzerschmuck, die Braut in einem Sack.

Im Süden münden die Straßen des Saddar-Basars in die Mall, eine lange koloniale Durchgangsstraße, die einmal die Grand Trunk Road durch die Stadt in Richtung Khyberpass führte. Hier hält Rawalpindi für einen Moment an, um zu verschnaufen. Ein Schild an der Rezeption des Flashman's Hotels bittet die Gäste, vor dem Betreten des Restaurants ihre Waffen am Schalter abzugeben. Nebenan ist eine Pfarrkirche, gefördert von den Heimatbezirken; der Aufseher ist wie ein protziger Apostel gekleidet. Von gegenüber der Straße, zwischen länger werdenden Schatten auf dem Grün, kommt das Geräusch von Leder auf Weide.

Rawalpindi grenzt an die Hauptstadt des Landes, Islamabad, eine Neugründung aus den 1950er-Jahren. Islamabad ist die Verkörperung der Idee, dass Hauptstädte von den Ländern, die sie regieren, geschieden sein müssen. Es ist ein Triumph der mit Lineal und Zeichenschiene über ihr Zeichenbrett gebeugten Stadtplaner. Unterteilt und unterunterteilt, sind die Bezirke und Straßen nach Nummern gekennzeichnet, als handele es sich um Experimente – G-8, F-1 und so weiter. Im Gitter baumbestandener Prachtstraßen, aus denen von Pferden gezogene Tongas und Autorikschas verbannt sind, stehen Vorstadthäuser, die denen in Texas nachgebaut sein sollen. Die so genannten Basare sind Einkaufszentren. Für Anhänger einer bodenständigen Architektur ist das ein Albtraum. Man kehrt erleichtert zu den beseelten Eigenheiten ’Pindis zurück.

Aber Äußerlichkeiten können täuschen. Islamabad ist vielleicht die sterile Architektur seiner Vorstädte, aber das Lebenselixier der pakistanischen Gesellschaft – Klatsch und Skandal – gedeiht auch hinter seinen zuckenden Vorhängen mit weltstädtischer Kraft.

Beim Tee lasen Mr. Mohammed Mohammed und ich mit der Anhänglichkeit von Seifenopernsüchtigen in der Morgenzeitung die Reportagen über die neuesten Skandale. Regierungsmitglieder, hieß es, hätten ein Bordell in F-10 besucht. Die politische Debatte wandte sich der Frage zu, ob die Dame auf der Gehaltsliste der Opposition stünde. Mr. Mohammed Mohammed war beides, geschockt und beeindruckt – geschockt über die Scheinheiligkeit der Politiker – einer Anwalt für Islamisches Recht –, und beeindruckt, dass die Dienste der Dame für nur 1000 Rupien zu haben waren.

»Wenn die Scharia verlangt, dass man einem Dieb für sein Vergehen die Hand abhackt«, fragte sich Mr. Mohammed Mohammed, »was für eine Strafe steht dann auf Unzucht?«

»Pakistan ist so kleinlich und engstirnig geworden«, seufzte er. »Das war nicht immer so. Wir waren einmal viel weltläufigere Menschen. Sie müssen nach Taxila fahren. Das war eine Weltstadt.«

Ich fuhr mit dem Zug und frühstückte im Speisesaal des Bahnhofs auf weißen Leinentischdecken und unter großblättrigen Ventilatoren. Der Kellner war ein geschwätziger Kerl mit fleckigen Zähnen und Mechanikerhänden. Ich war der einzige Gast, deshalb leistete er mir zum Toast Gesellschaft und zeigte mir schließlich seine beiden wertvollen Besitztümer: eine ehrenhafte Entlassung aus der libyschen Armee und einen Busausweis aus Birmingham.

Die verstreuten Ruinen von Taxila liegen westlich von Rawalpindi, im Windschatten der Muree-Berge. Rittlings auf Asiens berühmtesten Handelsrouten, vor allem der Seidenstraße, war Taxila eine der großen kosmopolitischen Städte seiner Zeit. Seine Blütezeit erlebte es vor 2000 Jahren. Asoka, der große Einiger Indiens, war hier im dritten vorchristlichen Jahrhundert Vizekönig. Alexander, der zum Indischen Ozean drängte, errichtete in der Stadt eine Garnison mit Mazedoniern. Arian, Strabo und Plutarch schrieben über ihre Schönheit und ihren Reichtum. Der heilige Thomas verkündete hier das Evangelium, während die chinesischen Pilger nach buddhistischen Schriften suchten. Ihre religiösen Einrichtungen reichten von griechischen Tempeln über zoroastrische Tempel und christliche Kirchen bis hin zu buddhistischen Schreinen. Wenige Städte in Asien haben all die kulturellen Strömungen, die den Kontinent bewegten, so deutlich repräsentiert.

Taxila wurde von Nomaden zerstört. Spät im 15. Jahrhundert fegten die Weißen Hunnen durch Gandhara und das Pandschab. Als

Xuan Zhang 150 Jahre später nach Taxila kam, stellte er fest, dass die Stadt sich nie wieder richtig davon erholt hatte.

Die altertümlichen Fernstraßen des Asienhandels wurden durch den Arm einer Eisenbahnlinie ersetzt, die von einer antiquierten Dampflokomotive bedient wurde. Zwischen dem Weideland mit weißen Büffeln und einem grünen Fluss schaukelten hölzerne Waggons wie Schiffe hin und her. Zwei Händchen haltende Soldaten fuhren als Heizer mit, während die Zugbegleiter in makellosen weißen Uniformen auf den Bahnsteigen paradierten, wie Statisten, die hoffen, einem Produzenten aufzufallen. Die einzigen anderen Passagiere waren eine vierköpfige Familie, die sich durch Körbe mit kaltem Hühnchen hindurchfraß. Die Mutter war eine zeltartige Gestalt, die durch ein abgeschirmtes Visier auf die Welt hinausspähte. Die Hühnerbeinchen wurden bei ihr durch eine praktische Klappe eingeworfen.

Der Bahnhof Taxila schlief mitten in Getreidefeldern. Auf dem Vorplatz taten sich die Pferde der Tonga-Taxis in ihren Futtersäcken gütlich. Die Fahrer dösten auf den gepolsterten Sitzen. Die Straße hinauf fand ich ein kleines, aber großartiges Museum voller Fundstücke aus der antiken Stadt. Die frühesten Buddhas hier waren vollkommen hellenistisch, energische Figuren mit wehenden Locken und Schnurrbärten, die sogar in Rawalpindi Eindruck machen würden. Später wurde die Darstellung symbolisch, heiter und stilisiert, die Buddhas behielten ihre Meinung hinter gesenkten Lidern für sich.

Eine Münze aus dem zweiten Jahrhundert vor Christus zeigte einen beunruhigten Plato mit Blechhelm. Eine andere präsentierte den König von Kabul wie den jungen Alexander. Steinreliefs mit Tanzszenen trugen Fragmente großbusiger Frauen mit Stundenglasfiguren, bis zur Taille entblößt. Beim Blick über die Schulter konnte ich sehen, wie der Aufseher anzüglich grinste.

Draußen im Garten trieben Rosenblüten im Brunnen, und Krähen hatten in den Zedern Kolonien angelegt. Ich schlug mich durch hohes Gras und tanzende Grillen zu den Ruinen von Sirkap durch, wo die freigelegte Hauptstraße, eine 2000 Jahre alte Prachtstraße, so breit und gerade war wie irgendeine in Islamabad. Von den Häusern waren nur die Fundamente übrig geblieben. Ich spazierte durch verschwundene Räume.

Die Ruinen von Taxila sind über ein weites Gebiet verstreut, und ich bin zwischen den einzelnen Plätzen über ländliche Straßen gewandert, wo Männer in Umhängen auf chinesischen Fahrrädern fuhren und Karyatidenfrauen Wasserkrüge trugen mit der eleganten Haltung einer Tänzerin. In angenehmen Abständen tauchten Teeläden auf. In einem zahlte ein einheimischer Würdenträger meine Zeche. Auf ein Zeichen des großen Mannes kam ein Junge, der in einem nahe gelegenen Obstgarten vor sich hinsang, angerannt und füllte meine Taschen mit Tangerinen.

Am Straßenrand verkaufte ein Imker Flaschen mit Honig. Er war eine mürrische Gestalt, bärtig und stark, und saß wie ein Mönch auf einem Seilbett vor seinem Zelt. Das Geschäft ging schlecht, aber er war auch kein Mann für harte Geschäfte, schwankte vor und zurück und zitierte dabei den Koran, verfolgt vom Gespenst der Sünde. Sein Honig nannte sich »Süße Begierde«.

Beim Tempel von Jaulian oberhalb von Feldern mit aufgeschichtetem Getreide zwitscherten ganze Vogelscharen in den Innenhöfen. Der Wächter, eine hündische Gestalt, war besessen von der Verdammnis. Er zeigte mir die Menschen von Atlantis, Reihen gequälter Seelen auf den unteren Registern des Stupa, und er warnte mich vor Unzucht. Er deutet auf zwei Frauen, Griechin die eine, die andere Chinesin, die auf den Schultern des sitzenden Buddhas wie Engel schwebten. »Verführerinnen«, schimpfte er, »sie wollen ihn bei seiner Meditation stören.«

Unterwegs nach Mohra Moradu traf ich Schuljungen auf dem Heimweg über die staubigen Straßen. Ihre Uniformen bestanden aus grauen Pumphosen, Hemden und schwarzen Baskenmützen. Hölzerne Schreibtafeln hingen ihnen am Gürtel. Sie waren ungestüm, gutmütig und wissbegierig. In ihrer Mitte ging ein blinder Junge, so flink und schlank wie eine Gazelle. Sein Gesicht war nach oben gerichtet, er lauschte. Im Vorwärtsschieben griff er meine Hand und führte mich wortlos den Weg entlang, ohne in seiner Dunkelheit zu zögern.

Hinter dem Dorf stiegen wir durch die Schlucht des Meri, wo die späte Sonne durch die Olivenbäume tröpfelte. Nie ließ der Junge meine Hand los. Er stürmte entschlossen voran, strauchelte dann und wann auf dem unebenen Pfad, aber er zögerte nie. Mit der anderen Hand griff er vor sich und fühlte die Luft. Er erinnerte mich an ein Mädchen in Yingda, das auf den erhöhten Dämmen entlang zu ihren Pferden gehopst war. Er hatte die gleiche ätherische Ausstrahlung, sodass ich mich später vielleicht fragen würde, ob ich ihn mir nicht nur eingebildet hätte.

Er führte mich um eine Biegung der Schlucht dorthin, wo gleich das zerfallende Kloster von Mohra Moradu auftauchte. Es lag eingebettet zwischen den Hügeln und verbarg sich vor dem breiteren Tal in einer belaubten kleinen Senke. Hier, in einem offenen Hof, von steinernen Mauern und schweren Ästen eingeschlossen, ließ der Junge meine Hand los; ein Zeichen, dass wir angekommen waren.

Weder die Weißen Hunnen noch die langen Jahrhunderte haben die Atmosphäre der Zuflucht zerstören können. Die Reihen grauer Steine, der Gesang der Vögel, die Ruhe. Die länger werdenden Schatten haben ein Refugium geschaffen. Auf dem gefegten Kies in den Höfen hinterließ ich eine Fußspur, und ich wusste, dass schon morgen einer der Wächter sie wegfegen würde.

Der blinde Junge bewohnte diesen Ort wie ein Geist, wie ein wiedergeborener Mönch, der durch die Bögen unter den verschwundenen Säulenhallen flitzte. Er hatte mich vergessen. Er verschwand in den Mönchszellen, tauchte hinter einem der Stupas wieder auf und ließ seine Hand über die erhabenen Figuren gleiten. Dann rannte er wieder davon zum Refektorium. Einmal sah ich ihn gegen eine Wand laufen, und er hielt inne, jäh empört über seine falsche Berechnung.

Die Figuren des großen Stupa machen einen gesetzten, selbstsicheren Eindruck und sind in Gewänder gekleidet, die nach bester hellenistischer Tradition drapiert sind. Traumhafte himmlische Gestalten tauchen aus den Wolken rund um den Kopf der Buddhas auf. Ich stellte mir die Rundgänge der Pilger vor, die immer wieder die Stupas umwandern, so wie es die Tibeter in Xiahe getan haben – das Gebet befrachtet mit der Symbolik des Reisens, so wie die Darsteller der chinesischen Oper lange Reisen durch ein ständiges Im-Kreis-Gehen darstellen.

Später folgte ich den Bewässerungskanälen und Ziegenspuren zurück zur Straße. Der Ruf des Muezzins schwang über das Tal, winkte die Menschen nach Hause, und die Schatten auf den staubigen Wegen wurden länger. Ich drehte mich um und sah den blinden Jungen auf einer Anhöhe über dem Dorf stehen, ein dünnes Gespenst mit schief gestelltem Kopf. Er kannte die ganze Landschaft vor sich. Er konnte alles sehen, das Gewirr der Wege und Steige, die Hirten, die ihr Vieh von den Bergen herunterbrachten und sich dabei gegenseitig zuriefen, die Heuhaufen mit ihrem Duft nach gärendem Gras. Aber mich konnte er nicht sehen. In dieser Weite war ich für ihn unsichtbar, als das einzige Ding, das nicht dorthin gehörte.

Auf dem Bahnhof war der Abend rauchig und voller Fledermäuse. Vom Zug aus blickte ich über die dunkler werdenden Felder, wo rotgelbe Streifen des Himmels sich in den Bewässerungskanälen spiegelten.

In Rawalpindi war die Hotelhalle leer. Mr. Mohammed Mohammed war schon nach Hause gegangen. Früh am nächsten Morgen flog ich nach England. In London in einem leeren Haus setzte ich mich eine Weile hin mit noch unausgepackter Tasche und wartete, dass die Reise zu Ende ging, dass die Dinge sich setzten. Ich dachte an Fu Wen in der Moschee von Xi'an, wie sie mir ihren Kopf zugeneigt hatte in der Dämmerung voller Grillen. Ich konnte ihre Stimme hören, ihre Traurigkeit, weil ich abreiste.

Als es dunkel wurde, stand ich auf, drehte das Licht auf meinem Schreibtisch an und packte meine Notizbücher aus. Auf der ersten Seite fand ich Wang, wie er tanzte, allein in seinem Streifen Sonnenlicht.

DANK

Das Leben eines Schriftstellers ist einsiedlerisch, das eines Reisenden ist alles andere als das. Meilensteine der Reisen sind die Menschen, denen man begegnet. Und in China und Pakistan hatte ich das Glück vieler solcher Begegnungen. Im Buch habe ich die Namen der Personen geändert, um ihre Privatsphäre zu schützen und sie vor politischen Vorwürfen zu bewahren, falls in China einmal wieder strengere Zeiten zurückkehren sollten. Ich bin ihnen dankbar für ihre Gastfreundschaft, ihre Toleranz und ihr Verständnis. Hoffentlich verzeihen sie mir die Vermessenheit, mit der ich durch ihr Leben marschiert bin, und dass ich dann darüber geschrieben habe. Die Fertigstellung dieses Buches wurde durch die Unterstützung der Author's Foundation möglich gemacht. Die endgültige Textfassung verdankt viel dem prüfenden Blick und den weisen Ratschlägen von Grant McIntyre, Gail Pirikis und Liz Robinson. Bei allem haben mir meine Eltern Unterstützung und Ermutigung zuteil werden lassen, daher ist das Ergebnis ihnen gewidmet.

REISEN · MENSCHEN · ABENTEUER

NATIONAL GEOGRAPHIC TASCHENBÜCHER
VON FREDERKING & THALER

MAGISCHES INDIEN

Tahir Shah
Der Zauberlehrling von Kalkutta
Reise durch das magische Indien
ISBN: 3-89405-286-4

Eine Erkundungsreise durch den indischen Subkontinent, auf der Suche nach dem Magischen, Wunderbaren. Je weiter der Zauberlehrling Tahir Shah auf seiner Reise voranschreitet, umso mehr muss er erkennen, dass Indien mit westlichem Wissen nicht zu verstehen ist.

Tor Farovik
Indien und seine tausend Gesichter
Menschen, Mythen, Landschaften
ISBN: 3-89405-282-1

»Dieses Buch geht weit über eine übliche Reiseschilderung hinaus. Eine Offenbarung, geprägt von Erzählfreude, echtem Respekt und Liebe zur indischen Gesellschaft.«
Aftenposten

Ilija Trojanow
Der Sadhu an der Teufelswand
Reportagen aus einem anderen Indien
ISBN: 3-89405-153-1

In farbigen Reportagen führt uns Ilija Trojanow durch die Vielfalt Indiens – zu ungewöhnlichen Festen, kaum bekannten Gemeinschaften, skurrilen Ereignissen und schließlich in die brodelnde Metropole Bombay.

So spannend wie die Welt.

NATIONAL GEOGRAPHIC
FREDERKING & THALER
www.frederking-thaler.de